Régine Pernoud:
Königin der Troubadoure
Eleonore von Aquitanien

Aus dem Französischen von
Rosemarie Heyd

Deutscher
Taschenbuch
Verlag

dtv

Von Régine Pernoud
ist im Deutschen Taschenbuch Verlag erschienen:
Christine de Pizan (11192)

Ungekürzte Ausgabe
1. Auflage Juni 1979
Deutscher Taschenbuch Verlag GmbH & Co. KG,
München

Titel der französischen Originalausgabe:
›Aliénor d'Aquitaine‹

ISBN 3-424-00568-1
Umschlaggestaltung: Celestino Piatti
Umschlagbild: Miniatur aus der Manessischen Handschrift
(Universitätsbibliothek Heidelberg)
Gesamtherstellung: C. H. Beck'sche Buchdruckerei,
Nördlingen
Printed in Germany · ISBN 3-423-01461-X
8 9 10 11 12 13 · 95 94 93 92 91 90

Inhalt

Vorwort

Eleonore von Aquitanien ist gelegentlich mit Messalina, manchmal aber auch mit Melusine verglichen worden. Über Messalina braucht man weiter nichts zu sagen, aber auch der Vergleich mit Melusine ist nicht gerade schmeichelhaft. Sie ist jene Figur aus dem poitevinischen Sagenkreis, deren Gatte, beunruhigt über ihr häufiges geheimnisvolles Verschwinden, ihr eines Nachts folgt und zu seinem namenlosen Entsetzen sieht, wie sie sich in eine Schlange verwandelt.

An diesen zweifelhaften Ruf der Eleonore habe auch ich, wie ich gestehen muß, zunächst geglaubt, ohne es zu überprüfen. Lernt man jedoch ihre Persönlichkeit besser kennen, weil man, nach flüchtiger Durchsicht der Sekundärliteratur, die Quellen eingehend studiert hat, so sieht man sich plötzlich einer Eleonore gegenüber, die ganz anders ist, als man sie sich bisher vorgestellt hatte.

Sie war eine ganz außerordentliche Frau, die ihr Jahrhundert weit überragte. Und was für ein Jahrhundert das war! Das Jahrhundert, in dem die Romanik in voller Blüte stand und die Gotik sich ankündigte; das Jahrhundert, in dem das Rittertum auf seinem Höhepunkt angelangt war und das Bürgertum in den Städten seine Emanzipation begann. Es war die große Zeit der höfischen Lyrik, wo im Süden die Troubadoure sangen, während im Norden mit ›Tristan und Isolde‹ und den Werken eines Chrestien de Troyes die höfische Romanliteratur entstand.

Das Studium zeitgenössischer Texte zeigt eine Eleonore, die eines solchen Hintergrundes würdig war. Besser gesagt, dieser Hintergrund ist zum Teil ihr Werk; denn Eleonore hat sowohl in der Politik wie in der Literatur eine hervorragende Rolle gespielt. Ihr Einfluß erstreckte sich aber auch auf wirtschaftliche und soziale Gebiete. Es ist sonderbar, daß die Nachwelt von dieser Frau, die zweimal Königin und die Mutter zweier Könige war, die den Kaiser herausgefordert, den Papst bedroht und ihr Reich mit überlegenem Weitblick regiert hat, nur die Erinnerung an ein Abenteuer ihrer Jugendzeit bewahrt hat.

Der Leser wird sich selbst sein Urteil darüber bilden können. Um diese Arbeit nicht durch Fußnoten und Anmerkungen zu belasten, wurde am Schluß des Buches ein Quellennachweis angefügt. Jedenfalls sei aber darauf hingewiesen, daß kein Wort und kein Satz der Dialoge und Reden der Phantasie entsprungen ist; alle Zitate sind aus zeitgenössischen Texten entnommen. Damit ist zugleich gesagt, daß mit der vorliegenden Arbeit kein Roman beabsichtigt war, sondern eine einfache historische Studie, wenn darin auch Schritt für Schritt ein wahrhaft romanhaftes Leben aufgezeichnet wird.

R. P.

I

Im Schloß l'Ombrière

Maistre, gran benanansa
Podetz aver si sofretz ...
Gran be vos venra de Fransa
Si atendre lo voletz.
Cercamon

Unter dem Geläut der Glocken von Saint-André in Bordeaux zieht Eleonore in die Geschichte ein. In dieser Kathedrale wird am Sonntag, dem 25. Juli 1137, unter großem Gepränge ihre Hochzeit mit dem Thronerben von Frankreich zelebriert. Die Jubelrufe der Menschenmenge, die die Kirche umlagert, dringen bis in den Chor. Hier sind auf einer mit Samt belegten Estrade zwei Thronsessel aufgestellt. Auf einem der Sessel sitzt Eleonore, aufrecht in scharlachrotem Gewand; sie trägt das goldene Diadem, das ihr von ihrem Gatten Ludwig, dem künftigen König Ludwig VII., gerade aufs Haupt gesetzt worden ist. Ludwig, ein schmächtiger Jüngling, der aussieht, als wäre er zu schnell gewachsen, ist sechzehn Jahre alt. Zusammen zählt das junge Paar knapp dreißig Jahre; denn Eleonore ist gerade erst fünfzehn geworden. Die Chroniken verzeichnen, daß sie 1120 oder 1122 geboren ist. Ihre ganze Haltung zeigt jedoch eine sehr selbstsichere junge Prinzessin, die sich ihrer jugendlichen Schönheit bewußt ist und sie auszuspielen weiß. Sie läßt sich auch nicht dadurch einschüchtern, daß die Blicke der Barone, der Geistlichkeit und des Volkes auf sie gerichtet sind. Unbefangen dankt sie für die Beifallsrufe, die aufbrausen, als sie nach der Hochzeitszeremonie neben Ludwig von Frankreich aus dem Portal der Kathedrale tritt. Dann schreiten die beiden in drückender Hitze an der Spitze eines festlichen Zuges durch die mit bunten Tüchern und Girlanden geschmückten Straßen zum Palast l'Ombrière. Die begeisterten Untertanen brechen immer aufs neue in frenetische Beifallsstürme aus. Alle sind hingerissen von der jungen, reizenden und gutaussehenden Herzogin. Über den jungen Ehemann jedoch flüsterte man sich damals schon die Worte zu, die ihn sein ganzes Leben lang begleiten werden: »Er sieht eigentlich aus wie ein Mönch.«

Das Datum dieser Hochzeit des Thronerben von Frankreich mit der Thronerbin von Aquitanien ist für die Geschichte sehr bedeutsam. Im Jahre 1137 waren es nämlich gerade einhundertfünfzig Jahre her, daß sich Hugo Capet, Herzog der Franken, nach dem Tode des letzten Nachkommen Karls des Großen von den in Senlis versammelten Edelleuten zum König ausrufen ließ. Die Anfänge dieser Dynastie, die kaum auf eine große Zukunft hoffen konnte, waren sehr schwierig. Über ein Jahrhundert lang mußten die Nachfolger Hugo Capets vor allem darum besorgt sein, ihre Krone behalten und vom Vater auf den Sohn vererben zu können. Sie konnten sich ja nicht, wie die Karolinger, auf das Prestige des Kaisertums stützen. Sie galten im Abendland als tüchtige Emporkömmlinge, denen es gelungen war, sich durch geschickte Taktik an der Spitze eines Königreichs zu halten. Obwohl nur Gleiche unter Gleichen, verstanden sie es nämlich, den Lehnseid, das Band, das in weiten Gebieten reiche und arme Edelleute in einem Netz gegenseitiger Rechte und Pflichten zusammenhielt, für sich auszunützen. Dieses weitgespannte Netz wurde Masche für Masche geknüpft, doch die Zusammenhänge sind heutzutage schwer verständlich, weil das ganze System mit dem zentralistischen Staatsgefüge unserer Zeit überhaupt nicht vergleichbar ist. Hugo Capet und seine Nachkommen haben jeweils noch zu Lebzeiten ihre ältesten Söhne zu königlichen Mitregenten salben lassen und sogar ihre Vasallen dazu gebracht, diesen Mitregenten zu huldigen. So geriet langsam in Vergessenheit, daß Hugo Capet ursprünglich von seinen Pairs, also von seinesgleichen gewählt worden war.

Worin bestand aber nun ihre Macht in einem Königreich Frankreich, das schon ungefähr die heutigen Grenzen hatte? Es war eine moralische Macht, die ihnen durch die Salbung verliehen ward und ihnen das Recht gab, bei Auseinandersetzungen der Vasallen untereinander Schiedsrichter zu sein oder bei Plünderungen und Gewalttaten Polizeirechte auszuüben; es gewährte ihnen aber nicht annähernd die Machtfülle, die etwa ein Monarch wie Ludwig XIV. oder ein Kaiser des Heiligen Römischen Reiches innehatte. Zahlreiche Edelleute – die Herzöge der Normandie zum Beispiel oder die Grafen der Champagne –, die sich Vasallen des Königs von Frankreich nannten, besaßen damals viel ausgedehntere und reichere Ländereien als er. Nur in seinem persönlichen Bereich regierte der König im heutigen Sinne, dort nämlich, wo er Güter besaß, die er selbst verwaltete und aus denen er Einkünfte bezog.

Zur Zeit der aquitanischen Hochzeit war dieses Gebiet auf

einen schmalen Streifen Landes von der Oise, in Höhe von Soissons, bis etwa nach Bourges beschränkt; das waren also die Ile-de-France, das Orléanais und ein Teil von Berry. Als es Ludwig VI. gelungen war, die zwischen Paris und Orléans gelegene Festung Montlhéry zu seinem Besitz zu schlagen, freute er sich darüber, als hätte man ihm »einen Splitter aus dem Auge gezogen oder die Tore eines Gefängnisses gesprengt, in dem er eingeschlossen war«. Daran läßt sich ungefähr ermessen, wohin sein Ehrgeiz ging.

Was aber bedeutet nun im Vergleich zu diesem kümmerlichen Landbesitz der Titel einer Herzogin von Aquitanien, den Eleonore trug? Die Herzöge von Aquitanien waren auch Grafen von Poitiers und Herzöge der Gascogne. Ihre Macht erstreckte sich über neunzehn der heutigen Départements, vom Indre bis zu den Basses-Pyrénées. Mächtige Barone waren ihre Vasallen: die Vizegrafen von Thouars, die Herren von Lusignan und von Châtellerault – ein Lusignan wird später einmal die Krone von Jerusalem tragen. Auch viele kleinere Barone, die Mauléon und Parthenay, die Châteauroux und Issoudun im Berry, die Turenne und Ventadour im Limousin gehören dazu, ebenso wie die gascognischen Herren mit den klangvollen Namen Astarac, Armagnac, Pardiac, Fézensac und noch viele andere bis hinab zu den Pyrenäen, nicht zu vergessen die Grafschaften Marche, Auvergne, Limoges, Angoulême, Périgord und die Vizegrafschaft Béarn – sämtlich ausgedehnte und reiche Lehnsgüter. Alle zusammen bildeten einen regelrechten Hofstaat für den Herzog von Aquitanien. Sie huldigten ihm und waren zu Rat und Beistand verpflichtet. Mit anderen Worten: der König von Frankreich bekam durch seine Heirat mit Eleonore direkte Macht über Gebiete, in denen seine Autorität bisher nur dem Namen nach bestanden hatte.

Zu dieser Steigerung der politischen Macht kam noch ein beachtlicher wirtschaftlicher Gewinn. In der heutigen Zeit des Bargeldes und der festumrissenen Positionen in den Haushaltsplänen kann man sich gar nicht so recht vorstellen, worin eigentlich die Einkünfte eines Lehnsherrn bestanden. Man ist überrascht zu erfahren, daß der König zwar dreißig Bauernhöfe in Marly, eine Glasbläserei in Compiègne, Scheunen in Poissy und Mühlen in Chérisy bei Dreux sein eigen nennt, in Argenteuil eine Marktsteuer erhebt und in der Gegend von Orléans sogar die Fischer des Loiret besteuert, daß aber die Bewohner der Stadt Senlis lediglich verpflichtet waren, dem König, wenn er in ihrer Stadt weilte, die Schüsseln und Backformen für seine Kuchen, das Salz und den Knoblauch für seine Küche zu liefern. Die Einkünfte des Königs bestanden also häufig in Dienstleistungen, die uns heute recht geringfügig erscheinen mögen. Der größte Teil der Einnahmen bestand aus Naturalien – die Erträgnisse des Bodens waren der Maßstab des Reichtums. Deshalb darf man mit Sicherheit annehmen, daß sich die Einkünfte des Königs durch die Heirat mit der Herzogin von Aquitanien, die so ausgedehnten Grundbesitz hatte, erheblich vermehrten.

Aquitanien war viel reicher und größer als die Ile-de-France. »Süßes Aquitanien«, schrieb zu jener Zeit der Mönch Hériger de Lobbes, »... du bist reich an saftigen Weiden und prächtigen Wäldern, quillst über von Früchten und wirst durch deine Weinberge süß wie Nektar.« Das Land hatte eine offene Küste zum Atlantischen Ozean, an dem blühende Hafenstädte lagen. Wein und Salz wurden schon im Altertum aus Bordeaux und später auch aus der im Mittelalter gegründeten Stadt La Rochelle exportiert. Die Fischer von Bayonne betrieben hauptsächlich Walfang. Das alles brachte so viel Reichtum ein, daß die Herzöge von Aquitanien – einige nannten sich sogar »Herzöge des Reichs Aquitanien« – ein üppigeres Leben führen konnten als der König von Frankreich.

Wer nach der feierlichen Trauung in der Kathedrale Saint-André an dem festlichen Bankett im Schloß l'Ombrière in Bordeaux teilgenommen hatte, wird die Bedeutung dieses Tages wohl erkannt haben. Fast tausend Gäste waren geladen, aber auch in den Nebenhöfen des Palastes hatte sich eine große Menge Volks eingefunden; sie wollte an dem Braten und an dem Wein teilhaben, die nach der Sitte der Zeit bei Fürstenhochzeiten an alle ausgeteilt wurden.

Das Palais de l'Ombrière lag im Südosten des Vierecks, das von den Mauern der alten römischen Stadt umschlossen war, etwa zwischen den Flußläufen der Peugue und der Devèze. Noch jetzt zeichnen sich diese Grenzen deutlich ab; denn das alte Bordeaux erstreckte sich zwischen dem Börsenplatz, der Vieille-Tour-Straße, dem Rohan-Platz und dem Schloßplatz, der seinen Namen zur Erinnerung an das Schloß l'Ombrière trägt. Die Stadt war eine bedeutsame Festung, deren Burgfried den Namen *l'Arbalesteyre*, »Schießscharte«, trug. Er beherrschte mit seinen dicken, von Strebepfeilern gestützten Mauern (14 × 18 m) beide Ufer der Garonne. Die heutige Palais-del'Ombrière-Straße verläuft genau über die Mitte des früheren Schloßhofes, der noch im 18. Jahrhundert existierte. Damals gab es auch noch den großen Saal; beide umzog – zwischen einem halbkreisförmigen und einem sechseckigen Turm – eine etwa hundert Meter lange Galerie. Mit einiger Phantasie kann man sich im Saal die Gäste und im Hof die Menschenmenge vorstellen; Pagen und Knappen eilen hin und her, schneiden dienstbeflissen Fleisch für die Gäste auf und schenken ihnen Wein ein.

Zum Hochzeitsfest waren neben den mächtigen Vasallen, die ein Geoffroy de Rancon, Herr von Taillebourg, repräsentierte, auch die niederen Edelleute erschienen, deren Namen nur selten in den Urkunden erwähnt werden. Wenn man jedoch heute durch das Land reist, findet man noch immer die d'Arsac und die Blanquefort; man entdeckt auch die Namen der kleinen Burgherren de Labourd oder de Lomagne, die weitab die Grenze verteidigen mußten. Der König von Frankreich hatte seinerseits Wert darauf gelegt, daß sein Sohn mit einem glanzvollen Gefolge gekommen war: An die fünfhundert Ritter gaben ihm das Geleit, und es waren nicht die geringsten; denn unter ihnen waren so mächtige Feudalherren wie Thibaud, Graf der Champagne und von Blois, Wilhelm von Nevers, Graf von Auxerre und Tonnerre, Rotrou, Graf von Perche, und Raoul de Vermandois, der Seneschall des Königreichs. Mit ihnen waren die hohen Kleriker der Ile-de-France gekommen; Geoffroy de Lèves, Bischof von Chartres, gab in Bordeaux, wie ein Chronist berichtet, einen Empfang für »die Geistlichkeit von ganz Aquitanien«. Bemerkenswert ist auch, daß die hohe Gesandtschaft, die unter der brennenden Julihitze den jungen Thronerben von Frankreich über Berg und Tal begleitete, von dem Abt Suger, dem Vertrauten des Königs, selbst angeführt wurde. Daraus allein ist schon zu ersehen, welche Bedeutung Ludwig VI. der Hochzeit seines Sohnes mit der Thronerbin von Aquitanien beimaß.

Ganz im Gegensatz zum damaligen Brauch, wo man die Paare oft schon miteinander verband, wenn sie noch in der Wiege lagen, war es eine ziemlich überstürzte Hochzeit. Erst drei Monate zuvor nämlich, im April 1137, waren Abgesandte im Schloß von Béthisy erschienen, wo der König von Frankreich damals residierte. Sie waren gekommen, um ihm den Tod Wilhelms von Aquitanien, ihres Herrn, zu melden. Er war ganz unerwartet im Alter von achtunddreißig Jahren gestorben.

Kurz zuvor hatte er bei scheinbar bester Gesundheit eine Pilgerfahrt nach Santiago de Compostela angetreten, wo er das Osterfest verbringen wollte. Aber er erreichte sein Ziel nicht mehr. Am Karfreitag, dem 9. April, hatte eine Krankheit, über die sich die Chronisten nicht weiter auslassen, diesen riesigen Mann von legendärer Körperkraft und unverwüstlichem Appetit dahingerafft. Es wird von ihm berichtet, daß er bei einer Mahlzeit so viel verschlang wie acht Männer.

Sieben Jahre vor Wilhelms Tod war sein einziger Sohn, Aigret, gestorben. Danach hatte seine ganze Sorge seiner Tochter Eleonore gegolten. Sie war die Erbin des großen und bedeutenden aquitanischen Reiches, das von gefährlichen Gegnern umgeben war; zum Beispiel den Grafen von Anjou, die nur auf die Gelegenheit warteten, zu ihren Gunsten einige Grenzkorrekturen vorzunehmen. Aber auch viele Vasallen gaben keine Ruhe, besonders die kleinen gascognischen Edelleute nicht, die schon aus Tradition aufsässig waren und ihre Selbständigkeit verlangten.

Um Wilhelms letzten Wunsch zu erfüllen, brachen einige seiner Pilgergefährten sofort die Reise ab, kehrten zurück und machten sich dann auf den Weg zur Ile-de-France. Der Tod des Herzogs wurde geheimgehalten, um eine Revolte oder den Abfall von Vasallen zu verhindern. Daß sie den König von Frankreich unterrichteten, war ihre Pflicht; denn er mußte als Lehnsherr seine Vasallin schützen, ja sogar verheiraten, wenn sie Witwe oder ein junges Mädchen war. Sie hatten überdies noch die Aufgabe, den Letzten Willen des Herzogs von Aquitanien zu übermitteln; dieser hatte auf seinem Sterbebett den Wunsch geäußert, daß seine Tochter den Thronerben von Frankreich heiraten solle.

Ludwig VI. wußte die Bedeutung dieses Angebots besser zu schätzen als jeder andere. Sein ganzes Leben lang hatte er sich mit räuberischen, unwürdigen niederen Adelsleuten herumschlagen und viel Energie aufwenden müssen, um mit friedlichen Mitteln ein paar karge Erdschollen in seinen Besitz zu bringen. Jetzt bot sich ihm eine ungeahnte Möglichkeit, seinen Einfluß als König auszudehnen und eines der schönsten Länder seines Reiches zu seiner Hausmacht zu schlagen. Er war damals schon krank, sehr krank; er litt an einer Art Dysenterie, die man damals »Bauchschluß« nannte. Schon zwei Jahre zuvor hatte den unermüdlichen Streiter ein akuter Anfall lange Zeit ans Bett gefesselt. Damals hatte er sich wieder erholt, diesmal aber war sein Zustand offenbar sehr ernst; denn er hatte seinen langjährigen Vertrauten Suger, den Abt von Saint-Denis, zu sich rufen lassen. Als dieser von der Botschaft der aquitanischen Herren erfuhr, berief er, wie es Brauch war, die königlichen Räte ein. Einstimmig waren sie der Meinung, man solle das Angebot annehmen, unverzüglich beantworten und alles tun, um dem aquitanischen Stolz zu schmeicheln und die junge Herzogin zu ehren.

Suger hatte eilends alle Vorbereitungen zur Abreise getroffen. Dieser kleine, energische Mönch war als Sohn eines Leibeigenen zum Berater des Königs aufgestiegen. Er war ein Mann von unglaublicher Tatkraft, der an alles dachte. Fünfhundert Ritter – das war die bedeutendste Gesandtschaft, seit der Capetinger den Thron bestiegen hatte; außerdem war es die erste, die seitdem ins aquitanische Gebiet zog. Ein solcher Zug erforderte große Vorbereitungen: Relaisstationen mußten eingerichtet, Wagen und Lasttiere, die Zelte und tragbaren Küchen für die Biwaks bereitgestellt werden. Über den großen Ritt würde man gern Näheres wissen, vor allem, welche Geschenke für die junge Braut und ihr Gefolge mitgenommen wurden. In der zeitgenössischen ›Chronik von Morigny‹ heißt es, man brauche »den Mund eines Cicero und das Gedächtnis eines Seneca, um den Wert und die Üppigkeit dieser Geschenke und die Pracht der Hochzeitsfeierlichkeiten zu beschreiben«. Damit sind wir leider genauso schlau wie vorher. Selbst Suger begnügt sich in seiner Biographie Ludwigs VI. mit der Erwähnung »üppiger Schätze«. Sehr viel beredter hingegen zählt er die Schenkungen auf, die der König der Abtei von Saint-Denis in seinem Testament versprach, das etwa um die gleiche Zeit abgefaßt wurde: eine kostbare Bibel, deren Einband mit Gold und Edelsteinen verziert war, einen Weihwasserkessel aus vierzig Unzen Gold, goldene Kerzenständer, deren jeder einhundertsechzig Unzen wog, einen goldenen, mit Juwelen geschmückten Kelch, zehn seidene Meßgewänder und einen prachtvollen Hyazinthen, den er von seiner Großmutter Anna, der Tochter des Herzogs von Kiew, geerbt hatte. Dieser Edelstein sollte nach dem Willen des Königs in die Dornenkrone der großen Christusfigur von Saint-Denis eingelassen werden.

Wie dem auch gewesen sein mag, die Hochzeitsvorbereitungen wurden jedenfalls eilends betrieben. Am Vortag der Abreise, am 17. Juni, ließ Suger seinen Prior Hervé kommen; denn dieser sollte die Abtei während seiner Abwesenheit leiten. Er führte ihn in die Krypta der Basilika und zeigte ihm rechts vom Altar die

Stelle, an der der König beigesetzt werden sollte, falls er sterben würde, während Suger unterwegs war. Er dachte an alles.

Am gleichen Tag nahm auch Ludwig VI. Abschied von seinem Sohn. Seine Krankheit hatte sich verschlimmert; sein sonst so kräftiger Körper war fast gelähmt, er war erschöpft, seine Stirn mit Schweiß bedeckt. Die letzten Worte an seinen Thronerben, den er vielleicht nicht wiedersehen würde, auf dem aber die Hoffnung des Königreiches lag, lauteten: »Schütze die Geistlichen, die Armen und die Waisen. Gib jedem sein Recht!« Tiefbewegt vernahm der junge Ludwig, der vor seinem Vater kniete, die Abschiedsworte: »Möge Gott, der Allmächtige, durch dessen Gnade die Könige regieren, dich, mein liebes Kind, schützen. Wenn du und deine Gefährten mir durch das Schicksal entrissen werden sollten, dann wird mich nichts mehr an die Krone und an das irdische Leben binden.«

Es ist anzunehmen, daß der junge Ludwig diese Worte getreulich in seinem Gedächtnis bewahrte; er hatte schon mit sechzehn Jahren allen Ernst und alle Würde, die man von einem künftigen König verlangt. Manchmal hätte ihn sich sein Vater etwas kampffreudiger und weniger nachdenklich gewünscht. In seiner Kindheit war Ludwig ein eifriger Schüler in der Abtei von Saint-Denis gewesen; seine Frömmigkeit erstaunte selbst die Mönche. Er hatte nur den einzigen Wunsch, eines Tages seine Stimme zwischen denen der Mönche zu hören; denn zum Herrscher fühlte er sich nicht berufen. Er beschäftigte sich mit Psalmensingen und Grammatik. Eines Tages aber wurde er aus diesem, nur dem Gebet und dem Studium gewidmeten Leben unvermittelt herausgerissen: Sein älterer Bruder Philipp war gestorben, und der König ließ ihn durch Abt Suger eilends zu sich bestellen. Philipp war einem grotesken Unfall erlegen. Er war nach einem Ausritt mit einigen Kameraden auf dem Rückweg zum Schloß. Sie hatten gerade einen Arm der Seine durchquert, als ein Schwein, das aus einem nahegelegenen Bauernhof ausgerissen war, Philipps Pferd zwischen die Beine lief. Das Pferd scheute und warf ihn ab, obwohl er ein hervorragender Reiter war. Er hatte nur noch wenige Augenblicke zu leben. In Sekundenschnelle hatte sich die Tragödie abgespielt. Drei Tage später setzte man den jungen Prinzen, der die Hoffnung des Königreichs gewesen war, in der Gruft von Saint-Denis bei. Ludwig wurde aus seinem ruhigen, der Wissenschaft und dem Kloster gewidmeten Leben herausgerissen. Sein Vater nahm ihn am 25. Oktober 1131 mit nach Reims; dort nahm der Neunjährige, mit dem Zepter in der Hand, die Huldigung der wichtigsten Vasallen entgegen, die ihm Treue schworen.

Danach kehrte er brav in seine königliche Abtei zurück und nahm sein Studium wieder auf. Aber nun riß man ihn schon wieder so plötzlich heraus, diesmal um ihm mitzuteilen, daß er die Thronerbin von Aquitanien heiraten solle. Er schickte sich in das Unvermeidliche und befand sich nun mit einem von Abt Suger angeführten prächtigen Gefolge auf tagelangem Ritt nach Bordeaux und zum Schloß l'Ombrière.

Als er dann neben dem strahlenden, jungen, scharlachrot gewandeten Mädchen saß, das seine Gemahlin werden sollte, war Ludwig, ebenso wie die ihn umgebenden Ritter, doch ein wenig bestürzt. Die überschäumende Begeisterung der Menge, die dreister und leichtgeschürzter war als das Volk der Ile-de-France und der Champagne, dazu die provenzalische Sprache, die sie schlecht verstanden, das laute Wesen, die lebhaften Zurufe, alles dies war für die Leute aus dem Norden sehr verwirrend. Erst allmählich, im Laufe des Banketts, tauten sie auf, und in der allgemeinen Festesfreude kamen sie den Südfranzosen dann auch etwas näher. Die Weine der Guyenne, reichlich von Schildknappen und Pagen aus den edlen Familien kredenzt, trugen nicht wenig dazu bei, die Stimmung zu heben. Unablässig erklangen die Lieder der Troubadoure, Tamburine schlugen den Takt, und die Festgäste klatschten begeistert Beifall. Die ganze südliche Heiterkeit konnte sich unter den Augen der jungen Herzogin von Aquitanien entfalten, die sich in ihrer Rolle als Gastgeberin sichtlich wohlfühlte – sie hatte sie ja am Hofe ihres Vaters schon spielen müssen. Sie war schön und wußte es auch; oft genug war es ihr in Versen und in Prosa schon gesagt worden. Das Schicksal, das sie vor wenigen Wochen zur Herzogin gemacht hatte und ihr heute die Aussicht eröffnete, dereinst Königin von Frankreich zu werden, überraschte sie kaum. Sie wußte sehr genau, daß sie nur einem sehr Hochgestellten ihre Hand gereicht hätte, und die Herzöge von Aquitanien betrachteten sich sowieso gern als Ebenbürtige ihres obersten Lehnsherrn. Dieser Herrscher präsentierte sich ihr nun als ein etwas schmächtiger und linkischer, aber sympathischer Jüngling. Amüsiert konnte die sehr selbstbewußte Eleonore seinen Blikken entnehmen, daß er bereits unsterblich in sie verliebt war.

Nach der Sitte der Zeit sollten die Hochzeitsfeierlichkeiten mehrere Tage dauern. Zwischen Bordeaux und den Hügeln von

Lormont, wo die Zelte des königlichen Gefolges als helle Flekken im dunklen Grün erschienen, gab es ein lebhaftes Hin und Her. Unaufhörlich kreuzten kleine Boote die Garonne; zum Erstaunen der Herren aus dem Norden gab es ja damals in Bordeaux noch keine Brücken. Der einzige, der in dem allgemeinen Festtrubel seine sorgenvolle Miene nicht verlor, war Abt Suger. Der Gedanke an den alten König, der dort oben an den Ufern der Seine mit dem Tode rang, furchte ihm die Stirn. Er führte lange Gespräche mit dem Erzbischof von Bordeaux, Geoffroy du Loroux; gemeinsam beschlossen sie, die Festlichkeiten abzukürzen – soweit das möglich war, ohne das Volk in Stadt und Land zu enttäuschen, und vor allem die Barone, die von den entlegenen Gütern in der Gascogne und im Poitou herbeigeeilt waren, um ihrer Lehnsherrin zu huldigen.

Mitten im Festeslärm, überhäuft von Geschenken und unter den Klängen der Flöten und Tamburine, nahm Eleonore Abschied von ihrer jüngeren Schwester, von ihrem Hauswesen und vom Schloß l'Ombrière, wo sie ihre unbeschwerten Jungmädchenjahre verlebt hatte. Trotz aller kecken Fröhlichkeit wird sie doch wohl beim Abschied einen langen Blick zurück auf die Stadt jenseits der Garonne geworfen haben, die sich gegen die untergehende Sonne abzeichnete: Bordeaux mit seinen dunklen Bollwerken vor dem goldglühenden Himmel, mit den Glockentürmen seiner Kathedrale und seiner neun Kirchen, mit den Säulen des antiken Palastes Tutelle nahe der Stadt, und weit hinten den alten Abteien Saint-Seurin, Sainte-Eulalie und Sainte-Croix am Ufer der Garonne. Da lag der heilige Flecken Erde, den man mit einem Blick umfassen konnte, so wie der Strom ihn in sanften Rundungen umfloß. Dorther stammten die alten Geschichten, die man ihr an der Wiege gesungen hatte: vom heiligen Stephan, wie er einer armen Frau aus der Stadt erschienen war, von Rolands Schwert Olifant, das Karl der Große eigenhändig auf dem Altar von Saint-Seurin niedergelegt hatte, und die alte Kantilene von der heiligen Eulalia:

»Ein gutes Mädchen war Eulalia,
Schön war ihr Körper und noch schöner ihre Seele.«

In langer Kette zogen die Reiter auf der Landstraße nach Saintes. Erst als sie die Charente überschritten und Schloß Taillebourg erreicht hatten, ließ man Ludwig und Eleonore in der für sie bereiteten Hochzeitskammer allein.

2
Im königlichen Palast in Paris

Sant Jacme, membre us del baro
Que denant vos jai pelegris.
Cercamon

Die Begeisterungsstürme von Bordeaux wiederholten sich in Poitiers. Auch die poitevinische Bevölkerung bezeigte, obwohl weniger laut und weniger lärmend, ihre Zustimmung zur Vermählung der »Lilie« mit dem »Ölzweig«, der Verbindung des nördlichen Frankreich mit dem südlichen Aquitanien. Die Zeremonie in der Kathedrale Saint-Pierre – nicht dem heutigen Bauwerk, sondern einem älteren, das erst im 13. Jahrhundert durch das neue ersetzt wurde – war, vom Standpunkt des Lehnsherrn, übrigens ebenso bedeutsam, wie die Feier in der Kathedrale Saint-André in Bordeaux gewesen war. Denn hier in Poitiers erhielt das junge Paar die Herzogskrone von Aquitanien. Seit Jahrhunderten war die alte merowingische Stadt die bevorzugte Residenz und das wichtigste Lehnsgut der Herzöge; hier wurden sie gekrönt, hier huldigten ihnen die Vasallen. In Bordeaux findet man die Spuren von Eleonores Kindheit und frühester Jugend; im nahegelegenen Schloß Belin soll sie zur Welt gekommen sein. Daß sie einen großen Teil ihrer Kinderzeit im Schloß l'Ombrière verbrachte, ist wohl sicher. Aber mit Poitiers verknüpft sich die Geschichte ihres Stammhauses, eine Geschichte voller Wechselfälle, die beherrscht wird von der Gestalt von Eleonores Großvater, von Wilhelm dem Troubadour.

Er war einer von den außergewöhnlichen Menschen, deren zügelloses Leben auch die Nachsichtigsten vor den Kopf stößt, die aber die schlimme Wirkung ihrer Streiche durch ihr glanzvolles Auftreten, durch ihre Großzügigkeit, ihre unbekümmerte Art und ihre Fähigkeit, zu bereuen, immer wieder ausgleichen. In der Kathedrale von Saint-Pierre, wo jetzt Ludwig und Eleonore nebeneinander die Treuegelöbnisse ihrer Vasallen entgegennahmen und ihnen Schutz versprachen, hatte sicher noch manch einer der Anwesenden zwanzig Jahre vorher eine höchst dramatische Szene zwischen Wilhelm dem Troubadour und dem damaligen Bischof miterlebt. Bischof Pierre hatte Wilhelm exkommuniziert; plötzlich hatte diesen die Wut gepackt. Mit den Worten: »Ich bringe dich um, wenn du mir keine Absolution erteilst!« hatte er sein Schwert gezogen und sich auf den Prälaten gestürzt. Um loszukommen, tat der Priester zunächst, als gehorche er. Dann aber las er in aller Ruhe die Exkommunikationsformel zu Ende, worauf er mit den Worten: »Jetzt schlage zu!« dem Bedroher seinen Kopf hinhielt. Wilhelm war verdutzt, steckte nach kurzem Zögern das Schwert wieder in die Scheide und zog sich mit gewohnter Schlagfertigkeit aus der Affäre: »Nein«, entgegnete er dem Bischof, »erwarte nicht von mir, daß ich dich ins Paradies schicke!«

Sein ganzes Leben lang hatte Wilhelm IX. von Aquitanien solche Auseinandersetzungen mit dem Klerus seines Landes. Fast immer waren Weibergeschichten der Anlaß dazu. So hatte er zum Beispiel in aller Öffentlichkeit eine Liaison mit einer Vizegräfin von Châtellerault, die den bezeichnenden Vornamen Dangerosa trug. In Poitiers nannte man sie die *Maubergeonne;* Wilhelm hatte sich nämlich nicht gescheut, sie anstelle seiner legitimen Gemahlin Philippa von Toulouse in dem neuerbauten prächtigen Burgturm Maubergeon seines herzoglichen Schlosses einzuquartieren. Wegen der Dangerosa überwarf sich später sein eigener Sohn mit ihm.

Aber dieser Grandseigneur, Weiberheld und Spaßvogel war auch ein genialer Dichter. Er ist der erste Troubadour der Literaturgeschichte, und durch einen jener Widersprüche, die sein Wesen und seine Gedichte charakterisieren, ist ausgerechnet er es, der zuerst das Höfische Ideal entwarf. Es kam nach ihm dann zu überraschender Blüte und befruchtete aufs reichste unsere mittelalterliche Dichtung. Übrigens war Wilhelm IX. schließlich doch noch in sich gegangen. Das letzte Gedicht des unverbesserlichen Genießers verrät aufrichtige Reue. Nachdem er sich, im Gegensatz zu anderen hohen Herren seiner Zeit, nie im Leben um religiöse Stiftungen gekümmert hatte, vermachte er auf einmal eins seiner Güter, Orbestier in der Landschaft Talmondois, die zu den beliebtesten Jagdgründen der aquitanischen Herzöge gehörte, dem Orden von Fontevrault, der hier ein Kloster gründete. In diesen Orden waren seine Frau Philippa und seine Tochter Audéarde eingetreten.

Gewiß wird der eine oder andere poitevinische Baron, der über diese früheren Geschichten der Dynastie Bescheid wußte, einen fragenden Blick auf Eleonore geworfen haben. Ob sie wohl ihrem schrecklichen Großvater glich? Die Schönheit, ein

Familienerbe der Aquitanier, hatte sie bestimmt von ihm, ebenso wie den Hang zur Poesie, den Frohsinn und eine gewisse Respektlosigkeit. Was ihren Gatten anbelangte, so konnte man ja wohl auf den ersten Blick sehen, daß er nicht zu denen gehören würde, die wegen Weibergeschichten exkommuniziert werden.

Diese ganze Vergangenheit schien das junge Paar nicht zu belasten. Es strahlte Freude und Jugendfrische aus, als es nach der Zeremonie wiederum bei einem großen Bankett in dem großen Saal des Herzogspalastes präsidierte. Eine Darbietung folgte der anderen: Spielleute traten auf, und die Troubadoure übertönten mit ihren Liedern noch das Stimmengewirr und das Hin und Her der Pagen, die auf hohen Tischen die Speisen anrichteten und den Gästen den Wein einschenkten. Der festliche Trubel war auf seinem Höhepunkt, als sich ein Vertrauter des Hauses dem Abt Suger näherte, der an einem Tisch in der Nähe der Tafel des jungen Paares saß. Der Mann flüsterte ihm etwas ins Ohr; Suger wurde bleich und blickte auf den Prinzen, der strahlend neben Eleonore saß und sichtlich in seine neue Rolle hineingewachsen war. Die Heirat und die Herzogskrone schienen ihn verändert zu haben – obwohl er schließlich schon seit Jahren den königlichen Ring am Finger trug. Suger zögerte einen kurzen Augenblick, dann erhob er sich und beugte, in tiefem Ernst, das Knie vor dem neuen König von Frankreich.

Ein Bote war eine Stunde zuvor auf der Brücke von Montierneuf erschienen und hatte den Tod des französischen Königs gemeldet. Das Übel, das Ludwig VI. schon seit langem quälte, hatte sich am 1. August plötzlich verschlimmert. Er wollte sich noch in die Abtei Saint-Denis tragen lassen, um dort zu sterben, aber es war schon zu spät. Gilduin, der Abt von Saint-Victor, und Etienne, der Bischof von Paris, die ihm Beistand leisteten, hatten sich sanft seinem Wunsch widersetzt. Und der König hatte sich gefügt. Er sah ein, daß bei seiner Korpulenz, seinem bedenklichen Zustand und der unerträglichen Augusthitze der Transport in die Abtei unmöglich war. Jetzt verlangte er, daß ein Teppich auf dem Boden ausgebreitet und darauf Asche in Form eines Kreuzes gestreut würde. Auf dieses Aschenkreuz ließ er sich betten und starb dort eines erbaulichen Todes. Sein Leichnam ruhte nun, eingehüllt in ein seidenes Tuch, an jener Stelle neben dem Altar der Hl. Dreifaltigkeit in Saint-Denis, die Suger schon vorher dafür bezeichnet hatte.

Wiederum mußten die Festlichkeiten vorzeitig abgebrochen werden, und der Hochzeitszug machte sich auf den Weg. Auf der ganzen Strecke von Poitiers nach Paris strömten wieder täglich die Menschen in Massen herbei, um dem König und der Königin von Frankreich zuzujubeln.

Man kann sich ungefähr ausmalen, welche Gefühle Eleonore auf ihrem Ritt nach Paris bewegt haben müssen, wenn sie sich die Ereignisse durch ihren fünfzehnjährigen Kopf gehen ließ, durch die sie am 8. August 1137 Herzogin von Aquitanien und Königin von Frankreich geworden war. Und was konnte wohl Paris einer Südfranzösin jener Zeit bieten? Sicher nicht das, was es heute wäre. Paris war eine königliche Residenz, aber auch nicht bedeutender als Orléans, wo übrigens die Vorgänger Ludwigs VII. mit Vorliebe residierten. Mit seiner antiken Vergangenheit konnte es sich kaum mit der von Bordeaux messen, von Marseille oder Toulouse gar nicht zu reden. Und vom kirchlichen Standpunkt – man weiß, welche Rolle die Kirche damals spielte – war Paris viel unbedeutender als die meisten anderen Städte des Königreiches. Schließlich war es nur ein von Sens abhängiges Bistum und hatte bei weitem nicht den Einfluß wie die großen Metropolen Reims oder Lyon. Gewiß, es gab auch in Paris eine Menge Klöster: Saint-Médard, Saint-Victor, Saint-Vincent-et-Sainte-Croix und die alte merowingische Abtei, die schon damals, nach einem Pariser Bischof, Saint-Germain-des-Prés hieß. Aber viel berühmter war Cluny. Sein weitläufiger Bau – der größte der Christenheit bis zum Umbau von Sankt Peter in Rom im 16. Jahrhundert – war schon seit dreißig Jahren vollendet. Paris hatte damals auch keine Baudenkmäler vom Range einer Kathedrale von Durham oder des königlichen Palastes in Aachen. Und erst recht nichts, was mit den schon sagenhaften Städten Rom, Venedig oder Konstantinopel vergleichbar wäre. Auch auf eine heldenhafte Vergangenheit oder wenigstens einen kaiserlichen Vorfahren konnte sich das in Frankreich herrschende Königsgeschlecht nicht berufen, wie man das zu Zeiten von Eleonore so gern tat. Vor einhundertfünfzig Jahren war der letzte Nachkomme Karls des Großen durch den starken Arm eines seiner Barone vom Thron gestoßen worden, und Hugo Capet hatte sich von seinen Pairs den Königstitel zuerkennen lassen. Anderthalb Jahrhunderte lang zeichnete sich keiner seiner Nachfahren durch irgendwelche Heldentaten aus. Als Papst Urban II. die ganze europäische Christenheit zur Rettung der Heiligen Stätten von Palästina aufrief, hatte sich der damalige König Philipp I. von Frankreich, ein dicker, egoistischer und sinnlicher Mensch, der ganz in seine Liebschaft mit der schönen Bertrade de Montfort verstrickt war, überhaupt nicht gerührt. Daher wurden in den um diese Zeit entstandenen Heldenliedern auch immer nur Ritter, echte, wie Gottfried von Bouillon, oder legendäre, wie Roland, verherrlicht. Sehnsüchtig beschwor man den Schatten Karls des Großen, eines wirklichen Herrschers, der noch das Schwert zu führen verstand und über die Berge gegen die Sarazenen gezogen war.

Dennoch rührte sich in jenem Paris des 12. Jahrhunderts doch schon etwas, wofür Eleonores offener Sinn empfänglich sein konnte. Sie stammte ja aus einer hochgebildeten Familie, daher wird sie an ihrem Gemahl die Liebe zur Wissenschaft geschätzt haben. Sie hatten allerdings eine sehr verschiedene Erziehung genossen: Ludwigs fast mönchische Schulbildung dürfte sich auf die Sieben Freien Künste erstreckt haben, die den gesamten Wissenskreis jener Zeit umfaßten. Das waren die vier mathematischen Fächer Arithmetik, Geometrie, Musik und Astronomie; dazu kamen die drei sprachlichen Fächer Grammatik, Rhetorik und Dialektik – alles natürlich durchtränkt mit Theologie. Dagegen hatte Eleonore vermutlich eine viel profanere Ausbildung gehabt. Aber auch dabei muß man die Maßstäbe der Zeit anlegen, das heißt, wenn sie Ovid auf lateinisch gelesen hat, so wird sie dies Latein erst aus der Bibel und aus den Kirchenvätern gelernt haben. Vor allem ist sie aber mit den Liedern der Troubadoure aufgewachsen. Von einem weiß man bestimmt, daß er am Hofe ihres Vaters gelebt hat: Blédhri, ein Kelte – wahrscheinlich aus Irland oder aus Wales. Und ein anderer Troubadour, Cercamon, rühmt in dem schönen *planh*, dem ›Klagelied‹ auf den Tod Wilhelms X., dessen Freigebigkeit gegen die Dichter.

Den weltweiten Ruf einer Universitätsstadt bekam Paris zwar erst hundert Jahre später, doch zu Eleonores Zeiten war die Universität Paris schon ein Begriff und machte durch leidenschaftliche Streitgespräche – Zeichen geistiger Aktivität – von sich reden. Schon diskutieren im Schatten der großen Abteien von Saint-Victor, Saint-Marcel und Sainte-Geneviève Lehrer und Schüler über die »Kardinalfragen« und suchen in vielversprechendem Eifer nach Synthesen. Paris ist im Begriff, die großen und damals berühmtesten Klosterschulen von Bec oder Fleury-sur-Loire und die bischöflichen Schulen Reims, Laon oder Chartres auszustechen. Gewiß hatte Eleonore von

Abälard, jener ebenso hinreißenden wie unbequemen Persönlichkeit, gehört: als Student hatte er sich nicht gescheut, die berühmtesten Lehrer herauszufordern, und wurde später, auf dem triumphalen Höhepunkt seiner geistigen Laufbahn, ebenso berühmt durch seine Liebschaft mit Heloise. Wütend über die Entehrung seiner Nichte, hatte Heloises Onkel, der Kanonikus Fulbert, Abälard auf erniedrigende Weise verstümmeln lassen. Eleonore hat sich sicher die seltsame Lebensgeschichte jenes Mädchens erzählen lassen, das schon mit siebzehn Jahren wegen seiner außerordentlichen Bildung berühmt war und noch zu Eleonores Lebzeiten als Äbtissin im Kloster Paraclet wirkte, für immer getrennt von dem Geliebten, dem ihr Herz auf ewig treu blieb. Auch Eleonores Sinn für Romantik mag sich an dieser Geschichte entzündet haben, die noch heute, acht Jahrhunderte später, fasziniert. Damals war sie äußerst aktuell, da beide Protagonisten ja noch am Leben waren.

Schon bei der Annäherung an Paris mag Eleonore das frische Grün der Wälder bewundert haben, die die Stadt wie ein schmucker Gürtel umgeben. Auch der erste Anblick der Stadt selbst, unter dem zartblauen Himmel der Ile-de-France, wird ihr gefallen haben. Vor dem Berge Sainte-Geneviève lag, in einer Krümmung der Seine, die größte der vielen Inseln, die Ile-de-la-Cité. Hohe Wälle umgaben sie; man hatte sie schon zwei Jahrhunderte vordem aufgeführt, aus Furcht vor weiteren Normannenüberfällen. Zwei Brücken, mit Häusern bebaut und an jedem Ende mit einem Festungsturm versehen, führten hinüber: das *Petit Châtelet* auf dem linken Ufer und zum Schutze der großen Brücke das *Grand Châtelet* auf dem rechten, von dem einer unserer heutigen Plätze noch seinen Namen hat. Man hat Eleonore auf Pariser Boden vermutlich bald auch das Grab des Riesen Isoré gezeigt. Es ist dies ein Menhir am Ende der alten Römerstraße, deren Verlauf man noch heute auf einem Stadtplan von Paris verfolgen kann. Sie durchschnitt die Hügel des linken Seineufers durch die Straße Saint-Jacques und lief herunter zum rechten Ufer, wo damals noch eine Sumpfebene war. Die Templer trockneten bald darauf die Sümpfe aus und legten am Fuße der Hügel von Montmartre und Chaillot Gemüsegärten an. Diese sanfte Landschaft mit den Weinbergen, den Scharen von Händlern in kleinen Booten und den auf dem linken Seineufer immer höher aufsteigenden Ketten von Wohnhäusern und Schänken muß ein hübsches Bild gewesen sein. Eleonore wird es gewiß bewundert haben, bevor sie energischen Schrittes die Schwelle des alten Schlosses der Cité überschritt. Zuvor setzte sie den Fuß auf den verwitterten Olivenstamm, der nach alter Sitte zum Absteigen vom Pferde diente. Ihr aufmerksamer junger Ehemann, der König von Frankreich, wird ihr liebevoll dabei geholfen haben.

3
Die tolle Königin

Quant ieu la vey, be m'es parven
Als huelhs, al vis, a la color
(Quar aissi tremble de paor
Com fa la fuelha contra'l ven);
Non ai de sen per un enfan,
Aissi sui d'amor entrepres;
E d'ome qu'es aissi conques
Pot Domn' aver almorna gran.
Bernart de Ventadorn

Die Flammen schlugen hoch empor, und es brauste wie ein Gewittersturm; manchmal zuckten grelle Blitze aus den dichten schwarzen Rauchwolken, die die kleine Stadt einhüllten. Das Heer, von Ludwig VII. selbst angeführt, hatte den Widerstand von Vitry-en-Perthois gebrochen; das Fußvolk war durch die engen Gäßchen bis in das Herz der Stadt eingedrungen. In ihrer Rage, die übrigens niemand zu bändigen versuchte, hatten die Männer dort Feuer gelegt. Voller Angst und Schrecken war die gesamte Bevölkerung in die Kirche geflüchtet, in der Hoffnung, dort, wie damals üblich, Schutz und Asyl zu finden.

Dies Ereignis spielt sich im Jahre 1143 ab. Sechs Jahre sind seit der Hochzeit von Ludwig und Eleonore verflossen. Der König hat seit Beginn des Angriffs auf die kleine Stadt das Vordringen seiner Leute von den Höhen La Fourche aus verfolgt, wo sein Lager ist, und sieht in der Ferne die Flammen aufsteigen. Er ist längst nicht mehr der schüchterne und gehemmte Jüngling, dem die Menge in der Kathedrale von Bordeaux zujubelte. Jetzt ist er ein selbstbewußter und entschlossen wirkender junger Mann geworden. Von seinem Beobachtungsposten aus betrachtet er stumm das Schauspiel der Feuersbrunst, die in der sinkenden Nacht am Fuße des Hügels brandet. Plötzlich wird der Feuerschein heftiger. Ein Flammenstoß schießt in die Höhe. Bis zum Berg Fourches hinauf hört man einen Tumult; vielfaches Geschrei vermischt sich mit dem Krachen von Balken. Das Feuer hat auf die Kirche übergegriffen. Nach wenigen Minuten schrecklichen Wartens wird das Getöse lauter; das Gebälk der Kirche bricht im Feuer zusammen und begräbt die ganze Einwohnerschaft des Städtchens unter sich, die gemeint hatte, unter einem geweihten Dach geschützt zu sein.

Als Ludwigs Vertraute, beunruhigt über des Königs seltsames Gebaren, näher zu ihm traten, fanden sie ihn wie erstarrt, totenbleich; seine Zähne schlugen aufeinander. Man führte ihn fort und legte ihn in sein Zelt. Dort verlangte er, allein gelassen zu werden. In diesem Zustand verharrte er tagelang, verweigerte jede Nahrung und sprach zu niemandem. Er lag nur unbeweglich auf seinem Lager. Wahrscheinlich zog er, allein für sich, die Bilanz der letzten sechs Jahre – der glücklichen Jahre eines wahnsinnig in seine Frau verliebten Ehemannes, Jahre, die nun zu dieser schrecklichen Katastrophe geführt hatten. Wie mochte er nur dazu gekommen sein, eine so scheußliche Tat zu begehen?

So unwahrscheinlich es klingt: dieser fromme und friedliebende junge Fürst, dessen Leben sich bis vor wenigen Jahren in den Mauern der Abtei von Saint-Denis abgespielt hatte – der vielleicht sogar davon träumte, dort einmal Mönch zu werden –, befand sich zur Zeit in offenem Aufruhr gegen alle kirchlichen Autoritäten. Sein Land war vom Papst mit dem Kirchenbann belegt worden; die Glocken waren verstummt, keine kirchliche Feier fand mehr statt. Mit seiner Mutter hatte er sich überworfen. Suger, der Ratgeber seines Vaters, erschien nicht mehr im Palast auf der Ile-de-la-Cité; und obendrein hatten nun seine Truppen in einem von ihm selbst entfachten Kriegszug Feuer an eine Kirche gelegt, an eine heilige Stätte, ein Asyl, in dem eine unschuldige Bevölkerung, dreizehnhundert Personen, umgekommen waren. Für einen unvoreingenommenen Beobachter war kein Zweifel möglich. Hinter allen diesen Entscheidungen, diesem Wirrwarr von privaten Mißverständnissen und öffentlichen Gewalttaten, von Familienzwisten und Lehnshändeln, stand Eleonore. In ihren kleinen Händen hielt sie die Fäden zu dem Knäuel, das sie in mutwilliger Kleinmädchenlaune verwirrt hatte.

Unmittelbar nach ihrer Rückkehr hatten sich die Beziehungen von Ludwig und Eleonore zu der Königinmutter, Adelaide von Savoyen, ziemlich abgekühlt. Das war vorauszusehen: es war nur natürlich, daß sich die junge Frau nicht mit der alternden Schwiegermutter vertragen würde, die nie in ihrem Leben irgendwelchen Einfluß auf ihren Gemahl gehabt hatte und nun wohl hoffte, sich an ihrem Sohn schadlos halten zu können –

zumal er schüchtern und unerfahren war. Als nun eine sehr junge und sehr hübsche Frau dazwischenkam, war der Bruch unvermeidlich. Die Königinmutter verließ den Hof und zog sich auf ihre Güter zurück. Dort heiratete sie, wohl aus Rache, ziemlich bald einen Herrn von Montmorency, einen Mann von niederem Adel, der aber sehr gut aussah. Man kann sich ausmalen, wie sehr sich Adelaide über ihre Schwiegertochter ärgern mußte, die als Südfranzösin und echte Enkelin ihres Großvaters von Natur respektlos war und deren allzu freies Benehmen wahrscheinlich auch ihre Umgebung manchmal schockierte. Hundert Jahre vorher hatte Hugo Capets Sohn Robert eine Südfranzösin geheiratet, Konstanze von Provence, die auch damals durch ihr Benehmen die ernsten Herren des Nordens irritiert hatte. Man fand ihre Kleidung schamlos und ihre Redeweise frech. Mit den gleichen Ausdrücken mag Adelaide oft ihre Schwiegertochter qualifiziert haben.

Diese kleinen persönlichen Reibereien waren aber unerheblich im Vergleich zu den Stürmen, die den jungen König bald darauf bedrängen sollten. Ein knappes Jahr nach seiner Thronbesteigung mußte er einen Feldzug gegen Poitiers unternehmen. Die Bürger der Stadt hatten für sich eine Gemeindeverfassung beansprucht. Wie die Bürger von Orléans, deren Aufstand vor kurzem niedergeschlagen worden war, hatten sie sich gegenseitig durch Eid verpflichtet, die Oberherrschaft des Grafen nicht mehr anzuerkennen. Welch ein Schlag für Eleonore! Ausgerechnet Poitiers, das Lehnsgut ihrer Väter, die Lieblingsstadt Wilhelms des Troubadours! Eleonores Zorn über die Demütigung, die ihrer Autorität als Herzogin damit zugefügt wurde, kann man daran ermessen, was für Gewaltmaßnahmen nach der Unterwerfung der Stadt ergriffen wurden. Ludwig VII. hatte sich nämlich sofort mit einem kleinen Heer aufgemacht, bei dem wenige Ritter, dafür aber um so mehr Techniker und Belagerungsmaschinen waren. Die Stadt war ziemlich schnell und ohne Blutvergießen in seine Hände gefallen, wodurch er sich vor seinen Leuten und, was noch wertvoller war, vor seiner Gemahlin mit Ruhm bedeckt hatte.

Aber nachdem er Herr der Lage war, ergriff er wahrhaft barbarische Maßnahmen. Die Gemeinde sollte aufgelöst und die Bürger sollten von ihrem gegenseitigen Eid entbunden werden. Außerdem sollten die Söhne und Töchter der angesehensten Bürger als Geiseln weggeführt werden. Man kann sich den Schmerz der Bürgerschaft vorstellen, die zusehen sollte, wie die ganze Jugend ihrer Stadt fortgeschleppt wurde. Selbst in der näheren Umgebung des Königs fand man diese Maßnahme übertrieben. Suger hatte den Ablauf der Ereignisse von seiner Abtei aus verfolgt und kam eilends nach Poitiers; hier hatte er lange Unterredungen mit dem König. Endlich konnte der Abt von Saint-Denis eines Morgens von einem Fenster des Palastes aus, das auf das alte Stadtviertel Chadeuil hinausging, der versammelten Einwohnerschaft verkünden, daß der König Milde walten lasse. Er verzichte darauf, die Jugend der Stadt als Geiseln wegzuführen, und verzeihe den Bürgern. In der Stadt war die Freude groß, und man pries die königliche Großmut um so mehr, weil die Aufregung vorher so groß gewesen war. Aber Eleonore war über diese Einmischung des Abtes in ihren persönlichen Herrschaftsbereich sichtlich verstimmt. In den folgenden Monaten unterließ es Ludwig, Suger in seinen Rat zu berufen; der Abt verstand und beharrte nicht darauf.

Dadurch entstand aber eine Lücke in der Regierung; es erhob sich keine weise und erfahrene Stimme mehr, um die oft unüberlegten Handlungen des jungen Paares zu mäßigen. Meist waren sie von Eleonores Launen bestimmt. Alles, was Ludwig unternimmt, verrät ihren Einfluß. Alle seine Feldzüge haben mit ihrem Land zu tun. Er unterwirft Guillaume de Lezay, der ihm bei seiner Thronbesteigung die Huldigung verweigert und obendrein aus dem Jagdrevier von Talmond, dessen Mitbesitzer er ist, die weißen Jagdfalken der Herzöge von Aquitanien entwendet hat. Gegen Toulouse unternimmt Ludwig einen wahnwitzigen und völlig ergebnislosen Ritt, nachdem Eleonore auf Grund von Erbrechten ihrer Großmutter Philippa, der Gattin des Troubadours, Ansprüche auf das Gebiet erhoben hatte. Als Ludwig von diesem Feldzug zurückkehrte, schenkte ihm Eleonore zum Dank für seine Mühen ein prächtiges Gefäß aus Kristall auf einem goldenen Sockel, mit Perlen und Edelsteinen verziert. Es befindet sich heute im Museum des Louvre.

Der König von Frankreich verfügte offenbar nicht über genügend Streitkräfte, um einen so mächtigen Vasallen wie den Grafen von Toulouse zur Aufgabe seines Lehens zu zwingen, was überdies gegen alles Recht gewesen wäre. Alfons-Jordan regte sich auch nicht sonderlich darüber auf. Für Ludwig fingen die Schwierigkeiten aber jetzt erst an. Bei der Rückkehr von dem Feldzug, auf dem Eleonore ihren Gemahl begleitet hatte, brachte sie ihre jüngere Schwester mit; in den Urkunden wird sie Petronilla – in der Verkleinerungsform auch Peronella –, zuweilen aber auch Aelith genannt. Sie war ein Mädchen in heiratsfähigem Alter und hatte ein Auge auf Raoul de Vermandois, einen der Vertrauten des Königs, geworfen. – Dieser war schon Ratgeber des letzten Königs gewesen und von Ludwig gerade zum Seneschall ernannt worden. Ein gutaussehender Mann, der aber durchaus der Vater des jungen Mädchens hätte sein können; Petronilla war zu der Zeit, als die Sache spielte, also im Jahre 1141, höchstens siebzehn Jahre alt. Sehr geschmeichelt von dem Gedanken, noch mit grauen Schläfen den Verführer spielen zu können, vergaß Raoul ganz, daß er eigentlich verheiratet war. Und zwar ausgerechnet mit der Nichte des mächtigen Grafen der Champagne, Thibaut von Blois. Jeder, der auch nur ein bißchen über die Verhältnisse im Königreich Bescheid wußte, sah voraus, daß über diese Geschichte eine ganze Provinz in Flammen aufgehen konnte. Was auch prompt geschah.

Ludwig VII. war nicht imstande, den flehentlichen Bitten von Eleonore zu widerstehen, die sich mit aller Kraft für ihre liebestolle Schwester einsetzte. Er überredete also drei Bischöfe seines Landes, die von Laon, von Senlis und von Noyon, die dann auch so entgegenkommend waren, festzustellen, daß Raouls erste Frau nach kanonischem Recht mit ihrem Mann zu nahe verwandt wäre; die Kirchengesetze waren damals in diesem Punkt sehr streng. Damit konnte seine Ehe für ungültig erklärt werden; sie wurde aufgelöst, und Raoul ehelichte unverzüglich die triumphierende junge Peronella. Jetzt war Königin Eleonore zufriedengestellt.

Aber für den Grafen der Champagne war es natürlich ein Affront. Es bedurfte sowieso nur einer Kleinigkeit, um die jahrhundertealten Zwistigkeiten zwischen den Grafen der Champagne und den Herren von Vermandois wiederaufleben zu lassen. Die letzteren hatten sich gegen die Champenois Bundesgenossen in Flandern gesucht. Noch kurz vor seinem Tode hatte Ludwig VI. die Widersacher miteinander versöhnt; er war immer besorgt gewesen, die Familienfehden zwischen den großen Vasallen seines Reiches auszugleichen. Und nun brachte die Laune einer Frau die alten Widersacher erneut gegeneinander auf. Wutentbrannt beklagte sich Thibaut von Champagne beim Papst; auf seinen Gütern in Lagny wurde in den ersten Monaten des Jahres 1142 ein Konzil abgehalten, bei dem der Legat des Papstes, Yves de Saint-Laurent, sowohl das jungverheiratete

Paar wie die allzu gefälligen Bischöfe, die es zusammengebracht hatten, exkommunizierte.

Das war aber nicht der einzige Fall, in dem der König von Frankreich sich gegen die Kirche auflehnte. Beinahe um dieselbe Zeit hatte er auch unendliche Schwierigkeiten wegen des Erzbistums Bourges. Er hatte es sich nämlich in den Kopf gesetzt, selbst seinen Kandidaten für den freigewordenen erzbischöflichen Stuhl zu ernennen, und zwar seinen eigenen Kanzler, einen gewissen Cadurc. Als der vom Heiligen Stuhl regulär gewählte und investierte Erzbischof Pierre de la Châtre erschien, um von Bourges Besitz zu ergreifen, konnte er dort nicht einziehen; Ludwig hatte Befehl gegeben, sowohl die Stadttore wie die Kirchenportale zu verschließen. Das war eine sehr folgenschwere Entscheidung. Seit über einem Jahrhundert kämpfte das Papsttum dafür, bei den kirchlichen Ernennungen freie Hand zu haben und die geistliche Gewalt von den weltlichen Mächten unabhängig zu machen. Immer wenn es im Heiligen Römischen Reich aus solchem Anlaß Konflikte mit dem Kaiser gab, hatten die französischen Könige den Papst unterstützt. Ein derartiger Entschluß eines Nachfahren der Capetinger kam daher sehr überraschend. Bei einer Herzogin von Aquitanien brauchte man sich allerdings darüber nicht zu wundern. Schließlich hatte Eleonores Großvater öfter die Bistümer seines Reiches an ihm ergebene Kleriker verliehen und sich auch nicht gescheut, dem Papst die Stirn zu bieten. Noch mehr, einst hatte er sogar gegen den gleichen Innozenz II., der noch jetzt auf dem Heiligen Stuhl saß, die Partei eines Gegenpapstes Anaclet ergriffen. Man stand daher in den Kreisen des französischen Hofes nicht an, diese unbesonnenen Streiche Ludwigs VII. dem Einfluß seiner Gemahlin zuzuschreiben, und das sicher zu Recht.

Und so sah sich nun also Ludwig vom Bannstrahl des Papstes bedroht und sein Land unter dem Kirchenbann; er selbst führte in der Champagne zur Unterstützung seiner exkommunizierten Schwägerin einen Krieg, der mit dem abscheulichen Gemetzel von Vitry geendet hatte. Für das Wohl des Reiches wie für sein eigenes Seelenheil war es jetzt sicherlich höchste Zeit, wieder zur Besinnung zu kommen und andere Wege einzuschlagen.

Da erreichte den Jüngling, nach Tagen düsterer Meditation, in denen er sich an einem Abgrund befunden haben mußte, ein energischer Ruf. Er kam von der höchsten geistigen Autorität jener Zeit, von dem Mann, den die gesamte Christenheit als

Heiligen ansah, bei dem sich Päpste und Könige Rat holten: von Bernhard von Clairvaux.

Etwa dreißig Jahre früher war Bernhard vor den Toren des Zisterzienserklosters erschienen; von dort war jene Reformbewegung ausgegangen, der er später den entscheidenden Auftrieb geben sollte. Bei seinem Tode gab es allein in der Abtei von Clairvaux siebenhundert Mönche, und sie hatte noch einhundertsechzig Filialen. Der Zisterzienserorden breitete sich in der ganzen Christenheit aus, von England bis Portugal, von Italien bis in die skandinavischen Länder. Eigentlich suchte Bernhard, der große Mystiker, nur die Stille des Klosters und die Kargheit der Zelle, wo er auf nacktem Boden schlief. Aber er wurde immer wieder in die weltlichen Konflikte hineingezogen. Hier mußte er Streit schlichten, dort Mißverständnisse aufklären und überall, wo es nötig schien, den Glaubenseifer wieder entfachen. Auch an Ludwig VII. hatte er schon mehrmals Ermahnungen gerichtet, doch der junge Mann hatte sich taub gestellt. Diesmal wird der Ton strenger: »Angesichts der Gewalttaten, die Ihr unaufhörlich begeht«, schreibt Bernhard an Ludwig, »fange ich an, es zu bereuen, daß ich bisher Euer Unrecht immer der Unerfahrenheit Eurer Jugend zuschrieb. Von jetzt an bin ich entschlossen, nach meinen schwachen Kräften, die ganze Wahrheit zu sagen ... Ich werde also laut verkünden, ...daß Ihr Mord auf Mord häuft, Brände anlegt und Kirchen zerstört, daß Ihr die Armen aus ihren Behausungen treibt und Euch mit Entführern und Räubern einlaßt ... Ich sage Euch, Ihr werdet nicht lange ungestraft bleiben ... Ich muß hart zu Euch sprechen, weil ich für Euch ein noch härteres Strafgericht fürchte.«

Dieses Mal sollte, allem Anschein nach, die Ermahnung auf fruchtbaren Boden fallen. Ludwig überließ es seinem Bruder Robert, den Krieg in der Champagne mit der Einnahme von Reims und Châlons zu beenden, und kehrte in sein Schloß auf der Ile-de-la-Cité zurück. Sehr bald merkte man an seinem Benehmen, daß eine tiefe Wandlung mit ihm vorgegangen sein mußte.

4
Der fromme Mönch

Estat ai com om esperdutz
Per amor un lonc estatge,
Mas era'm sui reconogutz
Qu'eu avia fach folatge.
Bernart de Ventadorn

Die Straße von Paris nach Saint-Denis war mehr verstopft als an Messetagen; Scharen von Pilgern drängten sich durch die Menge, schwere Heuwagen mußten Platz machen, um Gruppen von Priestern oder Rittern vorbeizulassen, Pferde stampften unruhig, und zwei Laienbrüder, grau von Staub, trieben eine Herde Schafe vor sich her. Je näher man an Saint-Denis herankam, desto dichter wurde das Gewühl. Am Ortseingang stauten sich Karren mit Mehlsäcken, Weinfässern und Bergen von Gemüse. Alles, was die Landschaft der Ile-de-France liefern konnte, hatte man herbeigeschafft, und in diesen Junitagen mußte manches auch noch von weiter her geholt werden. Zur Verstärkung der Klosterpolizei war die königliche Gendarmerie herangezogen worden. Sie hatte große Mühe, das Gewoge von Menschen und Tieren einigermaßen in Fluß zu halten. Soweit das Auge reichte, waren an den Wiesenrainen Zelte aufgeschlagen. Dort sollten während der kommenden drei Festtage die Schildknappen, die Schreiber und andere Bedienstete wohnen, die weder im Gästehaus der Abtei – das war für die höchsten Würdenträger reserviert – noch im Ort selbst Unterkunft finden konnten.

Diese ganze Fülle von Menschen hatte sich aufgemacht, um an der Einweihung des Chores der neuen Abtei von Saint-Denis teilzunehmen, die am Sonntag, dem 11. Juni 1144, stattfinden sollte. Geschäftig und in strahlender Laune empfing der unermüdliche Abt Suger selbst die Gäste von Rang und wies einem jeden die vorgesehene Unterkunft zu. Dieser kleine und schwächliche Prälat, der so anfällig war, daß man immer meinte, er stünde mit einem Fuß im Grabe, ist wohl eine der außergewöhnlichsten Gestalten seines Zeitalters. Der unwahrscheinliche Glücksfall, der ihn von der väterlichen Scholle an die erste Stelle der königlichen Abtei brachte, der ihn später noch an die höchste Spitze des Königreiches tragen sollte, hatte ihn nie verwirrt gemacht. Ebensowenig hatte es ihn erschüttert, als er für mehrere Jahre in Ungnade gefallen war; im Gegenteil, die dadurch gewonnene Muße benutzte er dazu, sich eifriger als je mit dem Umbau seiner Abtei zu beschäftigen; ihm widmete er seine ganze Zeit. Vor Tagesanbruch stand er auf, wachte bis spät in die Nacht und konnte sich selbst das Zeugnis ausstellen, daß er nie sein tägliches Offizium versäumt hatte, das ihm sein Orden vorschrieb; selbst nicht bei seinen Gesandtschaften und den zahlreichen Ortswechseln, die der Dienst beim König mit sich brachte. Er besaß eine umfassende Bildung; seine Werke strotzen von Zitaten antiker Autoren. Aber ein Intellektueller oder Stubengelehrter war er nicht, dazu war er viel zu sehr ein Mensch seines Zeitalters. Er erinnert mehr an die Priester, die zugleich tüchtige Geschäftsleute in gutem Sinne sind, wie sie heutzutage in den USA oder in jungen christlichen Gemeinden arbeiten, wo sie Kirchen bauen, Schulen gründen, eine katholische Presse ins Leben rufen und ähnliches mehr. Mit einer gewissen Selbstgefälligkeit, die ein bißchen den Parvenü verrät, berichtet Suger selbst von den verschiedenen Phasen des Umbaus seiner Abtei und von seiner unermüdlichen Aktivität als Bauherr. Eines Tages meldet man ihm, die Zimmerleute müßten aus Mangel an Baumaterial ihre Arbeit einstellen: Es sei unmöglich, aus den Wäldern des Klosters, die schon schwer in Mitleidenschaft gezogen wären, Balken in der notwendigen Länge zu beschaffen. Sofort verläßt Suger seine Zelle, marschiert kreuz und quer durch den Wald von Yvelines und bezeichnet eigenhändig den Holzfällern die zwölf Eichen in der gewünschten Höhe, die angeblich nicht zu finden gewesen waren.

Übrigens war er auch vom Glück begünstigt, wie es solchen unternehmenden und immer hellwachen Menschen oft geschieht. Wenn er zum Beispiel Schwierigkeiten hatte, die Steine aus dem Steinbruch von Pontoise abtransportieren zu lassen, so bekam er bestimmt die erfreuliche Nachricht, daß die Bauern aus der Umgebung sich zu freiwilligen Hilfsdiensten erboten hätten. Oder wenn die Goldschmiede Edelsteine für das große Kreuz verlangen, das Suger zur Ausschmückung des Hauptaltars seiner Abteikirche vorgesehen hat, dann wird ihm gerade in dem Moment im Auftrag der Grafen der Champagne eine wundervolle Kollektion von Topasen und Granaten gebracht. Drei Tage vor der Einweihung des Bauwerks taucht das Problem auf, womit man die vielen geladenen Gäste speisen solle. Denn die gesamten Viehherden des Klosters waren einer Epidemie zum Opfer gefallen. Da spricht ein Zisterziensermönch den Abt an, als er gerade seine Messe lesen will, und meldet ihm, daß als Geschenk seines Klosters zur Einweihung des neuen Chors von Saint-Denis eine Herde Schafe unterwegs sei.

Eine Bewegung läuft durch die Menge, Rufe und Beifallskundgebungen werden laut und kündigen die Ankunft des Königspaares an. Dieser Julisonntag ist wahrlich ein historischer Tag, denn er soll ja zugleich ein Fest der Versöhnung werden.

Ludwig VII. hatte nichts von einer königlichen Majestät an sich, weder in seiner Haltung noch in seiner Kleidung. Zur allgemeinen Überraschung trug er an diesem Tage keine seidene Tunika und keinen hermelinverbrämten Mantel; vielmehr war er nur mit einem grauen Büßergewand und einfachen Sandalen bekleidet. Wäre er in der Menge untergetaucht, so hätte man ihn höchstens für einen Eremiten gehalten, der als Pilger zum Grabe des hl. Dionysius gekommen war. Er stach damit auffallend von den anwesenden Rittern, seinen Vasallen, ab, die in den roten und gelben Farben gekleidet waren, wie man sie damals liebte. Auch die anwesenden Bischöfe mit ihren goldgestickten, in der Sonne funkelnden Mitren sahen viel prächtiger aus. Und gewiß hatte Eleonore es sich nicht nehmen lassen, bei dieser Gelegenheit in ihrem größten Feststaat zu erscheinen, um so mehr, als es solche Anlässe am französischen Hof nicht eben häufig gab, wo sie im kostbaren Brokatgewand und mit einem Perlendiadem auftreten konnte. Während der ersten Jahre ihrer Ehe hatte sie ihrer Neigung zum Prunk noch eher frönen können. Weihnachten 1137 wurden zum Beispiel in Bourges anläßlich der Königskrönung von Ludwig und Eleonore üppige Feste gefeiert. Ludwig war allerdings schon früher in Reims geweiht worden, aber derartige Krönungsfeierlichkeiten wurden damals öfters wiederholt, wenn sich die Gelegenheit ergab, wie etwa bei einer Vermählung. Seitdem überhäufte sie ihr junger Ehemann mit Geschenken und las ihr jeden Wunsch von den Augen ab. Sie hatte versucht, den düsteren alten Palast auf der Ile-de-la-Cité ein wenig aufzuhellen und zu beleben. Teppichwebereien arbeiteten für sie – es gab in Bourges schon einige, die sehr berühmt waren; und schon brachten Händler die Erzeugnisse des Vorderen Orients bis in die Ile-de-France: Moschus und edles Sandelholz, die alsbald ihren Duft in den hohen, strengen Gemächern verbreiteten, zarte Seidenstoffe und Konfekt aus

Rosen und Ingwer, das den Atem rein macht. Die Händler kannten bald den Weg zu den verschiedenen königlichen Residenzen Paris, Etampes oder Orléans. Vor allem ließ Eleonore alsbald Troubadoure an ihren Hof kommen, ohne die ihr das Leben eintönig vorgekommen wäre. Sie brauchte die Lieder, den Klang der Violen und Tamburine, der Flöte und der Zither, vor allem die dichterische Atmosphäre, die scherzhaften Wortspielereien, die geistreichen Wechselreden – all die närrischen, manchmal gewagten Späße, die man am Hofe ihres Vaters und ihres Großvaters getrieben hatte und die sie nun auch in Frankreich einführen wollte.

Das war nicht immer ganz nach dem Geschmack ihres Gemahls, der sie leidenschaftlich liebte, aber dabei oft auch mißtrauisch war. Das mußte der Troubadour Marcabru am eigenen Leibe erfahren.

Marcabru ist eine typische Zeiterscheinung. Er war ein Findelkind und wurde irgendwo in der Gascogne aufgezogen; man nannte ihn *Panperdut*. Durch Cercamon, den Freund Wilhelms X. von Aquitanien, wurde er in die Dichtkunst eingeweiht. Sein Talent setzt sich durch, bald singt man seine Lieder am Hof von Kastilien wie an den Ufern der Loire. Gegen die Einwände ihres Gatten lädt Eleonore den Dichter Marcabru zu sich ein. Ein echter Troubadour muß sich aber unbedingt in die Hohe Dame verlieben, die seine Gönnerin ist und ihn zu seinen Versen inspiriert. Er sagt es ihr in glühenden Strophen, bis sich Ludwig doch eines Tages darüber ärgert; er fackelt nicht lange, sondern jagt den unverschämten Minnesänger fort. Dieser rächt sich mit den ihm zu Gebote stehenden Mitteln, nämlich mit einem bösartigen Gedicht, in dem es heißt:

»Ein Baum ist gewachsen,
hoch und groß, mit vielen Zweigen und Blättern
und weit ausladend.
Von Frankreich ist er bis Poitou gekommen,
seine Wurzel ist Bosheit,
und Jugend wird durch ihn verdorben ...«

Übrigens hat sich Ludwig in der letzten Zeit sehr verändert. Die unglückliche Affäre von Vitry hat ihn sichtlich erschüttert. Aus ist es mit den Festen, Tänzen und Gastmählern, den Liedern und Gedichten. Ludwig ist schwermütig geworden, er denkt nur noch an Buße, fastet mehrere Tage in der Woche und betet

Vaterunser bei jeder passenden und unpassenden Gelegenheit. Er besteht darauf, Suger zur Einweihung des Chores der Kathedrale von Saint-Denis das kostbare Gefäß aus Kristall mit Goldschmiedearbeiten zu schenken, das er einmal von Eleonore bekommen hat. Er denkt daran, den alten Abt wieder in seinen Kronrat zurückzuberufen. Eleonore täuscht sich nicht, wenn sie darin ein Zeichen ihres schwindenden Einflusses sieht. Schon hat Suger den Friedensschluß mit Thibaut von Champagne betrieben. Und nach dem Tode des Papstes Innozenz II. beeilt sich König Ludwig, sich dem neuen Papst zu unterwerfen. »Ich habe manchmal den Eindruck, ich hätte einen Mönch geheiratet«, vertraut Eleonore ihren Freunden an.

Aber das junge Paar hat noch einen tieferen Kummer. Manchmal furcht sich Eleonores Stirn; es können bei der zweiundzwanzigjährigen Königin kaum Runzeln sein. Sie hat ernste Sorgen: sie ist kinderlos. In den ersten Zeiten ihrer Ehe hatte sich einmal eine Hoffnung gezeigt, aber sie wurde bald wieder zunichte ... Schon beginnt man in ihrer Umgebung zu munkeln (und Eleonores scharfen Ohren entgeht nichts), diese Ehe, die so viele Hoffnungen erweckte, sei für die Krone vielleicht doch kein so gutes Geschäft gewesen. Es gab enorme Ausgaben, Kriege, von denen man behauptete, sie seien aus reiner Laune der Königin angezettelt worden, und kein Kind, um die Zukunft der Dynastie zu sichern ...

Deshalb faßt Eleonore einen Plan. Alle Äbte der großen Klöster des Reiches werden ja jetzt bei der großen Einweihungszeremonie anwesend sein, die Suger mit unerhörtem Aufwand begehen will. Sie hat die Gelegenheit benutzt, um von Bernhard von Clairvaux eine persönliche Unterredung zu erbitten. Dieser fromme, von den Massen heiliggesprochene Mann, der zu ihrem Gemahl als Herr und Meister spricht, übt auf sie eine magische Anziehungskraft aus, bei der wahrscheinlich mehr Neugier als Verehrung mitspielt. Ihr Vater hatte ja schon einmal mit Bernhard von Clairvaux einen Zusammenstoß gehabt. Das war eine berühmte Szene, die in die Annalen von Aquitanien eingegangen ist. Eines Tages war der von dem Abt mit dem Bannstrahl bedrohte Wilhelm X. bewaffnet in die Kirche eingedrungen, wo der Abt gerade die Messe zelebrierte. Aber Bernhard war ihm mit der Monstranz und der Hostie in den Händen entgegengetreten. Und plötzlich war der Feudalherr, durch die Ausstrahlung dieses Feuerkopfes besiegt, zu dessen Füßen niedergestürzt, von Reue überwältigt. Die

Mächte dieser Welt konnten eben gegen den hl. Bernhard nichts ausrichten.

Eleonore brauchte gerade jetzt sehr dringend seinen Einfluß bei Gott und bei den Menschen. Sie wollte ein Kind haben – ein Kind, dem sie allen Ehrgeiz und alle Prachtliebe mitgeben wollte, wie sie große Könige besitzen. Sie wollte auch erreichen, daß ihre Schwester und der Mann, den sie sich erwählt hatte, von der Strafe der Exkommunikation befreit würden. Wer war besser geeignet als Bernhard von Clairvaux, um diesem ihrem doppelten Wunsch himmlisches Gehör zu verschaffen?

Nun war der festliche Tag zu Ende, der, wie es Suger geplant hatte, als unvergeßliches Datum in die Kirchengeschichte, und ebenso in die Kunstgeschichte, eingehen sollte. Für die Menschen des 12. Jahrhunderts bedeutete Saint-Denis ungefähr das gleiche, was heutzutage die Kirchen von Assy, von Vence oder Ronchamp sind: eine künstlerische Neuerung, die die Zeitgenossen bewußt miterlebten. Zum erstenmal werden hier nämlich in einem Bauwerk großen Ausmaßes gotische Kreuzgewölbe verwendet. Zur Einweihungszeremonie kamen von überall hohe geistliche Würdenträger, einige von weit her, wie zum Beispiel der Erzbischof von Canterbury. Mit Freuden konnte Eleonore auch Geoffroy du Loroux begrüßen, den Erzbischof von Bordeaux, der ihre Ehe eingesegnet hatte. Viele von den Klerikern beschlossen, nach der Rückkehr in ihre Heimatdiözesen, ihre für eine ständig anwachsende Bevölkerung meist zu klein gewordenen Kathedralen nach dem neuen architektonischen Vorbild von Saint-Denis umzubauen. Bei der Verwendung des gotischen Kreuzgewölbes konnte man kühn die Stützmauern durchbrechen. Auf den zwanzig Altären, die an diesem Tage feierlich geweiht wurden, verbreitete sich helles, von den Kirchenfenstern in viele bunte Flecken aufgelöstes Tageslicht. Im Mittelpunkt erglänzte auf dem Hauptaltar das sechs Meter hohe, prachtvolle goldene Kruzifix, das auf einem Sockel aus Goldbronze stand und von Email, von Gemmen und Perlen nur so funkelte. Es war ein Meisterwerk der lothringischen Goldschmiede, die damals die berühmtesten waren und die länger als zwei Jahre daran gearbeitet hatten. Alles zusammen muß auf die Anwesenden einen unauslöschlichen Eindruck gemacht haben: der herrliche Anblick der Kirche, dazu der Gesang der Psalmen, wobei die Stimmen der Gemeinde mit dem Chorgesang von mehreren hundert Geistlichen abwechselten, in einer Atmosphäre religiöser Inbrunst, wie sie gerade diesem Jahrhundert besonders eignete. Das Bauwerk konnte trotz seiner Ausdehnung nicht die ganze sich drängende und auf und ab wogende Menschenmenge fassen. Als der Zug der Priester Weihwasser auf die Außenmauern der Kirche sprengen sollte, wurde das Gedränge so groß, daß der König persönlich eingreifen mußte, um mit seinen Leuten der Prozession den Weg zu bahnen. Ludwig VII. hatte an diesem Tag noch öfter Gelegenheit, seinen Glaubenseifer zu beweisen. Als die Bischöfe die Schreine mit den »Heiligen Leichnamen« – den Reliquien des hl. Dionysius und seiner Gefährten – holten, verließ der König seinen Platz, stürmte nach vorn und verlangte, das silberne Reliquiar des hl. Dionysius auf seinen eigenen Schultern tragen zu dürfen. Suger schließt seinen Bericht mit den pathetischen Worten: »Niemals hat man eine so feierliche und so ergreifende Prozession gesehen, niemals hat eine so erhebende Freude die Zuschauer hingerissen.«

Zumindest einige unter den Teilnehmern an dem Fest mögen etwas beunruhigt auf Bernhard von Clairvaux geblickt und sich gefragt haben, was er wohl von einer solchen Prachtentfaltung an Gold, Edelsteinen und kostbaren liturgischen Gerätschaften dachte. Denn gerade er war es, der mit äußerster Strenge die Prunksucht des Klerus gegeißelt hatte. Er war sogar so weit gegangen, jegliche Farbe aus den Fenstern der Zisterzienserkirchen zu verbannen – was für einen Menschen jener farbenfreudigen Zeit wohl die härteste Strafe war. Nun, die beiden bedeutenden Kirchenmänner waren zwar große Gegensätze, aber sie verstanden sich ausgezeichnet. Schon zwanzig Jahre früher hatte Suger auf Zuspruch des hl. Bernhard seinen persönlichen Lebensstil grundlegend geändert. Für sich selbst hatte er der energischen Aufforderung zu evangelischer Armut Folge geleistet, die der Zisterziensermönch an die Kirche seines Jahrhunderts gerichtet hatte. Seit damals gab es in der Zelle des Abtes von Saint-Denis nur ein Kruzifix, und seine tägliche Mahlzeit war ebenso frugal wie das Essen der Mönche. Seine ganze Prunksucht hatte er auf seine Abtei übertragen. Die beiden Männer verkörperten auf diese Weise die zwei entgegengesetzten, aber nicht einander ausschließenden Richtungen der Kirche: die Pracht und die Bedürfnislosigkeit.

Das ist auch der Hintergrund, den man kennen muß, wenn man Eleonore und ihr Zeitalter verstehen will. Ein charakteristischer Zug der Zeit ist dieser Hang zur Pracht bei allen Dingen. Er verrät sich in den ganz und gar ausgemalten Kirchen, wo die großen Kronleuchter und die goldgeschmiedeten Kruzifixe leuchten, aber ebenso auch in den Ritterromanen, wo die Helden sich mit schimmernden Waffen ohrenbetäubende Kämpfe liefern und lichterfüllte Traumerscheinungen haben. Diese Tendenz reicht von der Mystik des Lichts, wie sie sich später in der gotischen Architektur entfaltet und in den philosophischen Traktaten eines Robert Grosseteste oder Bonaventura zu finden ist, bis zu der Sucht nach *gold and glitter*, nach allem was leuchtet und glänzt. Sie ist bezeichnend für die Mentalität der Epoche, und Eleonore ist nicht frei davon: Man sieht es an ihrem ganzen Lebensstil. Jedenfalls wird sie sich in dem von Suger geschaffenen Rahmen sehr wohl gefühlt haben, den er selbst in enthusiastischen Versen beschreibt, mit den Worten spielend wie die Sonne mit den funkelnden Edelsteinen in der Kirche:

»Das Heiligtum strahlt in seinem Glanz,
und es erglänzt in seinem Glanz
das Werk, das ein neues Licht überflutet.«

Die Festlichkeiten gingen schon ihrem Ende zu, als in einem Sprechzimmer der Abtei die Unterredung zwischen Bernhard von Clairvaux und Eleonore stattfand, die sie sich gewünscht hatte. Welch ein merkwürdiges Tête-à-tête! Eine lebenslustige Königin und ein Heiliger; Eleonore, von jugendlicher, sehr irdischer, sehr fleischlicher Schönheit. Die Zeitgenossen bestätigen es immer wieder, daß sie eine strahlende Schönheit war. Leider haben sie uns, nach der ärgerlichen Gewohnheit jener Zeit, keine Einzelheiten überliefert, sondern sich darauf beschränkt, uns immer wieder zu sagen, sie sei *perpulchra* gewesen, das heißt, ihre Schönheit habe das gewöhnliche Maß übertroffen. Man darf wohl annehmen, daß sie dem damaligen Frauenideal entsprach, mit

»schlankem Körper, graublauen Augen,
schöner Stirn, hellem Gesicht.
Blonde Haare hat sie, eine lachende und
strahlende Miene.«

Man kann auch auf sie die Beschreibung anwenden, die wir einem etwas späteren Dichter, Raoul von Soissons, verdanken. Sie entspricht genau dem mittelalterlichen Ideal:

»Meine Herrin hat, so meine ich,
lachende graue Augen, dunkle Augenbrauen,
Haar, das schöner ist als Gold,
eine schöne Stirn, die Nase gerade und wohlgeformt;
Farben wie Rosen und Lilien,
einen lieblichen roten Mund;
der Hals ist weiß, nicht sonnverbrannt,
der Busen strahlt vor Weiße.
Sie ist liebenswürdig, freundlich und heiter;
so hat sie unser Herrgott geschaffen.«

Eleonore gegenüber saß nun der bewundernswerte Mann, über den wir mehr Einzelheiten wissen, weil die Heiligkeit die Menschen jenes Jahrhunderts ganz besonders faszinierte; keine Einzelheit aus dem irdischen Leben der Heiligen sollte der Nachwelt verlorengehen. Daher wissen wir, daß Bernhard ein schöner Mann war, der in seiner Jugend »der Welt gefährlicher war als die Welt für ihn«, wie Wilhelm von Saint-Thierry berichtet. Er war groß, hatte eine helle Haut und rötliches Haar, das früh ergraute. Bei dem denkwürdigen Treffen war Bernhard jedoch vierundfünfzig Jahre alt (er starb neun Jahre später) und hatte bereits jenen völlig verwandelten, nach innen gekehrten Ausdruck, wie man ihn beispielsweise auf den letzten Photos eines Pater Charles de Foucault sieht. »Sein durch Fasten und Entbehrungen ausgemergelter Körper und seine Blässe verleihen ihm einen gleichsam vergeistigten Ausdruck« (Wibald de Stavelot). Einer seiner Zeitgenossen sagt von ihm: »Er ist eine Stimme.« Das Feuer des Geistes hat buchstäblich sein Fleisch aufgezehrt, er ist nur noch Wort, wie man sich das ungefähr auch bei Johannes dem Täufer vorstellen muß. »Der bloße Anblick dieses Mannes«, sagt ein anderer, »überzeugt seine Zuhörer, noch bevor er den Mund auftut.«

Immerhin bleibt Eleonore genug Herrin ihrer selbst, um ihm in gesetzter Rede ihre Sorgen mitzuteilen. Seit nahezu sieben Jahren lebe sie mit dem König zusammen; nach einer kurzen, bald enttäuschten Hoffnung in den ersten Jahren sei sie nun unfruchtbar geblieben und habe die Hoffnung verloren, jemals das gewünschte Kind zu bekommen. Würde der Himmel ihr, durch Vermittlung Bernhards von Clairvaux, die ersehnte Gnade gewähren?

Die Antwort kam ohne Umschweife, direkt, wie jener feurige Blick, vor dem einst ihr Vater zurückgewichen war: »Sucht doch dem Königreich Frieden zu geben, und Gott in seiner Barmherzigkeit wird Euch gewähren, worum Ihr ihn bittet.«

Ein knappes Jahr nach dieser Begegnung wurde in dem befriedeten Reich dem Königspaar ein Kind geboren, eine Tochter, die zu Ehren der Himmelskönigin den Namen Marie erhielt.

5
Nach Jerusalem

Ver ditz qui m'apella lechai
Ni deziron d'amor de lonh
Car nulhs autres jois tant no'm plai
Cum jauzimens d'amor de lonh.
Jaufre Rudel

Welch endlose Kette von Wagen! Sie zog sich über viele Meilen hin; die Bauern ließen ihre Feldarbeit liegen und liefen von allen Seiten herbei, um den Zug zu bestaunen, der so imposant daherkam. Es waren schwere vierrädrige, von starken Pferden gezogene Karren; verschließbare Reisekoffer waren daraufgestapelt, auch zusammengerollte Zelte, die beim nächsten Halt aufgeschlagen werden sollten. Planen aus Leder oder starker Leinwand schützten die Ladung.

Mochten die Länge des Zuges und die große Zahl der Wagen die Völker im Rheingebiet auch beeindrucken, weil das alles nach großem Reichtum aussah, so machte man sich doch in der Umgebung des Königs von Frankreich schwere Sorgen darüber, ob ein durch großen Troß gehemmter Heereszug einem Feind standhalten und gegen überraschende Überfälle gewappnet sein könne.

Dieser Zug mit den unwahrscheinlich vielen Karren hatte an den Pfingsttagen Metz verlassen; sein erstes Ziel war die Donauebene. Es war der Kreuzzug Ludwigs VII. und seiner Gefährten, auf der »Reise nach Jerusalem«. Im gleichen Jahr, als Ludwigs und Eleonores erstes Kind, Marie, geboren wurde, hatten sie bei der Weihnachtsfeier vor ihren höchsten Lehnsleuten die Absicht kundgetan, das Kreuz zu nehmen. Ludwig gedachte damit ein Gelübde zu erfüllen, das einst sein älterer Bruder Philipp abgelegt hatte. Durch Philipps frühzeitigen Tod war Ludwig Erbe der französischen Krone geworden. Wahrscheinlich hatten ihn auch wegen des abscheulichen Brandes von Vitry Gewissensbisse geplagt und in seinem Entschluß bestärkt. Die Christenheit war in Aufruhr, als sie 1144, kurz nach der Weihe des Klosters von Saint-Denis, erfuhr, daß Edessa, die berühmte Stadt im Heiligen Land, dem Gouverneur von Aleppo und Mossul, Zenghi, in die Hände gefallen war. Edessa war fünfzig

Jahre vorher von Baudouin von Boulogne, dem Bruder des legendären Helden des Ersten Kreuzzuges, Gottfried von Bouillon, erobert worden; die zahlreichen Armenier, die in der Stadt lebten und den Verfolgungen durch die Türken ausgesetzt waren, hatten ihm dabei geholfen. Nordsyrien, das Grenzlehen der lateinischen Königreiche, war jetzt schutzlos den Angriffen von Zenghi preisgegeben, der in seiner Hand die drei Antiochia am nächsten gelegenen befestigten Plätze vereinigte – Antiochia, dessen Eroberung die ersten Kreuzritter so viele Mühen und so viel Blut gekostet hatte. Der Türke Zenghi war ein gefürchteter Kriegsmann; über ihn kursierten allerhand Legenden: So erzählte man, daß er der Sohn einer Amazone, der Markgräfin Ida von Österreich, sei, einer berühmten Schönheit und unerschrockenen Reiterin. Sie hatte zur gleichen Zeit wie Wilhelm der Troubadour das Kreuz genommen und war auf ihrer unglücklichen Expedition verschollen. Es hieß, sie sei als Gefangene in einen Harem verschleppt worden, wo auch ihr Sohn, der muselmanische Held, geboren sei.

Der Fall von Edessa war für die lateinischen Königreiche eine ernste Bedrohung, um so mehr, als der König in Jerusalem, der junge Baudouin III., damals erst ein Kind von dreizehn Jahren war und noch unter der Vormundschaft seiner Mutter Melisande stand. Aber trotz der Beunruhigung über das Schicksal der Heiligen Stätten und obwohl man die Armenier, die von den siegreichen Türken hingeschlachtet wurden, sehr bedauerte, so schien es doch niemand mit der Erneuerung der Expeditionen im großen Stil sehr eilig zu haben, wie sie ein halbes Jahrhundert vorher stattgefunden hatten. Nachdem Jerusalem einmal erobert war, wurde das Heilige Land nur noch durch gelegentliche Hilfeleistungen unterstützt: So legte vielleicht ein jüngerer Sohn, seltener noch ein großer Lehnsherr, aus Frömmigkeit oder Abenteuerlust das Kreuzzugsgelübde ab, warb Leute an, scharte andere Pilger um sich, die von dem gleichen Wunsche beseelt waren, und stellte sich dem lateinischen Königreich zur Verfügung, das trotz seiner prekären Lage immerhin eine feste Einrichtung darstellte.

Deshalb kam der Entschluß Ludwigs, des Königs von Frankreich, überraschend. Er war der erste König, der sich zu einem bewaffneten Pilgerzug verpflichtete. Gottfried, der Bischof von Langres, hatte in Bourges eine Predigt gehalten, in welcher er die anwesenden Barone dringend ermahnte, ihrem obersten Lehnsherrn nachzueifern. Aber sie entschlossen sich doch erst allmählich. Selbst der Papst – damals war es Eugen III., ein Zisterzienser – zögerte lange, bevor er den Plan billigte. Und da er nicht selbst den Kreuzzug predigen konnte, betraute er den Abt Bernhard von Clairvaux damit. Die Geschichte hat uns die berühmte Szene bewahrt, deren Schauplatz zu Ostern des folgenden Jahres, am 31. März 1146, die Hügel um Vézelay waren: Von der für ihn und den König errichteten Tribüne her schleuderte da der hl. Bernhard seine glühenden Ermahnungen auf die Ritter und das Volk herab, das im Halbkreis ringsum auf den Anhöhen lagerte. Überall wehten Banner und Standarten, und bald dröhnte es von den Zurufen der Menge, die das Kreuz verlangte. Die mitgebrachten Kreuze reichten nicht aus, deshalb mußte der Mönch welche aus seinem eigenen Gewand schneiden. Seine Worte brachten allmählich wieder solche Bewegung in die Christenheit wie damals bei dem Konzil von Clermont, als die Wogen der Begeisterung für den Ersten Kreuzzug hochschlugen.

Eleonore hatte gleichzeitig mit ihrem Gatten das Kreuz genommen. Darin lag nichts Außergewöhnliches, obwohl man das manchmal glaubt. Schon zum Ersten Kreuzzug hatten zahlreiche Ritter ihre Frauen mitgenommen, zum Beispiel Baudouin von Boulogne, der Sieger von Edessa, und Raymond de Saint-Gilles, einer der obersten Heerführer des Kreuzzuges. Der Sohn dieses letzteren, der Erbe der Grafschaft Toulouse, trug sogar den Namen Alfons-Jordan, weil er im Wasser jenes Flusses getauft wurde, an dem die Stimme Johannes' des Täufers erklungen war. Er war im Laufe jener sagenhaften Kreuzfahrt nach Jerusalem zur Welt gekommen. Das Bild der verachteten, dem Leben ihres Mannes ganz fremd gegenüberstehenden Ehefrau, die hinter den dicken Mauern eines düsteren Schlosses auf seine Rückkehr wartet, ist zwar fest in unserer Vorstellung eingegraben, aber trotzdem ebenso falsch wie die Geschichte von dem Sklaven, der auf die Teiche schlagen muß, um die Frösche zum Schweigen zu bringen, und was dergleichen Ammenmärchen mehr sind. Sie stammen aus der Zeit der Klassik, für die das Mittelalter natürlich barbarisch war.

Ludwig VII. wurde von seinen Zeitgenossen übrigens nicht deswegen getadelt, weil er seine Frau mitgenommen hatte. Sein Urenkel, der hl. Ludwig, tut ein Jahrhundert später genau das gleiche. Nein, der Grund war ein anderer: Eleonore und die wahrscheinlich durch ihr Beispiel verführten anderen Damen des Kreuzzuges, die Gräfin von Blois, Sybille von Anjou, Gräfin von Flandern, Faydide von Toulouse, Florine von Burgund, gedachten nämlich nicht auf ihre Kammerfrauen zu verzichten und wollten es während der langen, beschwerlichen Fahrt wenigstens einigermaßen bequem haben. Daher der aufwendige und endlose Wagenzug, der sich durch Mitteleuropa nach Ungarn zu bewegte. Viel zu viele Wagen, murrten die Gewappneten; viel zu viele Wagen, seufzten mit ihnen die Geistlichen. Während die ersteren mehr an all die Katastrophen dachten, denen eine mit so vielen unnützen Mäulern und so schwerfälligen Vehikeln belastete Armee ausgesetzt war, geißelten die Kirchenfürsten die unvermeidlichen sittlichen Schäden, die eintreten würden. So viele Dienerinnen und Kammermädchen, das bedeutete am Abend im Lager manches verräterische Gelächter und manches verstohlene Hin und Her zwischen den Zelten beim Einbruch der Nacht. Und das war für die Moral aller dieser zu einem frommen Kreuzzug aufgebrochenen Leute bestimmt nicht gut. So bemerkt auch ein Chronist, der gern zweideutige Wortspiele macht, auf lateinisch, diese Lager hätten wenig Keusches an sich *(castra non casta)*.

Eleonore hat bestimmt sehr aktiv an den Vorbereitungen mitgewirkt. Wenn man die Urkundensammlungen aus dieser Gegend durchsieht, ist man erstaunt über die große Zahl von Poitevinern, die am Kreuzzug teilnahmen. Sehr wahrscheinlich kam das daher, daß Eleonore selbst eine Propagandafahrt durch ihre Länder gemacht hat. Ihr Beispiel hat sicher überzeugend gewirkt. Sie sammelte Geldmittel und begeisterte die Leute. Zahlreiche gascognische und poitevinische Ritter hatten das Kreuz genommen, unter anderen jener Geoffroy de Rancon, Besitzer des Schlosses Taillebourg, wo Eleonore ihre Hochzeitsnacht verbracht hatte. Es war auch mancher von den Rittern dabei, deren Namen noch öfter in der Geschichte von Eleonore auftauchen werden: Saldebreuil de Sanzay, den sie zu ihrem Konnetabel ernannte, Hugo von Lusignan, Guy von Thouars und viele andere. Die gesamte Ritterschaft Westfrankreichs folgte dem Ruf des hl. Bernhard. Sehr wahrscheinlich befand sich im Gefolge des Grafen von Toulouse auch der feinsinnige Dichter Jaufre Rudel, Fürst von Blaya, der Sänger jener »Fernliebe«, über die sich Generationen von Wissenschaftlern den Kopf zerbrochen haben. Schon im 13. Jahrhundert wußte sein erster Biograph nicht mehr recht, was Jaufre mit *amor de lonh* genau gemeint hat. Er glaubte, Jaufre sei vielleicht in die Prinzessin von Tripolis verliebt gewesen: Dieser Liebe wegen, sagt er, habe der Fürst von Blaya das Kreuz genommen. Man wird es zwar nie genau erfahren, was der Troubadour mit seiner hartnäckig in allen seinen Gedichten wiederkehrenden »Fernliebe« eigentlich sagen wollte; aber alles, was an Sehnsucht und Geheimnis in diesem Ausdruck liegt, drückt in großartiger Weise den Schwung aus, der die Zeit ergriffen hat, diese Sucht nach fernen Abenteuern, dieses Streben nach einer Liebe, die über einen hinausgeht, und diesen Hang zum Übersinnlichen. *Amor de lonh...*

Marcabru hingegen ging unter die Prediger und dichtete viele Kreuzfahrerlieder, wobei er immer noch Gelegenheit fand, sein Mütchen am König von Frankreich zu kühlen:

»Unglück über Ludwig, durch den die Trauer in mein Herz gekommen ist«, läßt er ein junges Mädchen sagen, das den Aufbruch ihres Geliebten zum Kreuzzug beweint. Dies übrigens in einem sehr schönen Gedicht: ›A la fontana del vergier‹. Er ist rachsüchtig, dieser Marcabru!

Auf der Tournee durch Aquitanien sieht man, wie Eleonore verschiedentlich Privilegien von Klöstern bestätigt, sicherlich als Gegenleistung für finanzielle Unterstützungen des Kreuzzuges. Zum erstenmal erscheint auch in den Urkunden eine Stiftung an die Abtei von Fontevrault. Vor ihrer Abreise pflegten die Kreuzfahrer an Mönche und Nonnen Almosen zu verteilen und ihre Fürbitte zu erflehen. Diese Geste von Eleonore, durch die sie dem Kloster eine Rente von fünfhundert Sous von den Markteinkünften von Poitiers zusichert, ist die erste einer langen Reihe von Spenden, die sie im Laufe ihres Lebens an diese Abtei machen wird. Jeder wichtige Lebensabschnitt wird irgendwie in Fontevrault seinen Widerhall haben. Vielleicht hat sie diese erste Spende nicht so wichtig genommen, denn sie unterscheidet sich kaum von den bei der gleichen Gelegenheit nach Montierneuf, an das Kloster Saint-Maixent, an die Kirche zur Gnade Gottes und viele andere verliehenen Gaben. Betrachtet man aber ihr ganzes Leben, so fällt diese Geste doch auf und wird bedeutungsvoll: Eleonore wird etwas Entscheidendes erleben.

Gewiß hat auch Eleonore das gefühlt: An mehr als einem Anzeichen sieht man, wie sehr sie an der Vorbereitung des Kreuzzuges Anteil nahm; sie muß ihm mit Begeisterung entgegengesehen haben. Allerdings bedeutete es, sich freiwillig in Gefahren zu begeben, von denen der Tod noch eine der geringsten war. Der Weg ins Heilige Land war gepflastert mit den

Leichnamen all derer, seien es Ritter oder arme Leute, die sich gleich den ersten Expeditionen angeschlossen hatten, durch die das gemeinsame Erbe der Christenheit den Ungläubigen entrissen worden war. Man kannte sehr wohl die Leiden jener Leute, die den ersten dieser bewaffneten Pilgerzüge von Anfang bis Ende mitgemacht hatten: Drei Jahre waren sie durch Wüsten mit heimtückischen Hinterhalten gezogen und hatten nur Hunger, Durst und türkische Pfeile als Begleiter gehabt. Aber ihre Opfer hatten ihnen Gnade vor Gott und Ruhm vor den Menschen eingebracht. Damals dürstete man geradezu nach diesem himmlischen oder irdischen Ruhm, und daraus erklären sich wohl auch diese Überspanntheiten.

Überdies war Eleonore gewiß vom Orient ebenso fasziniert wie ihre ganze Familie. Schon ihr Großvater, der ebenso fröhliche wie zynische Troubadour, hatte das Kreuz genommen. Kühn hatte er die Unbilden eines Kreuzzuges auf sich genommen, der von A bis Z unglücklich verlief. Bei seiner Rückkehr hatte er noch die Stirn, amüsante Lieder über die Leiden, die er erduldet hatte, zu verfassen. Sein zweitältester Sohn, Eleonores Oheim und ehemaliger Spielgefährte – er war kaum acht Jahre älter als sie –, befand sich im Heiligen Land und herrschte über das Fürstentum Antiochien. Vermütlich hat die Aussicht auf ein Wiedersehen mit ihm auch manches zu dem Eifer beigetragen, den Eleonore bei den Reisevorbereitungen an den Tag legte.

Zu Beginn des Jahres 1147 berief Ludwig eine große Versammlung seiner zukünftigen Kreuzzugsgefährten, der vornehmsten Feudalherren, nach Etampes; sie dauerte drei Tage, vom 16. bis zum 18. Februar. Es handelte sich darum, gemeinsam, wie das damals immer geschah, über den Weg zu beraten, den der Kreuzzug nehmen sollte. Man verlas Briefe von den Fürsten der Länder, durch die man ziehen wollte. Überall nach Mittel- und Osteuropa wurden Boten ausgeschickt, um mit den betreffenden Fürsten Fühlung zu nehmen. Die Hauptfrage war: Sollte man zu Lande oder zu Wasser reisen?

Das erstere würde bedeuten, daß man sich der Obhut des Kaisers von Byzanz anvertrauen mußte. Das zweite dagegen hieß, das Angebot des Königs Roger I. von Sizilien annehmen.

Dieser legte offenbar großen Wert darauf, daß die Kreuzfahrer bei ihm Rast machen sollten. Er hatte nicht bloß Briefe geschrieben, sondern eigens auch noch eine Delegation zu der Versammlung geschickt. Man wußte nur nicht, ob seine Absichten ganz sauber waren. Roger war Normanne, und in der damaligen Zeit nimmt niemand das Wort »Normanne« in den Mund, ohne ihm nicht sofort das Epitheton »hinterlistig« beizufügen. Der König von Sizilien befand sich mit dem byzantinischen Kaiserreich im Kriegszustand. Deshalb kann man sich vorstellen, was für einen Prestigegewinn – gegebenenfalls auch Machtgewinn – es für ihn bedeuten mußte, wenn er in seinem Staat und in seinen Häfen die Armee der Christenheit, den Heiligen Pilgerzug, beherbergt hätte.

Noch bevor die französischen Barone einen Schritt aus ihrem Lande heraus getan hatten, konnten sie also schon ermessen, wieviel niedrige Berechnung ihrem Unternehmen entgegenstand und wie sehr auch hierbei die Spreu mit dem Weizen vermischt sein würde.

Der Weizen – wuchs er nun, für die Kreuzfahrer, an den Ufern des Bosporus? Auch der Kaiser von Byzanz bot ihnen seine Dienste an. Erstaunlicherweise hatten sich die Beziehungen zwischen den Byzantinern und den Lateinern im Laufe der letzten Jahre sehr günstig entwickelt. Noch zwischen Alexis Komnenos und den ersten Kreuzfahrern waren sie äußerst gespannt, zuletzt sogar feindlich gewesen. Jetzt aber herrschte beinahe Freundschaft. Besonders Eleonores Ohcim, Raimund von Poitiers, hatte zu dieser günstigen Entwicklung beigetragen. Ein Jahr nachdem er das Füstentum Antiochien erobert hatte, nahm er es vom Kaiser Johannes Komnenos zu Lehen. Und dies mit voller Billigung des lateinischen Königs von Jerusalem, der ihm bei dieser Gelegenheit einen sehr vernünftigen und maßvollen Brief schrieb. Darin heißt es: »Wir wissen alle, daß Antiochien bis zur türkischen Eroberung zum byzantinischen Reich gehörte und daß die Behauptung des Kaisers über die Verpflichtungen, die unsere Väter bezüglich dieser Stadt eingegangen sind, der Wahrheit entspricht. Können wir uns gegen Wahrheit und Recht auflehnen?« Damit waren die byzantinischen Ansprüche auf das Gebiet anerkannt, Ansprüche, die die früheren Fürsten von Antiochien – der Normanne Bohemund und seine Dynastie – zurückgewiesen hatten. Im gleichen Jahr hielt Kaiser Johannes Komnenos feierlichen Einzug in die syrische Hauptstadt und besiegelte seinen Pakt mit Raimund. Woraufhin dieser natürlich mit dem normannischen König von Sizilien entzweit war. Seine Haltung trug jedoch der Rechtslage Geltung und entsprach überdies den heiligsten Interessen der Christenheit. Der Papst hatte ja die Hoffnung noch nicht aufgegeben, dereinst die griechische Kirche wieder mit der römischen vereint zu sehen. Deshalb unterstützte er alle Bestrebungen zur Beilegung der Streitigkeiten mit Byzanz. Auf Verlangen des Papstes sprach sich dann auch der Klerus in der Versammlung von Etampes für den Vorschlag des Kaisers aus.

Der Vorschlag wurde angenommen. Die Abgesandten des Königs von Sizilien zogen sich gekränkt zurück, nicht ohne den Kreuzfahrern zu prophezeien, daß sie noch bittere Enttäuschungen erleben und bald sehen würden, was das Wort der Griechen wert sei. Für Eleonore war diese Entscheidung jedenfalls ein Triumph; das Bündnis ihres Onkels Raimund von Poitiers mit Byzanz wog schwerer als das sizilianische Angebot.

Drei Monate später brach Eleonore an der Seite ihres Gemahls auf. Sie nahm eine große Schar Kammerjungfern und eine lange Kette von beladenen Wagen mit – was ihr von den Historikern immer wieder zum Vorwurf gemacht wird. Wahrscheinlich brauchte sie Teppiche, die bei der Rast ausgebreitet wurden, verschiedene Zelte, für den Fall, daß das Wetter schlecht war oder welche verlorengingen, viele Kleider, um sich öfter umzuziehen. Pelze zum Wärmen und leichte Schleier gegen den heißen Sommerwind. Es mußten Sättel und Zaumzeuge zum Auswechseln da sein, Waschbecken, Karaffen, Schmuck, das ganze Drum und Dran für ihre Toilette und ihre Küche und noch vieles mehr. Im übrigen war sie vierundzwanzig Jahre alt, erfreute sich bester Gesundheit und besaß eine phantastische Ausdauer auch bei tagelangen Ritten.

Es war der 12. Mai 1147. Die vorangehenden Tage waren sehr turbulent gewesen. Ludwig und Eleonore verbrachten sie im Kloster Saint-Denis, unter so vielen Menschen, daß man ihnen keinen Weg bahnen konnte, als sie die Basilika verlassen wollten. Sie mußten durch den Schlafsaal der Mönche gehen. Ludwig hatte vor den Reliquien des hl. Dionysius eine Andacht verrichtet, was fortan Tradition bei den französischen Königen wurde. Alsdann nahm er die berühmte Oriflamme, das rotseidene, goldgestickte königliche Banner vom Altar, das jetzt Frankreichs Feldzeichen wurde. Darauf überreichte ihm Papst Eugen II., der eigens dazu angereist war, den Bettelsack und den Pilgerstab. Denn wir dürfen nicht vergessen, daß der Kreuzzug, den wir heute als militärisches Unternehmen ansehen, in erster Linie eine Pilgerfahrt war. Eine bewaffnete Pilgerfahrt allerdings; die Waffen brauchte man vor allem, um die Sicherheit der Heiligen Stätten und der Pilger zu schützen, die bis zur arabischen Eroberung, und auch noch später bis zum Einfall der Türken, dort unbehelligt geblieben waren.

Wie die ersten Kreuzfahrer fünfzig Jahre früher, zog das Kreuzheer auch jetzt wieder quer durch Mittel- und Osteuropa nach Konstantinopel. Schon gleich zu Anfang gab es Schwierigkeiten. Kurz nach dem Rheinübergang bei Worms brachen Streitigkeiten mit der deutschen Bevölkerung aus. Unablässig warf man den Deutschen alle erdenklichen Fehler vor: Es hieß, sie wären Trunkenbolde, Streithämmel, unzuverlässig und mißtrauisch. Später, in Ungarn und Bulgarien, wurde es schwer, die notwendigen Lebensmittel zu beschaffen. Wieder waren die Deutschen daran schuld, die einige Zeit voher durchgezogen waren und die Märkte leergekauft hatten. Auch Kaiser Konrad hatte nämlich, auf die Ermahnung des hl. Bernhard hin, das Kreuz genommen.

Beim Ersten Kreuzzug waren Gottfried von Bouillon und seine Ritter damals so vorsichtig gewesen, die Versorgungsfrage für die verschiedenen Reiseabschnitte zu regeln. Diese weise Voraussicht hatten der König von Frankreich und seine Barone leider nicht. Die Bauern, deren Habgier durch die früheren Handelsabmachungen geweckt war und die ihre Vorräte dahinschwinden sahen, bereicherten sich skrupellos auf Kosten der Kreuzfahrer. Es gab viel Streit und bittere Worte. Ludwig VII. hatte zwar Plünderungen streng untersagt, aber nun erschreckte es ihn doch, daß die Kosten überall seine Voranschläge überstiegen. Bei jeder Etappe mußte er an Abt Suger, der während seiner Abwesenheit Reichsverweser war, Boten mit der Bitte um Geld schicken.

Es dauerte etwa fünf Monate, bis die Kreuzfahrer endlich am 4. Oktober 1147 in Konstantinopel ankamen.

Konstantinopel war überwältigend in seiner Pracht. Jeder, der es in jener Epoche besucht hat, von den ersten Kreuzfahrern bis zu denen, die es im 13. Jahrhundert, entgegen ihren Zusicherungen, gewaltsam eroberten, hat seine Überraschung und seine Bewunderung für diese unvergleichliche Stadt bekundet, die »der Ruhm Griechenlands und von märchenhaftem Reichtum ist und alles übertrifft, was man von ihr berichtet«. Die Lage der Stadt, als Brückenkopf über den Bosporus, war unerhört günstig. Seine mächtigen Mauern bildeten ein Dreieck; auf zwei Seiten ragten sie aufs Meer hinaus, auf der einen am Marmarameer, auf der andern am Goldenen Horn. Es war der traumhafteste Festungskomplex der Zeit. An den hohen Mauern entlang, die ein halbes Jahrhundert später Villehardouin so bewunderte, erhoben sich zahlreiche Türme, jeder einzelne bereits ein vollendetes Bauwerk. Der Hafen war der größte der Welt. Keine Stadt konnte sich rühmen, so viele Marmordenkmäler, Triumphsäulen, Portiken und gewaltige Kuppeln zu besitzen. Auf der Spitze der Halbinsel, bei der alten Akropolis, erhob sich über dem Hafen Bukoleion, der Große Palast, ein Riesenkomplex von ineinandergeschachtelten Gebäuden. Darin waren zahllose Staatsgemächer; jedes hatte seine eigene Bestimmung: Es gab den Chalke-Palast und den Palast Magnaura, wo die feierlichen Versammlungen stattfanden; das »Tribunal der neunzehn Sitze«, das für Bankette, manchmal auch für Krönungen diente, und den Palast der Daphne, in dem sich die Privatgemächer des Kaisers und seiner Familie befanden. Hier wurden sie von einem ganzen Heer von Sklaven und Eunuchen bedient. Dann kamen die Porphyra, wo die Kaiserinnen ihre Kinder zur Welt brachten, und der sogenannte Goldene Saal, das Chrysotriklinium, der Justinianspalast, der für die allerfeierlichsten Audienzen benutzt wurde. Der gesamte Gebäudekomplex, zugleich Sitz der Verwaltung und kaiserliche Residenz, war durch mehrere Terrassen mit dem Ufer verbunden, wo der private Hafen des Kaisers lag. Im Nordwesten schloß sich an den Daphne-Palast das Hippodrom, das Zentrum aller öffentlichen Veranstaltungen.

Jenseits erstreckte sich die Stadt. Man zählte mehr als 4000 Wohnhäuser an den schönen, geraden Straßen und auf den umliegenden Hügeln. Die meisten ruhten auf soliden Gewölben, unter denen sich ebenso viele Zisternen befanden. Zwischen den drei Hauptstraßen, die im Innern des Dreiecks wie ein Ypsilon zusammenliefen, lag ein wahrer Irrgarten von Gäßchen, kleinen Plätzen, Portiken, Kirchen und Brunnen, begrenzt auf der einen Seite von der Goldenen Pforte, auf der andern von der Kirche St. Georg und der Theodosiusmauer. Natürlich gab es auch schmutzige, stinkende und düstere Stadtviertel, vor allem am Hafen und an den Lagerhäusern. Aber der Gesamteindruck war phantastisch.

Zu der Zeit, als Ludwig und Eleonore in Konstantinopel empfangen wurden, hatte die Stadt allerdings schon einen großen Teil ihres Gebietes an die Araber und Türken verloren. Ihre wirtschaftliche Macht war jedoch ungebrochen. Zwei Drittel der Reichtümer der Welt, sagte man, befänden sich in ihren Mauern.

Die Kaiser hatten jedoch seit über fünfzig Jahren ihren schon fast sagenhaften Pomp bedeutend eingeschränkt. Den Großen Palast bewohnten sie nicht mehr, sondern residierten im Blachernenpalast im Nordwesten der Stadt, dessen Mauern zugleich auch die Stadtmauern bildeten. Dort war die Luft besser als in der alten Residenz, die so dicht am Hafen lag und von einem Labyrinth von engen Gäßchen eingerahmt war. Vom Blachernenpalast aus überblickte man die weite Landschaft und das Goldene Horn.

Als das königliche Paar sich bis auf eine Tagesreise der Stadt Konstantinopel genähert hatte, wurde es unter vielen Begrüßungen, Ehrenbezeigungen und Willkommenswünschen von Abgesandten des Kaisers Komnenos in Empfang genommen. Ein Zug von Würdenträgern erwartete die Gäste, um sie zum Blachernenpalast zu geleiten. Zu ihrer Begrüßung war auch eine große Menge Menschen zusammengelaufen, die alle auf diese Franken – oder »Kelten«, wie man damals noch sagte – neugierig waren. Die meisten Griechen, gewohnt, sich als alleinige Erben der antiken Kultur zu betrachten, hielten sie ja immer noch für halbe Barbaren, denen man, nach den Gepflogenheiten der byzantinischen Diplomatie, um so mehr Freundschaft bezeigen mußte, je mehr man ihnen mißtraute. Ludwig und Eleonore begaben sich also in den Blachernenpalast. Nur ein kleines Gefolge begleitete sie dorthin: Robert du Perche, Bruder des Königs, einige Feudalherren und einige Damen der Königin.

Die Komnenen hatten, als sie ihren Lebensstil vereinfachten, eine ganze Reihe jener Zeremonien abgeschafft, die früher bei feierlichen Anlässen den Kaiser zum Gegenstand einer göttlichen Verehrung machten. Denn den christlichen Vorschriften zum Trotz gab es in Byzanz immer noch Reste des aus der Antike stammenden Personenkults. Wer zur Audienz beim Kaiser vorgelassen wurde, näherte sich ihm, geleitet von zwei Würdenträgern, die ihn unter den Armen gefaßt hielten, bis er sich vor dem Basileus zu Boden warf. Die Zeremonie war trotz aller Vereinfachung immer noch großartig. Die Franken entrüsteten sich zuweilen darüber, daß manche Gesandte vor dem Kaiser niederknieten. Immerhin machte die Aufnahme im Blachernenpalast einen tiefen Eindruck auf das königliche Gefolge. Das sieht man aus dem Bericht, den Eudes de Deuil, der Kaplan des Königs, später darüber verfaßt hat. Schon der Anblick des Palastes selbst überwältigte sie: der riesige, marmorgepflasterte Hof, die mit goldenen und silbernen Blättern geschmückten

Säulen, die Mosaike, auf denen der Kaiser seine Feldzüge und Siege hatte darstellen lassen, und der goldene, mit Edelsteinen besetzte Thron, auf dem er im großen Saal Platz nahm.

Während der drei Wochen seines Aufenthaltes in Konstantinopel erlebte das Königspaar ununterbrochen festliche Empfänge, Bankette und Jagdpartien, alles in märchenhaftem orientalischem Rahmen. Diese feenhafte Schau muß auf Eleonore unauslöschlichen Eindruck gemacht haben. Konstantinopel übertraf alles, was sie bisher erlebt hatte; hier wurden ihre Träume von Pracht und Herrlichkeit endlich zur Wirklichkeit. Sie bewohnte mit ihrem Gemahl ein Haus außerhalb der Stadtmauer, ein Lustschloß und Jagdhaus des Kaisers, das nicht weit vom Blachernenpalast gelegene Philopation. Es war ein weitläufiges Gebäude; drinnen versank der Fuß in kostbaren Teppichen, wohlriechende Düfte strömten aus silbernen Räucherpfannen, und ein Heer von beflissenen Dienern bemühte sich um die Gäste. Das Schloß war umgeben von großen Wäldern; darin lebten wilde Tiere, die der Kaiser mit großen Kosten von weit her kommen ließ.

Nach einer religiösen Zeremonie in der Hagia Sophia mit ihren herrlichen Mosaiken, die im Licht der vielen, auf Kronleuchter gesteckten Kerzen und Öllämpchen funkelte, gab es ein üppiges Festmahl in einem Saal des Heiligen Palastes. Kaiser Manuel Komnenos präsidierte an einer der Tafeln. Er war ein schöner, stattlicher Mann, der noch mehr als seine Vorgänger abendländische Sitten angenommen hatte und stolz darauf war, in Konstantinopel das Turnier eingeführt zu haben. Kaum einer schien so für den kaiserlichen Purpur geschaffen; sein ganzes Wesen strahlte Macht aus. Er war von hohem Wuchs und hatte ein edles, tiefgebräuntes Gesicht. Als vielseitig begabter und außerordentlich gewandter Sportsmann liebte er ebenso die kühne Bärenjagd in den Bergen wie das elegante Polospiel, das sein liebster Zeitvertreib war. Dabei war er geistvoll und hochgebildet und interessierte sich für Wissenschaft und Dichtung; Theologie begeisterte ihn ebenso wie Geographie und insbesondere das Studium der Astrologie. Er verstand sogar etwas von Medizin; als sein Schwager, der deutsche Kaiser Konrad von Hohenstaufen, auf der Durchreise in Konstantinopel erkrankte, behandelte Manuel ihn selbst. Auch auf dem Schlachtfeld zeichnete er sich aus, und zwar nicht nur in der militärischen Führung: Wenn es darauf ankam, nahm er auch selbst Lanze und Schild in die Hand. Seine Waffen sollen allerdings so schwer gewesen sein, daß kaum einer seiner Leute sie heben konnte. Zu alledem war der Kaiser bei den vielen Festen am Hofe von unwiderstehlichem Charme und galt, wohl nicht zu Unrecht, als großer Frauenverführer.

Im Jahre 1146 hatte er eine Deutsche, Bertha von Sulzbach, die Schwägerin von Kaiser Konrad, geheiratet. Diese erzählte wohlgefällig, kein Mann habe sich innerhalb eines Jahres durch so viele Heldentaten ausgezeichnet, um seiner Dame zu gefallen und sie zu ehren, wie er. Sie müsse es wissen, da sie ja selbst aus einer sehr kriegerischen Rasse stamme. Eleonore hörte sich das alles an, blieb aber auch inmitten des blendenden Schauspiels dieses Kaiserbanketts beherrscht genug, um mit dem kritischen Auge, dem nichts entging, die Festgäste zu mustern. Wahrscheinlich wunderte sie sich über das ungleiche Paar, den rassigen Byzantiner und seine trotz ihrer Jugend schon etwas füllige Frau mit der unkleidsamen Haartracht, die es auch nicht verstand, sich richtig zu schminken. Schon damals galten die Französinnen als besonders elegant. Eleonore hat vielleicht sogar selbst die neue Mode der Kleider mit den langen, bis zur Erde reichenden Ärmeln eingeführt; sie waren mit Seide abgefüttert und ließen den Unterarm frei, der von einem schmalen Ärmel aus hellem Satin umschlossen war. Dadurch wirkte das Handgelenk sehr zart. Manuel Komnenos erwies sich der Königin gegenüber sehr höflich und sehr aufmerksam. Scharfsichtig wie sie war, bemerkte sie aber auch, daß er zärtliche Blicke auf seine Nichte, die schöne Theodora, warf, mit der er bald eine skandalumwitterte Liaison hatte. Im übrigen machten die Französinnen, wie es schien, großen Eindruck auf die hohen Würdenträger des Hofes. Eine von Eleonores Hofdamen erhielt sogar während ihres Aufenthaltes in Konstantinopel von einem Verwandten des Kaisers einen Heiratsantrag. Robert, des Königs Bruder, mußte dem jungen Mädchen helfen, sich heimlich aus dem Palast zu stehlen, um sich dem hartnäckigen Liebeswerben ihres Anbeters zu entziehen.

Mehrere Stunden dauerte das Festmahl; es gab viele Gänge, und die Franken lernten dabei ganz neue und raffinierte Gerichte kennen: Artischocken, auf silbernen Schüsseln serviert, gefüllte Lammrücken, gebackene Froschschenkel und vor allem Kaviar, der an der kaiserlichen Tafel in reichlichen Mengen genossen wurde. Griechische Weine trank man aus hauchdünnen, farbigen Kristallgläsern, und Saucen, die mit Kaneel und Koriander gewürzt waren, standen in goldgetriebenen Schüsseln auf den Tischen. Zum Essen bediente man sich zweizinkiger silberner Gabeln, die damals im Abendland noch unbekannt waren. Der Fußboden war mit Rosenblättern bestreut, und hinter einem Vorhang spielte ein Orchester sanfte Musik. Zuweilen teilten sich die Vorhänge und ließen in den Zwischenpausen bald Jongleure von unerhörter Geschicklichkeit, bald Schauspieler oder orientalische Ballettänzer herein.

An den folgenden Tagen wurden in den Gärten am Philopation mit Sperbern, Falken und sogar gezähmten Leoparden große Jagdpartien veranstaltet. Im Hippodrom gab es Wettrennen. Für die Byzantiner war das Hippodrom eine Volkstribüne und der Schauplatz für ihr beliebtestes Spiel: Durch Kundgebungen im Hippodrom waren schon öfters Kaiser abgesetzt oder neugewählt worden. Selbst bei den Wagenrennen war es eine politische Entscheidung, ob man auf die Lenker mit grüner oder die mit blauer Tunika setzte. Das waren die beiden Parteifarben. Auf dem riesigen Platz des Hippodroms (es ist 500 Meter lang und 188 Meter breit) konnten bis zu 30000 Zuschauer zusammengepfercht sitzen. Es war mit Bildwerken geschmückt, die an die großen Zeiten von Byzanz erinnerten. Über den Ställen erhob sich die bronzene Pferdegruppe, die die Byzantiner aus Alexandrien entführt hatten. Zu Beginn des 13. Jahrhunderts wird sie von den Venezianern geraubt und über dem Portal von San Marco angebracht. Der Obelisk in der Mitte des Stadions stammt aus Heliopolis und datiert ungefähr um 1700 v. Chr. Eine Bronzesäule, die aus drei ineinandergerollten Schlangen besteht, kam aus Delphi. Hier stand auch die berühmte bronzene Wölfin, die Romulus und Remus säugt. Auf diese wundervolle Siegestrophäe waren die Byzantiner besonders stolz. Die ganze Stadt war eigentlich ein Museum; schon damals galt der Beruf eines Fremdenführers als recht einträglich.

Die drei Wochen in diesem üppigen Rahmen hätten reine Wonne sein können, wenn es nicht hie und da Grund zur Beunruhigung gegeben hätte. Das Zusammenleben des fränkischen Fußvolkes mit der byzantinischen Bevölkerung ging nicht reibungslos vonstatten ... Im Lager der Kreuzfahrer beklagte man sich über die exorbitanten Preise, die die byzantinischen Händler für ihre Lebensmittel forderten. Jeder, vom Niedrigsten bis zum Höchsten, spürte hinter der vorgetäuschten Höflichkeit der Byzantiner tiefe Mißachtung. Ab und zu gab es ernsthaftere Zusammenstöße: Beim Spaziergang über die Mese, die Haupt-

und Geschäftsstraße, wo die Buden der Juweliere und die Tische der Geldwechsler – eines in Byzanz besonders einträglichen Berufs – aufgeschlagen waren, hatte ein flandrischer Soldat, geblendet von dem aufgehäuften Gold und Silber, plötzlich den Kopf verloren. Mit dem Rufe »Haro!« (damit wurden im Abendland die Messen eröffnet) stürzte er sich auf die Tische und raffte alles zusammen, was er erreichen konnte. Unter den Wechslern war Tumult und Panik ausgebrochen, Leute waren herbeigelaufen. Vermutlich wollte sich der arme Teufel auf seine primitive Weise für die übertriebenen Preise rächen, die er und seine Kameraden auf den Märkten zahlen mußten. Der Vorfall war trotzdem peinlich. Ludwig verlangte von dem Grafen von Flandern die Auslieferung des Schuldigen und ließ ihn unverzüglich hängen.

Er selbst war übrigens ziemlich ungeduldig bei diesem Aufenthalt in Konstantinopel. Die Raffinements der byzantinischen Etikette ärgerten ihn. Die Würdenträger schmückten sich alle mit pompösen Titeln: Da gab es den *protosebaste illustrissime* und den *panhypersebaste*. Der niedrigste Beamte war zum mindesten *nobilissime* oder *protonobilissime* oder sogar *hyperperilampros* (von allerhöchstem Verdienst). All das regte diesen schlichten Ludwig auf, der es für seine Pflicht hielt, so einfach wie möglich zu leben. Die zudringliche Menge sprach mit ihm nur in blumigen Redensarten und mit endlosen Floskeln; aber er witterte hinter der übertriebenen Höflichkeit die Ironie, vielleicht Verrat. Seine Räte warnten ihn; seltsame Gerüchte waren im Umlauf über Verhandlungen, die der Kaiser mit geheimnisvollen Abgesandten gepflogen hätte. Man behauptete, es seien Türken gewesen. Deshalb drängte Ludwig mit aller Eile zum Aufbruch. Als er von Manuel Komnenos Abschied nahm, teilte ihm dieser strahlend mit, er habe Nachrichten von Kaiser Konrad, der soeben in Anatolien einen großen Sieg über die Türken errungen hätte; der Feind habe mehr als 14000 Menschen verloren.

Die Kreuzfahrer waren erst wenige Tagereisen von Konstantinopel entfernt, als sie in der Nähe von Nicäa auf die Vorhut des deutschen Heeres stießen: eine elende, erschöpfte und ausgehungerte Truppe. An dem gleichen Tage, als Manuel Komnenos dem König von Frankreich von dem angeblichen Sieg berichtet hatte, war ihm in Wirklichkeit gemeldet worden, daß die deutschen Kreuzfahrer in die Flucht geschlagen waren. Die byzantinischen Führer hatten sie völlig in die Irre geführt: Vor der anstrengenden Durchquerung der anatolischen Wüste hatten sie nämlich dem Kaiser Konrad versichert, daß man höchstens für acht Tage Lebensmittel mitzunehmen brauchte. Dann hatten sie sich eines Nachts heimlich davongemacht, und das Heer befand sich in ausweglosen Schluchten. Man brauchte mehr als drei Wochen bis nach Nordsyrien – das bedeutete drei Wochen unter türkischen Pfeilen und ohne andere Verpflegung, als was man bei sich führte. Da hatte Konrad beschlossen, umzukehren und seinen Kreuzzug abzubrechen. Bei dieser traurigen Unternehmung hatte er einen großen Teil seiner Streitkräfte verloren. Inzwischen stellte es sich heraus, daß Manuel Komnenos mit den Türken unter einer Decke steckte und mit ihnen zur gleichen Zeit verhandelt hatte, als er den König und die Königin von Frankreich mit Ehren überhäufte.

Um ein ähnliches Geschick wie das des deutschen Kaisers zu vermeiden, beschloß Ludwig VII., einen zwar längeren, aber sicheren Reiseweg einzuschlagen. Unter Umgehung der Wüstengebiete, die für die Okzidentalen so verhängnisvoll waren, führte er seine Truppen über Pergamon zum Golf von Smyrna und dann weiter nach Ephesus, Laodicea und den Hafen Adalia. Ionien und Lydien waren ein zugänglicheres Gebiet als die wüstenähnlichen, kahlen Schluchten, in denen das deutsche Heer so dezimiert worden war. Und mit dem vielen lästigen Gepäck konnte es sich der König von Frankreich nicht erlauben, seine Armee über eine allzu lange Strecke auseinanderzuziehen. Es wurde Befehl gegeben, in möglichst dichtgeschlossenen Reihen zu marschieren. Die Vorhut wurde dem Grafen von Maurienne, dem Onkel des Königs, und Gottfried von Rancon, einem Ritter aus Saintonge, unterstellt, der, wie wir schon gesehen haben, ein Vasall der Königin war.

So gelangte man in wohlgeordnetem Zug bis zu den Schluchten von Pisidie, nicht weit vom Berge Cadmos. Der König, der die Nachhut befehligte, ermahnte alle Krieger, doppelt vorsichtig zu sein, denn jetzt, am Epiphaniastag 1148, näherte man sich einem gefährlichen Übergang. Engpässe mußten überwunden werden, in denen man den Bedrohungen durch die Türken ausgesetzt war. Wie es nun wirklich passiert ist, weiß man nicht genau. Hatte Gottfried von Rancon den Tagesbefehl mißachtet? Jedenfalls wagte er sich schon in den Engpaß vor, der erst am nächsten Tage durchquert werden sollte, und verlor auf diese Weise den Kontakt mit dem Hauptheer. Darauf hatten die türkischen Schwadronen auf den umliegenden Höhen nur gewartet. Sie lauerten im Hinterhalt, um in einem günstigen Augenblick den Feind zu überfallen. Plötzlich war das Hauptheer, das in einer dünnen Kette neben dem Troß einherzog, von leichtbewaffneten Kriegern umzingelt und unter einem Hagel von Pfeilen begraben, ohne sich in Schlachtordnung aufstellen zu können. Es gab ein fürchterliches Durcheinander, Frauen schrien, eine echte Panik brach aus. Es dauerte einige Zeit, bis der König und sein Gefolge bei der Nachhut begriffen hatten, was vorging. Auf dem Schauplatz der Kämpfe sah der König dann mit einem Blick, in welcher katastrophalen Lage sich seine Armee befand.

An diesem Tage zeigte er seine Führungseigenschaften und allen Mut, zu dem er fähig war. Er selbst sammelte seine Soldaten wieder und konnte damit einen Kerntrupp bilden, der die gefährlichsten Stellen freikämpfte. Zu einem bestimmten Zeitpunkt war er völlig isoliert und von seinem Gefolge abgeschnitten. Seine Rettung verdankte er einer Bravourleistung, die es verdiente, in ein Heldenepos aufgenommen zu werden: Er ergriff ein paar Zweige, die tief genug herunterhingen, und schnellte sich an ihnen wie an einer Feder auf einen Felsen hinauf, von wo er, mit dem Rücken gegen den Berg gelehnt, allein einer ganzen heulenden Meute standhielt, die gegen ihn stürmte. Zu seinem Glück erkannten ihn die Feinde nicht. Er trug nur sein Kettenhemd und hatte, als er überfallen wurde, bloß einen leichten Schild und das Schwert an seiner Seite, aber keinerlei Abzeichen, das ihn von seinen Mannen unterschieden hätte. Diesem Umstand verdankte er sein Leben; seine Angreifer erlahmten, und bei Anbruch der Nacht zogen sich die Türken auf die Höhen zurück.

Am anderen Morgen stiegen Gottfried von Rancon und sein Gefolge, beunruhigt, weil sie vom Rest des Heeres abgeschnitten waren, wieder in das Tal zurück und konnten ermessen, welches Unheil ihre Nachlässigkeit angerichtet hatte. Es hätte nicht viel gefehlt, und man hätte sie einen Kopf kürzer gemacht.

Und was tat Eleonore während dieses schrecklichen Zwischenfalls, der ohne die Tapferkeit ihres Gatten bald den gesamten Kreuzzug zum Scheitern gebracht hätte? Man weiß es nicht. Die Chronisten schweigen zu diesem Punkt. Man weiß nicht einmal genau, ob sich die Königin, wie einige behaupten wollen, bei der Vorhut befunden hat, die so leichtfertig gehandelt hatte, oder ob sie bei dem Teil des Hauptheeres war, der angegriffen wurde. Es genügte, daß die schuldige Vorhut von einem ihrer Lieblingsvasallen befehligt wurde, um ihr einen Teil der Schuld an dem Vorfall zuzuschieben. Man vergaß es weder ihr noch den Aquitaniern im allgemeinen. Bestimmt waren diese närrischen Südfranzosen, die sich keinen Vorschriften fügen wollten, schuld an der Katastrophe, bei der beinahe das gesamte Heer der Christenheit untergegangen wäre.

Nach ein paar Tagen Rast, während derer die Toten begraben, die Verwundeten versorgt und die Schäden schlecht und recht behoben wurden, setzte sich das Heer wieder in Marsch, wenn auch langsamer als vorher, und gelangte schließlich nach Adalia. Dort angekommen, beschloß der König angesichts der praktisch unüberwindlichen Schwierigkeiten, mit denen ein so schwerfälliger Zug über den Landweg zu bringen war, bis nach Antiochia übers Meer zu fahren. Er sandte Boten nach Konstantinopel und bat um Schiffe. Die Byzantiner versprachen ihm welche, lieferten aber höchstens die Hälfte der zugesagten Fahrzeuge. Neue Versprechungen folgten, doch die vielen Verzögerungen machten den König nervös (man war schon im Monat März; der Durchzug durch Kleinasien hatte fast fünf Monate gedauert). Schließlich schiffte sich Ludwig VII., in der Hoffnung, daß der Rest der Flotte folgen würde, mit dem größten Teil seiner Ritter ein und segelte nach Syrien.

6
In Antiochia

Per erguelh e per malvestat
Dels Christias ditz, luenh d'amor
E dels mans de Nostre Senhor,
Em del sieu Sant Loc discipat
Ab massa d'autres encombriers;
Don par qu'elh nos es aversiers
Per desadordenat voler
E per outracujat poder.
Guiraut Riquier

Lärmende Freude erfüllte den kleinen Hafen von Saint-Siméon. Zahlreiche Barken umtanzten die Schiffe der königlichen Flotte, während sich am Ufer eine Prozession von Priestern in weißen Chorhemden einen Weg durch die fröhliche Menge bahnte und alle Kirchenglocken läuteten. Beim Klange des Tedeum gingen der König und die Königin von Frankreich an Land und wurden von einer großen Schar von Rittern mit Jubelrufen und überschwenglicher Begeisterung begrüßt. In ihrer Mitte erkannte man an seiner hohen Gestalt, seinem edlen Gesicht und seiner eleganten seidenen Tunika Eleonores Oheim Raimund von Poitiers, den Fürsten von Antiochien.

Endlich war das Königspaar nach langen Anstrengungen und vielen Gefahren auf befreundetem Boden angelangt und setzte zum erstenmal den Fuß auf das Heilige Land, das Ziel ihrer Reise. Es war der 18. März 1148; seit zehn Monaten waren sie unterwegs. Antiochia war für sie und ihre Gefährten wie ein Hafen des Friedens. Die prächtige, festgebaute Stadt, die sich auf sanften Hängen dem Meer zuneigt, mit den Höhen von Djebel Akkra im Hintergrund, wirkte in ihrem frischen Grün wie eine Oase. Der Fluß Orontes bringt ihr durch eine enge Schlucht, die am Fuß der Burg mündet, die kühle Bergluft und das Schmelzwasser des Schnees. Terrassenförmige Gärten ziehen sich bis zu den hochgelegenen Stadtteilen hinauf. Über zwölf Kilometer lang waren damals die Wälle, dreigeschossige Türme unterbrachen sie (man erzählt, es habe 360 Türme gegeben, alle 30 Meter einen). Später, im Jahr 1170, sollte die Stadt sehr unter einem furchtbaren Erdbeben zu leiden haben. Doch zur Zeit des Zweiten Kreuzzuges waren alle Bauwerke noch intakt. Die ersten Kreuzfahrer hatten sie wiederaufgebaut oder neu errichtet, nachdem sie unter unendlichen Leiden die Stadt erobert hatten, die allgemein als uneinnehmbar galt. In der Kathedrale Saint-Pierre wurde einem noch das Grabmal des Bischofs Adhémar du Puy gezeigt, der die ersten Streiter für die Wiedereroberung des Heiligen Landes angeführt hatte. Noch manche andere Kirche erhob ihren Glockenturm über die kleinen Basargäßchen, so Saints-Côme-und-Damian, Sainte-Marie-Latine und Saint-Jean-Chrysostomos. Unter ihnen stapelten sich die mannigfachen Waren des Mittleren Orients; auf den Märkten türmte sich das Obst. Die ganze Umgegend war ein einziger üppig bewässerter Garten. An den Hängen strich ein sanfter Wind durch das graugrüne Laub der Ölbäume.

Konstantinopel war der erste überwältigende Eindruck auf dieser Reise gewesen, mit der feenhaften Pracht eines orientalischen Märchens. Antiochia war anders – für Eleonore fast noch schöner: ein immergrünes, sonniges Paradies, wo ihr auf Schritt und Tritt etwas aus ihrer poitevinischen Heimat oder aus ihrem geliebten Aquitanien entgegenkam. Der Patriarch, der an der Spitze der Prozession dem königlichen Paar bei seiner Ankunft in Syrien den Segen erteilte, hieß Aimery de Limoges. Und der Kaplan, der im Palast von Antiochia Dienst tat, war ein Poiteviner namens Guillaume. Die Ritter im Gefolge des Fürsten, Charles de Mauzé und Payen de Faye, waren treue Vasallen der aquitanischen Herzöge, und in Antiochia sprach man die Langue d'oc, das Südfranzösisch. Da war vor allem Raimund selbst, dieser prachtvolle Edelmann. Er genoß bei Eleonore noch die ganze Gunst eines großen Jungen, der einmal der Spielgefährte des kleinen Mädchens war. Sie hatten viele gemeinsame Erinnerungen aus der Zeit, die sie zusammen im Schloß l'Ombrière verbrachten.

Merkwürdige Abenteuer, teils Komödie, teils Ritterroman, hatten Raimund von Poitiers, den Sohn des Troubadours und jüngeren Bruder Wilhelms X. von Aquitanien, an die Spitze des Fürstentums Antiochien gebracht.

Im Jahre 1136 – ein Jahr vor Eleonores Hochzeit – weilte Raimund am englischen Hof, wo König Heinrich I., mit dem Beinahmen Beauclerc, ihn zum Ritter geschlagen und in seine Dienste genommen hatte. Eines Tages suchte ihn ein Johanniter auf, ein gewisser Gérard Jeberron, und sagte, er brächte Briefe des Königs Fulko von Jerusalem. Und sobald er mit dem jungen Mann allein war, enthüllte er ihm seinen Auftrag. Der König von Jerusalem mache sich Gedanken darüber, daß das Fürstentum Antiochien – im Norden von Syrien, also das gefährdetste aller lateinischen Reiche – von einer Frau, der verwitweten Prinzessin Alix, regiert werde. Sie war die Frau von Bohemund II. gewesen, dem Sohn des ersten Beherrschers der Stadt, eines Normannen, dessen sagenhafte Heldentaten und Streiche zur Zeit des Ersten Kreuzzugs die Chroniken füllten. Eigentlich regierte Alix nur im Namen ihrer Tochter, der Prinzessin Konstanze. Aber sie war eine ehrgeizige Frau, die sich nicht gescheut hatte, mit dem berühmten Zenghi Fühlung aufzunehmen, während er als Gouverneur von Aleppo und Mossul bereits das Fürstentum Edessa bedrohte. Auf alle Fälle mußte also für Konstanze ein Ehemann gefunden werden, der es verstand, das Schwert zu führen und mit den Türken ebenso fertig zu werden wie mit einer rabiaten Schwiegermutter. Könik Fulko hatte sich mit seinen Baronen beraten und alle in Frage kommenden Kandidaten geprüft; schließlich war seine Wahl auf den jüngeren Sohn des Troubadours, auf Raimund von Poitiers, gefallen.

Der Vorschlag war durchaus geeignet, jemanden wie Raimund zu reizen; die Sache war vergnüglich, voller Risiko und hatte einen komödienhaften Anstrich, was gerade dem Sohn Wilhelms IX. von Aquitanien sehr gefallen mußte. Es wurde ihm bedeutet, er müsse heimlich in sein zukünftiges Fürstentum einreisen, um nicht den Verdacht des Königs von Sizilien zu erregen, der ebenfalls Ansprüche auf Antiochien erhob. Er werde auch beträchtliche Mühe haben, die Fürstin-Witwe Alix davon zu überzeugen, daß sie ihn regieren lassen solle. Schließlich würde er mit dem Patriarchen von Antiochien, Raoul de Domfront, zu rechnen haben, einem Normannen, der sich besser zum Waffenhandwerk als zum Meßgesang mit seinen Kanonikern eignete.

Bald darauf verließ Raimund mit einigen Getreuen den englischen Hof; als reisende Kaufleute verkleidet, schifften sie sich heimlich ein. In Antiochien angekommen, brachte Raimund mit viel Geschick zunächst den Patriarchen auf seine Seite; es gelang ihm durch reichliche Versprechungen, sein Vertrauen zu gewinnen. Die beiden Männer entwarfen alsbald einen Schlachtplan. Raoul suchte Alix auf und vertraute ihr an, der edle Ritter, der soeben in Antiochia angekommen sei, wünsche sie zu heiraten. Die Dame war sehr geschmeichelt und empfing Raimund äußerst zuvorkommend. Sie gestattete ihm ohne weiteres, mit ihren Baronen zusammenzutreffen, sooft er wollte, und erwartete mit Ungeduld den Hochzeitstag. Da erfuhr sie auf einmal, daß der Patriarch statt dessen die Hochzeit ihrer Tochter mit dem aquitanischen Edelmann vorbereitete. Worauf sie sich grollend aufs Land zurückzog und ihrem Schwiegersohn das Feld überließ.

Die Chronisten schildern Raimund als »groß, besser gewachsen und edler als alle seine Zeitgenossen. Er übertraf sie auch alle im Waffenhandwerk und in der Reitkunst.« Was seine Körperkräfte und seine Leistungen bei Turnieren anlangt, konnte er es wohl mit einem Manuel Komnenos aufnehmen. Zudem liebte er die Poesie, die Troubadoure und das höfische Leben; er besaß auch die gleiche Gabe wie sein Vater: unangenehme Erinnerungen in amüsante Erzählungen umzuwandeln. An seinem Hof herrschte eine heitere Atmosphäre. Für ihn verfaßte Richard le Pélerin während des Kreuzzugs das ›Chanson des Chétifs‹, in welchem, mit vielen sagenhaften Einzelheiten, das Heldenlied der Gefährten von Peter dem Einsiedler erzählt wird, dem großen Prediger des Ersten Kreuzzugs.

Ludwig und Eleonore wollten nicht länger als zehn Tage in Antiochia bleiben. Jedoch sollten diese zehn Tage für den Lauf der Geschichte und für ihr persönliches Schicksal so bedeutungsvoll werden, daß man gern über alles, was damals Tag für Tag, ja Stunde für Stunde vorging, einen ausführlicheren Bericht hätte. Leider schließt Eudes de Deuil, der Kreuzzugskaplan, der vom Beginn der Reise an wahrheitsgetreu alle Ereignisse aufzeichnet, seinen Bericht genau mit dem Tage der Ankunft in Antiochia ab. Warum schweigt er jetzt? Soll man annehmen, daß es ihm in seiner Eigenschaft als Beichtvater des Königs – der alle internen Debatten in den entscheidenden Tagen miterlebte – unangenehm gewesen sei, darüber zu berichten? Konnte er es überhaupt tun, ohne mehr oder weniger das Beichtgeheimnis zu verletzen? Vielleicht wollte er die Königin nicht mit hineinziehen, da er sie auch vorher mit keinem Wort erwähnt. Jedenfalls läßt uns seine Diskretion sehr unbefriedigt. Wir kennen zwar die Tatsachen, aber in bezug auf die Gemütsverfassung der Beteiligten sind wir auf bloße Vermutungen angewiesen.

Die erste Überrraschung gab es, als nach einigen Ruhetagen, die eigentlich Festtage waren, die Kreuzritter sich zusammensetzten, um ihren Schlachtplan zu entwerfen. Wie zu erwarten, hatte Raimund sehr klar umrissene Pläne. Sein Ziel war die

Wiedereroberung von Edessa, dessen Fall ja den Kreuzzug ausgelöst hatte. Der Eroberer, Zenghi, war zwei Jahre vorher, wie das in den Annalen des türkischen Heeres häufig vorkam, von seinen eigenen Soldaten ermordet worden. Aber sein Sohn Nureddin hat seine Nachfolge angetreten und erweist sich als mindestens ebenso gefährlicher Gegner der Franken. Die Sicherheit von Antiochien hängt von diesem ständig bedrohten Hinterland ab. Dort könnten die mächtigen Städte Aleppo und Hama, die Bollwerke der türkischen Streitmacht, sicherlich zurückerobert werden. Man müßte nur den günstigsten Moment ausnutzen, wo das gleichzeitige Erscheinen des deutschen Kaisers und des Königs von Frankreich dem Feinde Schrecken einjagte. Inzwischen hatte nämlich Kaiser Konrad, der drauf und dran gewesen war, seinen Kreuzzug abzubrechen, seine Streitkräfte so gut es ging wieder zusammengefaßt und war ebenfalls auf dem Weg ins Heilige Land.

Unerwarteterweise erklärt sich jedoch Ludwig VII. gegen den Plan: Er habe gelobt, nach Jerusalem zu ziehen, und er gedenke daher, sich zuerst nach Jerusalem zu begeben. Der Graf von Toulouse und der Kaiser selbst hätten ihre baldige Ankunft in Akkon angekündigt, und die verwitwete Königin von Jerusalem dränge ihn, Ludwig, so bald wie möglich nachzukommen.

Raimund kannte die Königin Melisande; sie war eine Schwester der Prinzessin Alix, die er vor zwölf Jahren aus ihrem Fürstentum verdrängt hatte. Sie galt als sehr leidenschaftlich; ihre Liebesabenteuer hatten seinerzeit die Chroniken gefüllt. Jetzt, in gereiftem Alter, suchte die Witwe des Königs Fulko Trost und Ablenkung in der Politik. Sie dachte gar nicht daran, die Macht ihrem Sohn Baudouin III. zu überlassen, obwohl er mit seinen sechzehn Jahren nach damaliger Sitte schon als volljährig galt und auch schon Proben seiner militärischen Tüchtigkeit abgelegt hatte. Vielmehr unternahm sie einen riskanten Feldzug nach dem andern und brachte dadurch das Königreich Jerusalem in Gefahr. Im Jahr zuvor hatte sie Befehl zu einem Kriegszug in den Hauran gegen die Sultane von Damaskus gegeben, die schon seit langem mit den Franken verbündet waren – sie hatten sogar einmal deren Hilfe gegen ihre eigenen Glaubensgenossen erbeten. Das war offensichtlich ein Fehler gewesen, der sich nicht wiederholen durfte.

Aber das Antlitz des Königs blieb, selbst den beredtesten Vorstellungen gegenüber, verschlossen. Raimund berief eine zweite Versammlung, an der diesmal alle in Antiochia weilenden Ritter teilnahmen. Es war verlorene Liebesmühe; allen seinen Argumenten setzte der französische König nur jenen zähen Widerstand entgegen, der die Willensbekundung der Schwachen ist. Nichts und niemand würde ihn von seinem Vorsatz abbringen, zunächst seine Pilgerfahrt nach Jerusalem zu unternehmen. Aber mußte Jerusalem nicht am Orontes verteidigt werden? War es nicht besser, zuerst das gefährdete Grenzland zu sichern, das mit schwachen, bei der Länge seiner Grenzen völlig unzureichenden Mitteln sein schmales Gebiet zu verteidigen hatte? Dazu müßte man zuallererst die bedrohlichsten feindlichen Festungen eliminieren. Womöglich würde Nureddin eines Tages die schwache Dynastie in Damaskus stürzen und dadurch die beiden Städte Damaskus und Aleppo, die Tore nach Syrien, in die Hand bekommen. Im übrigen war das erste Ziel des Kreuzzuges doch die Wiedereroberung von Edessa gewesen.

Nichts half. Der König verkündete bloß, daß er Antiochia so schnell wie möglich zu verlassen gedächte.

Jetzt tritt Eleonore auf den Plan. Raimund ersucht um eine letzte Aussprache; diesmal ist die Königin dabei. Sie nimmt leidenschaftlich Partei für ihren Oheim, und sehr bald verschärft sich der Ton zwischen den Ehegatten. Zweifellos hat Eleonore den strategischen Wert von Raimunds Plänen erkannt. Und Raimund ist besser als jeder andere dazu befähigt, die Erfordernisse der Lage und die vorhandenen Kräfte abzuschätzen. Wenn ihm die Unterstützung der Kreuzfahrer verweigert wird, bleibt Eleonore samt ihren Vasallen in Antiochia.

Ihre Vasallen hätte sie besser nicht erwähnt. Sie haben bisher schon viel zuviel von sich reden gemacht. Jetzt bekommt die Diskussion eine immer persönlichere und leidenschaftlichere Note. Schließlich droht Ludwig damit, seine Rechte als Eheherr zu gebrauchen und Eleonore zur Abreise zu zwingen. Woraufhin er, zu seiner maßlosen Verblüffung, folgende unerwartete Antwort erhält: Er täte gut daran, erst einmal seine Eherechte klarzustellen. Nach Ansicht der Kirche sei nämlich ihre Ehe null und nichtig. Nach kanonischem Recht seien sie zu nahe miteinander verwandt ...

Die Wendung, die diese Unterredung nahm, wird nur auf dem historischen Hintergrund verständlich – den dann die verschiedenen Romanschriftsteller, die Eleonores Leben nacherzählt haben, weidlich ausschmückten. Die meisten machten aus ihr eine Frau mit sehr lockeren Sitten, eine Art Messalina, die von einem Liebhaber zum nächsten wechselte. Die sich einmal mit hohen Herren, wie Geoffroy de Rancon, ein andermal mit Untergebenen, wie Saldebreuil, dem Konnetabel von Aquitanien, einließ. Die Gemäßigteren begnügen sich damit, sie in die Arme des schönen Raimund von Poitiers sinken zu lassen. Auch wenn man sich an die geschichtliche Überlieferung hält, scheint es außer Zweifel, daß sich die Königin in Antiochia einen schlechten Ruf erworben hat. Ob sie wirklich eine Schwäche für ihren jugendlichen Oheim gehabt hat, weiß man nicht. Ein Chronist – nicht der schlechteste, nämlich Wilhelm von Tyr – wirft es ihr vor. Die anderen Zeugnisse sind vage. Nicht anzuzweifeln ist die Tatsache, daß sich bei dieser Gelegenheit der entscheidende Bruch zwischen den Ehegatten vollzog, die sichtlich nicht füreinander geschaffen waren. Eleonore ist nicht mehr das fünfzehnjährige Mädchen, dem eines schönen Tages an den Ufern der Garonne ein vom Himmel – oder jedenfalls vom König von Frankreich – gesandter Gemahl gegenüberstand. Heute ist sie eine Frau von fünfundzwanzig Jahren, gereift und selbstbewußt, eine ausgesprochene Persönlichkeit. Sie hat das Gefühl, daß sie mindestens ebenso wie ihr etwas schwacher Gemahl imstande ist, Entscheidungen zu treffen und sie zum guten Ende zu führen. Allerdings waren diese letzten Jahre für sie recht aufreibend gewesen. Der König liebt sie zwar noch mit der gleichen Leidenschaft und Zärtlichkeit; aber er läßt sich nicht mehr von ihren Ratschlägen leiten. Suger hat wieder Macht über ihn gewonnen. Wenn Eleonore erklärt, sie glaube, einen Mönch geheiratet zu haben, so ist es durchaus möglich, daß sie damit nicht bloß auf das Fasten und die Vaterunser anspielt, die Ludwig wirklich ein bißchen übertreibt, sondern auch darauf, daß in Wirklichkeit der Abt von Saint-Denis das Königreich regiert.

Es kommt hinzu, daß sie gerade erst jetzt, während der so herrlichen und erholsamen Unterbrechung ihrer anstrengenden Reise, eine Welt ganz nach ihrem Sinn entdeckt hat: den Orient. Schon in Konstantinopel bewunderte sie die Pracht und den raffinierten Luxus; auch die Spitzfindigkeiten der orientalischen Diplomatie werden ihr gefallen haben. Mit einem köstlichen Schauder ahnte sie schon damals etwas von dem beunruhigenden, zuweilen amoralischen Element hinter der steifen Etikette und den von Marmor und Gold strotzenden Fassaden der byzantinischen Paläste. Auf diese verlockende Welt der verfeinerten leiblichen und seelischen Genüsse muß sie genau umgekehrt reagiert haben wie ihr frommer, schlichter Gemahl. Und nach diesen verwirrenden Eindrücken kam die schwierigste Etappe der Reise. Täglich war sie Winden, Stürmen, wechselnden Temperaturen, den Gefahren des Kampfes, den Pfeilen der Türken ausgesetzt. Vielleicht war sie auch nicht immer mit der Marschordnung zufrieden; während sich andrerseits bei Ludwig und seinem Gefolge der Groll gegen die frechen, undisziplinierten Vasallen immer mehr vertiefte.

Und nun ist sie in Antiochia, erlebt den warmherzigen Empfang durch ein Mitglied ihrer Familie, das ihr besonders nahesteht, und führt unter Olivenbäumen lange vertraute Gespräche in ihrer provenzalischen Muttersprache. Das Leben ist wieder reizvoll und bunt; wieder erschallen im Hintergrund die Lieder der Troubadoure. In dieser Atmosphäre blüht Eleonore auf, während ihr Gatte immer noch von den Anstrengungen der Reise erschöpft ist. Er macht sich Sorgen um den Rest seines Heeres, der im Golf von Adalia zurückgeblieben ist und von dem er keine Nachricht hat. Vor allem kann er nicht begreifen, wie man sich die Minnelieder der Troubadoure anhören kann, wenn man doch dazu hergekommen ist, eine religiöse Pflicht zu erfüllen. Sicherlich hat ihn auch die allzu zärtliche Freundschaft verstimmt, die sich alsbald zwischen Oheim und Nichte entwickelte. Wenn sie sich in ihrer Langue d'oc unterhalten, die er nicht versteht, fühlt er sich ausgeschlossen.

Vermutlich wollte er jetzt den Versuch machen, eine Situation zu meistern, die er nicht mehr beherrschte. Dabei war er aber zu ungeschickt, wie so oft in seinem Leben. Und plötzlich ist eine Kluft entstanden, die nicht mehr zu überbrücken ist. Sein Selbstgefühl ist verletzt, und auch sein Gefühl für die Frau, die er immer noch liebt. Woher sie wohl diese Kenntnis des kanonischen Rechts hatte, auf Grund deren sie plötzlich behauptete, ihre Ehe sei nichtig? Wenn er später die Ereignisse überdachte, wird er sich auch wieder an die Heirat von Eleonores Schwester mit Raoul von Vermandois erinnert haben: Um diesen dazu zu bringen, das Mädchen zu heiraten, hatte man auch ihm klargemacht, daß zwischen ihm und seiner ersten Frau Eleonore von Champagne eine nach kanonischem Recht nicht zulässige nahe Verwandtschaft bestünde.

Ludwig brach die Unterredung ab, zog sich zurück und beriet sich mit einem seiner vertrauten Freunde, dem Tempelritter Thierry Galeran. Das war übrigens ein weiterer Anlaß zu Unstimmigkeiten zwischen dem König und der Königin; denn sie haßte Thierry, und dieser vergalt es ihr durchaus. Er wußte, daß ihn Eleonore manchmal hinter seinem Rücken unzweideutig verspottete, weil er ein Eunuch war. Aber Ludwig hörte gern auf seine Ratschläge, wie es vor ihm schon sein Vater Ludwig VI. getan hatte, der auch immer gut dabei gefahren war. Thierry und die andern Barone rieten Ludwig unbedingt zu einer Gewaltlösung. In der gleichen Nacht verließ das fränkische Heer Antiochia, und Eleonore mußte wohl oder übel mitziehen.

7
Die schöne Jahreszeit

Be m'agrada la covinens sazos,
E m'agrada lo cortes temps d'estiu
E m'agradon -l'auzel, quan chanton piu,
E m'agradon floretas per boissos,
E m'agrada tot su qu'als adregz platz,
E m'agrada mil tans lo bels solatz.
Don per mon grat jauzirai lai breumen,
On de bon grat paus mon cor e mon sens.

Peire Vidal

Die weitere Entwicklung der Dinge sollte Raimund voll und ganz recht geben. Der Kreuzzug gegen die Damaszener, mit denen seit den Anfängen der lateinischen Königreiche immer freundschaftliche Beziehungen bestanden hatten, wurde ein bedauerlicher Fehlschlag; er war auch miserabel geführt worden. Die Folgen sollte vor allem das Königreich Jerusalem schwer zu spüren bekommen. Sowohl die Franken als auch die Deutschen, vor denen die Türken besondere Angst gehabt hatten, zogen unverrichteter Dinge ab. Kaiser Konrad schiffte sich bereits am 8. September wieder ein. Dagegen dehnte der König von Frankreich seinen Aufenthalt im Heiligen Land noch bis zum Osterfest 1149 aus. Da er seinen Mißerfolg nicht zugeben wollte, schmiedete er neue Pläne: Anstatt sich weiter auf die Byzantiner zu verlassen, die ihn abscheulich hintergangen hatten – sie dachten gar nicht daran, die versprochenen Schiffe zu schicken, sondern sie lieferten die in Kleinasien verbliebenen Reste des Kreuzheeres buchstäblich den Türken aus –, versuchte Ludwig jetzt, sich mit dem Feind Raimunds von Poitiers, dem König Roger von Sizilien, zu verbünden. Es mag sein, daß er damit auch nur seine Rückkehr nach Europa hinauszögern wollte, wo ihn eine zweifache Demütigung erwartete: Als König hatte er Mißerfolg mit seinem Kreuzzugsunternehmen gehabt, und als Gatte sah er nun auch seine Ehe in die Brüche gehen.

Eleonore und er bestiegen zwei verschiedene Segelschiffe eines sizilianischen Geleitzuges. Die Rückfahrt verlief denkbar dramatisch. Der König von Sizilien befand sich ja damals in offenem Kriegszustand mit dem Kaiser von Byzanz; und mit dem Frühjahr lebten die Scharmützel zur See wieder auf. – Auf der Höhe von Malea an der peloponnesischen Küste, nicht weit von Monemvasia, stieß die Flotte auf byzantinische Schiffe; im Verlauf der Feindseligkeiten wurde das Schiff mit Eleonore und ihrem Gefolge von den Griechen gekapert. Schon waren die Piraten mit ihrer unverhofften Beute zum Kaiser nach Byzanz unterwegs, dem die Gefangenen als Geiseln von großem Nutzen sein konnten, als ein Handstreich der Normannen von Sizilien sie ihnen wieder abnahm. In der Zwischenzeit war am 29. Juli das Schiff mit Ludwig an Bord in einem kalabresischen Hafen vor Anker gegangen. Drei Wochen lang blieb der König ohne Nachricht von seiner Frau. Schließlich erfuhr er, sie befände sich wohlbehalten in Palermo. In Potenza trafen die Ehegatten wieder zusammen und wurden dort von dem König von Sizilien mit großen Ehren empfangen – es war derselbe Fürst, dessen Angebot sie seinerzeit ausgeschlagen hatten. Vermutlich erfuhren sie dort auch den Tod von Raimund von Poitiers; am 29. Juni war er bei Maaratha im Kampf gegen Nureddin getötet worden; sein schönes blondes Haupt schickte der Sieger an den Kalifen von Bagdad.

Die Anstrengungen und Aufregungen – vielleicht auch der Kummer – waren nun auch für Eleonores unverwüstliche Widerstandskraft zu viel. Sie erkrankte; um sie zu schonen, machte man die Rückreise in kurzen Etappen. Nur in der berühmten Benediktinerabtei am Monte Cassino hielt man sich etwas länger auf.

Papst Eugen III. war über die Mißerfolge des Kreuzheeres laufend unterrichtet worden und wurde auch von der Ankunft des königlichen Paares in Italien verständigt. Auch Suger war über alles im Bilde, da er in regelmäßigen Abständen Kuriere mit Briefen des Königs empfing. Er hatte dem König viele weise Ratschläge erteilt: Er solle unter den derzeitigen Umständen keinerlei Entscheidungen treffen, solle zuerst in sein Reich heimkehren, wo seine Gegenwart dringend erforderlich sei; die Mißverständnisse zwischen ihm und seiner Gemahlin kämen sicher nur von den Anstrengungen der Reise und den durchgemachten Gefahren. Gleichzeitig beeilte sich der Abt von Saint-Denis, den Papst über die Krise zu informieren, in der sich das königliche Paar befand.

Eugen III. verbarg hinter einem strengen Äußeren einen verständnisvollen und gutherzigen Charakter. Er hatte den jungen Eheleuten bei ihrem Aufbruch zu dem Feldzug, der ihnen so viel Pein, so viel Mühe und Enttäuschung bereiten sollte, noch selbst seinen Segen erteilt. Sehr bewegt von der Vorstellung, was sie in diesen zwei langen Jahren alles hatten durchmachen müssen, lud er sie in seine Residenz in Tusculum ein. In Rom konnte er nicht wohnen, weil es damals von dem berühmten Republikaner Arnold von Brescia beherrscht wurde.

Erst Mitte Oktober trafen der König und die Königin beim Papst ein. Sie wurden aufs wärmste empfangen. Mit jedem von ihnen hatte er eine lange Unterredung unter vier Augen. Von ganzer Seele wünschte er, das junge Paar zu einigen und ihm wieder zu dem gemeinsamen Leben zu verhelfen, das sie sich zum Wohl ihrer Völker gelobt hatten. Er hörte sich ihre Sorgen an, beschwichtigte sie und ließ nichts unversucht, die beiden miteinander zu versöhnen. Die Geschichte mit der Verwandtschaft sollten sie vergessen, sagte er; die Kirche kenne solche Fälle und könne ihnen Dispens erteilen. Ludwig war sichtlich erleichtert; bei seinem empfindlichen Gewissen hatte er sich gewiß Skrupel gemacht. Es war ja auch etwas daran: Eleonores Urgroßmutter, Audéarde von Burgund, war eine Enkelin seines Vorfahren Robert dem Frommen. Das war im Zivilrecht eine Verwandtschaft neunten Grades, nach kanonischem Recht jedoch im vierten oder fünften Grad, was die Nichtigkeit der Ehe bedeuten würde. Und er liebte Eleonore noch immer, obwohl die Vorgänge in Antiochia ihn verbittert haben mochten.

Nach dieser Audienz schien es, als hätten die Gatten wieder zueinander gefunden. Der Papst führte sie selbst in das Zimmer, das er für sie hatte herrichten lassen. Es war ein üppiger, mit Seidentapeten ausgestatteter Raum – der Papst kannte Eleonores Prachtliebe –, aber es stand nur ein einziges Bett darin. In Tusculum verbrachte das Paar einige Tage und zog dann, vom Heiligen Vater mit Geschenken und guten Worten reich versehen, weiter. »Als sie Abschied nahmen«, berichtet der Chronist Jean de Salisbury, »konnte der sonst so gestrenge Mann kaum die Tränen zurückhalten. Bei ihrer Abreise segnete er sie und das französische Königreich.«

Am Martinstag, dem 11. November 1149, trafen Ludwig und Eleonore wieder an den Ufern der Seine ein. Als sichtbares Zeichen ihrer Versöhnung wurde ihnen im Laufe des folgenden Jahres ein zweites Kind geboren. Aber es war leider nicht der Thronfolger, den sich beide lebhaft gewünscht hatten, sondern wieder eine Tochter, Alix.

Für Eleonore wurde das Leben nun recht langweilig: nach

dem Orontes jetzt wieder die Seine; statt der Zitronenhaine kahle Hügel, auf denen die welken Blätter unter dem feinen Novemberregen zu faulen begannen; anstelle der Terrassen und Paläste an den Ufern des Goldenen Horns nun wieder der altmodische Wohnsitz der Könige von Frankreich auf der kleinen Ile-de-la-Cité. Seit der Katastrophe am Berge Cadmos und mehr noch seit Antiochia spürte Eleonore rings um sich eine Atmosphäre des Vorwurfs. An einzigen Trost hatte sie einen immer höflichen, immer um sie bemühten Gatten, dessen Vertrauen sie allerdings ein für allemal verloren hatte. Schon auf der Rückreise gab er ihr deutlich zu verstehen, daß er von jetzt an allein regieren werde. Sobald sie die Alpen überschritten hatten, verließ er den Heereszug und begab sich in Eilmärschen nach Auxerre. Dort traf er mit Suger zusammen, der ihm entgegengereist war und ihn alsbald über die Lage im Königreich unterrichtete. Zum Dank für seine Ergebenheit ließ Ludwig überall in seinen Landen proklamieren, daß sein treuer Ratgeber sich den Titel »Vater des Vaterlandes« verdient hätte.

Eleonore sollte nicht mehr mitregieren. Von nun an war Ludwig, der respektvolle, zärtliche und aufmerksame Ehemann, ein unbeugsamer Herrscher. Aber gerade der Ehemann war es wohl, der Eleonore nicht mehr gefiel – wenn sie ihn überhaupt je geliebt hatte. Andrerseits fühlte sie sich inzwischen fähig genug, selbst zu herrschen, ohne sich dabei, wie früher, von ihren weiblichen Launen treiben zu lassen. Sie hatte erfahren, wieviel Risiko und wieviel Verantwortung eine Machtstellung mit sich bringt. Jetzt würde sie gerade in dem Moment aus dem Kronrat entfernt, wo sie mit Scharfsinn und klarem Blick ihre Rolle als Königin hätte spielen können. Der Aufenthalt im Orient, so gefahrvoll und anstrengend er war, blieb für Eleonore das schöne Traumbild eines Lebens, wie auch sie es hätte führen können. Warum hatte sie ihre Hand nicht einem Manuel Komnenos gereicht? Spürte sie doch weit mehr Talent in sich, diesen wahren Ritter aus einem Heldenepos an sich zu fesseln, als die derzeit regierende Kaiserin. Um wieviel besser hätte sie an seiner Seite das raffinierte Spiel der Diplomatie mitspielen können, durch das sich Byzanz, allen Arabern, Türken und lateinischen Königreichen zum Trotz, immer noch behauptete. Hätte sie wenigstens die Troubadoure um sich gehabt, die ihre Jugendzeit so verklärt hatten! Wie ihr Großvater hätte auch sie sich ein Lied über ihre Reise in den Orient schreiben lassen können.

Aber das Leben am französischen Hof bekam von Tag zu Tag

eine strengere Note. Gleich nach seiner Rückkehr unternahm Ludwig eine Bußfahrt in die Stadt Vitry, die jetzt Vitryle-Brûlé – »Verbranntes Vitry« – hieß. Eigenhändig pflanzte er oberhalb des wiederaufgebauten Städtchens Zedern ein, die er aus dem Heiligen Lande mitgebracht hatte. Ihre Ableger mitten in der champagnischen Landschaft werden heute noch bestaunt. Seine Tage waren mit Andachtsübungen und den vielerlei Aufgaben eines obersten Lehnsherren ausgefüllt: Da gab es die Finanzverwaltung der Domänen, die Gerichtsbarkeit und zuweilen irgendwelche kriegerische Unternehmungen, für die sich Eleonore auch nicht sonderlich interessierte. Wie kleinlich mußten ihr die Streitereien um irgendwelchen kümmerlichen Erdhügel vorkommen, wenn sie sie mit der großartigen, wenn auch verfehlten Expedition in den Orient verglich!

Es dauerte jedoch nicht lange, bis sie an alledem mehr Interesse haben sollte, als sie je gedacht hätte. Zwischen Ludwig und einem seiner mächtigsten Vasallen, dem Grafen von Anjou, Geoffroy le Bel, bestanden Mißhelligkeiten. Im August 1150 spitzte sich die Sache zu, worauf der König an den Ufern der Seine zwischen Mantes und Meulan Truppen versammelte. Jemandem, der mit den Angelegenheiten des Reiches nicht vertraut war, mußte es sonderbar erscheinen, daß ein Zwist mit dem Grafen von Anjou durch einen Angriff auf die Normandie bereinigt werden sollte. Tatsächlich zeigte sich darin aber, daß der König beschlossen hatte, eine großangelegte Aktion gegen seinen Vasallen zu unternehmen und auf diese Weise dessen Lieblingspläne zu durchkreuzen. Geoffroy de Bel – Gottfried der Schöne, mit dem Beinamen *Plantagenet,* wegen des Ginsterzweiges, mit dem er seinen Hut schmückte, wenn er zur Jagd ging – hatte nämlich Mathilde, die Tochter von Heinrich Beauclerc, dem König von England, geheiratet. Sie hieß immer noch die »Kaiserin«, weil sie in erster Ehe mit dem deutschen Kaiser Heinrich V. verheiratet gewesen war. Diese Frau, eine ungewöhnliche Persönlichkeit von unermüdlicher Tatkraft, war fünfzehn Jahre älter als Gottfried. Sie brachte ihm als Mitgift ihre Ansprüche auf das Erbe ihres Vaters, des Königs von England und Herzogs der Normandie, mit, dessen einzige Nachkommin sie war. Trotzdem wurde ihr Erbanspruch angefochten, und zwar von Stephan von Blois, der durch seine Mutter Adele ebenfalls ein Enkel Wilhelms des Eroberers war. Bei diesem Wettrennen um die englische Krone war Stephan der Mathilde sogar zuvorgekommen und hatte die Macht an sich gerissen. Er residierte in England, wo einige Barone sich sofort auf seine Seite geschlagen, andere dagegen Mathildes Partei ergriffen hatten. Durch diese Rivalität herrschte im Lande eine Art Bürgerkrieg und ein Zustand der Rechtlosigkeit und Anarchie. Der Kampf griff auch schon auf das Festland über. Gerade hatte Gottfried, im Jahre 1150, seinem ältesten, damals siebzehnjährigen Sohn Heinrich feierlich das Herzogtum Normandie übertragen. Der französische König hatte sich bisher auf die Rolle des Schiedsrichters zwischen seinen beiden mächtigsten Vasallen beschränkt. Aber nun ergriff er mit seinem Marsch auf Mantes eindeutig Partei für Stephan von Blois. Seine Stellungnahme war durchaus gerechtfertigt, denn Heinrich beeilte sich keineswegs, für das Herzogtum Normandie dem König von Frankreich den Lehnseid abzulegen und dessen Oberherrschaft anzuerkennen.

Vorerst sollten die Feindseligkeiten noch nicht losbrechen; Suger setzte trotz seines hohen Alters alle Hebel in Bewegung, um den Frieden zu erhalten und zwischen den streitenden Parteien zu vermitteln. Doch sehr bald erlosch das Leben des unermüdlichen Friedenskämpfers. Am 13. Januar 1151 starb er. Das französische Volk war untröstlich. Eine ungeheure Menschenmenge nahm in der noch unvollendeten Abtei von Saint-Denis an der für ihn gesungenen Totenmesse teil. Nachdem ihn ein unwahrscheinliches Geschick an die Spitze des Reiches gestellt hatte, wandte er dort, um die Eintracht zu erhalten, ebenso viel Energie und Initiative auf, wie es die anderen um ihn herum zur Befriedigung ihres persönlichen Ehrgeizes taten. Über seinem Sarg erschienen die ganz neuen, hochragenden Gewölbe von Saint-Denis, die kühner waren, als man je vor ihm zu bauen gewagt hätte, wie ein Sinnbild jenes Glorienscheines, den ihm die Mönche beim Psalmodieren der Totenmesse verhießen: »Ich glaube, daß mein Erlöser lebt; am Jüngsten Tag werde ich auferstehen in meinem Fleische und werde Gott, meinen Retter erschauen ...«

Mit Sugers letztem Atemzug zerriß das Band zwischen Ludwig und Eleonore, das nur durch seinen hartnäckigen Willen bis dahin noch gehalten hatte. Um die ihr zugedachte Rolle hinzunehmen, hätte Eleonore eine Resignation aufbringen müssen, die ganz im Widerspruch zu ihrem Charakter gewesen wäre. Ludwig seinerseits hatte wohl auch allmählich genug von der Frau, die ihm so weit überlegen war.

Inzwischen flammten die Feindseligkeiten in der Normandie

wieder auf. Der König hatte noch weiteren Ärger mit seinem angevinischen Vasallen bekommen; in diese ganzen Verwicklungen spielten, wie immer in der Feudalzeit, noch die verschiedensten persönlichen Bindungen mit hinein. Aus ungeklärten Gründen war Gottfried von Anjou (Geoffroy le Bel) mit Ludwigs Seneschall im Poitou, einem gewissen Giraud Berlai, aneinandergeraten. Drei Jahre lang hatte dieser ihm, im sicheren Schutz seiner stark befestigten Burg Montreuil-Bellay, Widerstand geleistet. Schließlich wurde es Gottfried zu bunt: Mit Hilfe von kochendem Öl und rotglühenden Pfeilen unternahm er einen Sturm auf einen der Stützbalken des Bergfrieds. Der Turm und die ganze Burg gingen in Flammen auf; Giraud, seine Familie und seine Kriegsleute flohen vor dem Feuer und kamen zu allen Ausgängen heraus wie Schlangen aus einer Höhle. Giraud wurde gefangengenommen. Als Vergeltung griff der König die Festung Arques in der Normandie an und nahm sie binnen kurzem ein. Alsbald kam Eustache, der Sohn des Stephan von Blois, eilends über das Meer, um den König von Frankreich in nicht ganz uneigennütziger Weise gegen Stephans Rivalen Heinrich der Normandie zu unterstützen. Es war nicht abzusehen, wie weit sich diese schwelenden Feindseligkeiten noch ausbreiten würden. Suger war ja nicht mehr da, um beide Parteien anzuhören und die Kampfhähne miteinander zu versöhnen.

Da erhob sich über aller Zwietracht die Stimme des großen Bernhard von Clairvaux. Er ermahnte den König und seine Barone, einen neuen Friedensversuch zu machen, und bot sich als Schiedsrichter an.

Was sich in diesem Sommer am französischen Hof abspielte, muß für die Zeitgenossen ziemlich verwirrend gewesen sein. Es begann mit einer dramatischen Szene: Vor den Augen einer großen Menschenmenge, wie sie bei jedem Auftreten Bernhards von Clairvaux zusammenlief, betrat der fromme Abt das Stadtschloß und wurde vom französischen König respektvoll und mit großen Ehren empfangen. Nach ihm kam der Plantagenet, Geoffroy le Bel, mit seinem Sohn, dem jungen Herzog der Normandie. Gottfried trug seinen Beinamen zu Recht, wenn man einer Reimchronik der Zeit glauben darf: er war

> tüchtig und klug und verwegen:
> »ein Ritter von hohem Wuchs, stark und schön,
> es gab keinen trefflicheren Fürsten als ihn.«

Er stand mit neununddreißig in der Blüte seiner Jahre und hatte seine Tüchtigkeit und Tapferkeit im Orient bewiesen, als er seinen König auf dem Kreuzzug begleitete. Aber man sagte auch von ihm, er sei hart, herrschsüchtig und jenen »Anfällen von schwarzer Galle« unterworfen, die man gemeinhin den Leuten aus Anjou nachsagt. Die Edelleute, die an dieser feierlichen Zusammenkunft teilnahmen (darunter Raoul von Vermandois), sollten bald eine Probe davon bekommen. Gottfried hatte Giraud Berlai, wie ein Verbrecher in Ketten gefesselt, mit nach Paris gebracht. Das war ein Affront sowohl gegen den König wie gegen die Kirche. Er war ja exkommuniziert worden, weil er an einen königlichen Beamten Hand angelegt hatte, während sein Lehnsherr noch auf dem Kreuzzug war. Die Auseinandersetzungen mit Giraud hatten nämlich begonnen, bevor der König nach Frankreich zurückgekehrt war.

Bernhard von Clairvaux ergriff das Wort. Er bot Gottfried an, den über ihn verhängten Kirchenbann aufzuheben, wenn er bereit wäre, Giraud freizulassen. Darauf gab Gottfried eine Antwort, die alle Anwesenden aufs äußerste empörte: »Ich weigere mich, meinen Gefangenen freizulassen. Wenn es ein Fehler ist, einen Gefangenen festzuhalten, will ich dafür keine Absolution!«

»Hütet Euch, Graf von Anjou«, sagte darauf Bernhard, »Ihr werdet mit dem gleichen Maß gemessen werden, mit dem Ihr meßt!«

Aber der Graf hatte bereits, gefolgt von seinem Sohn, den Saal verlassen. Den Anwesenden verschlug es die Sprache. Giraud trat zu Bernhard von Clairvaux und bat ihn um seinen Segen. »Nicht mein Schicksal beklage ich«, sagte er, »sondern ich beweine die Meinen, die mit mir sterben werden.«

»Fürchte nichts«, versetzte Bernhard, »sei sicher, daß Gott dir und den Deinen helfen wird, früher als du zu hoffen wagst.«

In den folgenden Tagen ging ein seltsames Gerücht um: Gottfried von Anjou, der sich nicht gescheut hatte, dem König die Stirn zu bieten und in Gegenwart von Bernhard von Clairvaux gotteslästerliche Reden zu führen, hätte Giraud freigelassen. Und mehr noch, sein Sohn Heinrich habe angeboten, für die Normandie den Lehnseid abzulegen. Die Lage, die so unentwirrbar erschienen war, klärte sich plötzlich ohne einen Schwertstreich. Tatsächlich fand schon wenige Tage später die feierliche Belehnung statt. Manche sahen darin ein von Abt Bernhard veranlaßtes Wunder. Andere äußerten die Vermutung, daß an dem Ausgang der Verhandlungen die Königin nicht ganz unbeteiligt sei. Tatsache war, daß in der Normandie wieder Friede einkehrte. Gottfried und Heinrich Plantagenet zogen sich in die Grafschaft Anjou zurück.

Ein weiteres, ebenso unvorhergesehenes Ereignis trat auf ihrer Rückreise ein. Als sie an einem Tag, wo es drückend heiß war, auf der Höhe von Château-du-Loir angekommen waren, wollte Gottfried unbedingt im Fluß baden. Am gleichen Abend packte ihn ein Fieber, und wenige Tage später, am 7. September, starb er; alle Heilmittel hatten versagt.

Im Spätherbst unternahmen Ludwig und Eleonore einen gemeinsamen Ritt nach Aquitanien, begleitet von einem großen Gefolge von Klerikern und aquitanischen und französischen Adligen; Geoffroy de Rancon und Hugues de Lusignan waren dabei, ebenso auch Thierry Galeran und Guy de Garlande. Manche sahen darin ein Zeichen für eine erneute Annäherung zwischen König und Königin; andere, die anscheinend besser informiert waren, wiegten die Köpfe und meinten, dieser Ritt werde sicherlich der letzte sein, bei dem sie nebeneinander zu sehen wären. Seit dem Tode Sugers hatte sich die Kluft zwischen Ludwig und Eleonore allerdings immer mehr vertieft. Noch hielten sie zu Weihnachten gemeinsam Hof in Limoges, an Mariä Lichtmeß in Saint-Jean d'Angel. Auf den Gütern und Schlössern, die zu Eleonores Hausmacht gehörten, wurden überall die Franzosen durch Aquitanier ersetzt. Dann wandten sich die Ehegatten nach Beaugency und verbrachten dort die letzten Augenblicke ihres gemeinsamen Lebens. Denn nunmehr verkündete ein Konzil unter dem Vorsitz des Erzbischofs von Sens die Nichtigkeit ihrer fünfzehn Jahre zuvor in Bordeaux geschlosenen Ehe.

Eleonore nahm Abschied und erklärte dabei, sie wolle sich in ihre Erblande zurückziehen, die ihr als ihr persönlicher Besitz zurückgegeben wurden, wie es der Brauch war. Unverzüglich brach sie mit einigen Getreuen nach Poitiers auf.

Es war der erste Frühlingstag des Jahres 1152. Aber die schöne Jahreszeit war noch nicht vorüber, als eine aufregende Nachricht den französischen Hof erreichte: Eleonore hatte sich wieder verheiratet. Sie hatte Heinrich Plantagenet, den Grafen von Anjou und Herzog der Normandie, geehelicht.

8
Heinrich Plantagenet

Joves es domna que sap onra paratge,
Et es joves per bos fachs, quan los fa;
Joves se te quan a adrech coratge
E ves bo pretz avol mestier non a.
Bertran de Born

Bei dem, was Eleonore während ihrer Rückreise nach Poitiers erlebte, muß sie alle Ängste einer von einer Meute gejagten Hindin durchgemacht haben oder sich vorgekommen sein wie eines der jungen Mädchen in den bretonischen Märchen, die von Riesen verfolgt werden.

Als sie das Konzil von Beaugency verließ, hatte sie nur ein kleines Gefolge bei sich. Sie wandte sich nach Blois. Die Zufahrtsstraßen zur Stadt waren sehr belebt; es war der Tag vor Palmsonntag, und überall plünderte man die Bäume, um sich Zweige für die festliche Prozession zu holen und um die Häuserwände zu schmücken. Vermutlich plante Eleonore, in einem der Klöster der Stadt, vielleicht Saint-Lomer, Station zu machen. Aber irgendwie bekam sie Wind, daß ihr Gefahr drohe. Bedienstete des Schlosses mochten mit ihren Leuten geschwatzt haben. Vielleicht hatte man auch ungewöhnliche Ansammlungen von Gewappneten in der Nähe des Schlosses bemerkt, das ein früherer Graf von Blois mit dem sehr unsympathischen Namen Thibaud der Betrüger erbaut hatte. Jedenfalls erfuhr Eleonore, daß der junge Graf, der jetzt dort residierte, auch ein Thibaud, vorhabe, sie mit Gewalt zu entführen und zu seiner Frau zu machen. Ohne sich weiter über die Frechheit dieses Zweitgeborenen aufzuregen (Thibaud war der jüngere Sohn jenes Thibaud von Champagne, dem sie bei der Heirat ihrer Schwester entgegengetreten war), gab Eleonore mitten in der Nacht das Zeichen zum Aufbruch und verließ Blois beim Mondenschein. Wahrscheinlich dachte sie bei sich, dieser Thibaud sollte besser Thibaud der Betrogene heißen.

Damit waren aber ihre Leiden noch nicht zu Ende. Vorsichtig geworden, schickte sie ein paar Knappen voraus, um den Weg zu erkunden, denn sie hatte erfahren, daß man ihr in Port-de-Piles, wo sie die Creuse überschreiten würde, eine Falle stellen wollte. Sie mußte also ihre Route nochmals ändern und beschloß nun, statt dessen die Vienne in einer Furt nördlich vom Zusammenfluß mit der Creuse zu überqueren, und beschleunigte ihre Reise, um so schnell wie möglich nach Poitiers zu kommen. Endlich, kurz vor Ostern, tauchten die schützenden Mauern auf, und die junge Herzogin konnte das Fest hier in völliger Geborgenheit verleben.

In Poitiers angekommen, konnte sie über ihre verschiedenen Abenteuer schon wieder lachen. Und wer war nun der zweite, der es gewagt hatte, gegen ihre Person ein Komplott zu schmieden? Und der sich ihrer bei Port-de-Piles bemächtigen wollte? Der junge Gottfried von Anjou – auch er ein Nachgeborener! Er war der zweite Sohn des unglücklichen, so früh dahingegangenen Geoffroy le Bel: ein Junge von sechzehn Jahren, der auch gern das väterliche Erbe angetreten hätte. Aber sein älterer Bruder Heinrich war offensichtlich entschlossen, ihm nur einen mageren Anteil zu überlassen.

Und so war die ehemalige Königin von Frankreich auf dem kurzen Weg von Beaugency nach Poitiers zweimal hintereinander beinahe in eine Falle gegangen. Was sollte das geben, wenn sie, um ihre Länder zu verwalten, ihren traditionsgemäß recht unruhigen Vasallen entgegentreten und gegen die Widerspenstigsten notfalls zu Felde ziehen mußte?

In diesen festlichen Apriltagen, als die poitevinische Hauptstadt alles aufbot, um ihre heimgekehrte Herzogin würdig zu empfangen, gab es ein geheimnisvolles Kommen und Gehen von allerhand Sendboten. Der Frühling stand in vollster Blüte, als am Morgen des 18. Mai die Glocken der Kathedrale von Saint-Pierre erklangen und aller Welt verkündeten, daß Eleonore, Herzogin von Guyenne und Gräfin von Poitou, nun auch Gräfin von Anjou und Herzogin der Normandie werde.

Die Vorbereitungen für die Hochzeit waren in aller Heimlichkeit getroffen worden. Auch die Hochzeit selbst wurde nicht so glanzvoll gefeiert, wie es der Würde der neuen Ehegatten entsprochen hätte. Sie hatten wohlweislich davon Abstand genommen, die Bannscharen ihrer Vasallen zusammenzurufen, wie man es bei anderen Gelegenheiten sicher gemacht hätte. Nur die engsten Vertrauten nahmen an dem Festmahl im großen Saal des Schlosses von Poitiers teil. Das neuvermählte Paar befand sich nämlich in einer heiklen Situation, und niemand wußte das besser als die beiden selbst. Schließlich hatte Eleonore, kaum zwei Monate nachdem ihre erste Ehe für nichtig erklärt worden war, einen Vasallen des gleichen Königs von Frankreich geheiratet, den sie eben verlassen hatte. Obendrein hätte sie selbst, wie jeder Vasall, vor der Hochzeit die Billigung ihres obersten Lehnsherrn einholen müssen: Sie hatte natürlich allen Grund gehabt, diese Formalität zu unterlassen. Wenigstens waren sie und ihr neuer Gemahl so klug, ihrer Hochzeitsfeier kein auffallendes Gepränge zu geben.

Wer war nun eigentlich dieser Gatte, den sich Eleonore auserwählt hatte? Denn diesmal ist sie es, die gewählt hat. Alles deutet darauf hin, daß sie diese Heirat gewollt hat und daß die ersten Pläne dafür schon während des Aufenthalts der Plantagenets in Paris aufgetaucht sind. Das war im August 1151; von diesem Zeitpunkt an wird über die Annullierung ihrer ersten Ehe diskutiert, und mit dem zunächst recht ablehnenden Erzbischof von Sens werden die ersten Verhandlungen gepflogen. Wilhelm von Newburgh, einer der bestinformierten Chronisten der Zeit, betont ausdrücklich, Eleonore habe sich von Ludwig trennen *wollen*, und dieser habe auch *zugestimmt*.

Wenn er allerdings vorher gewußt hätte, welchen Ausgang Eleonore der Angelegenheit zu geben gedachte, hätte er sicher nicht eingewilligt. Sie muß äußerst vorsichtig vorgegangen sein; das beweist die allgemeine Überraschung bei den Zeitgenossen. Einige wollen sogar behaupten, Eleonores Konnex mit den Angevinern reiche weiter zurück als bis zu den Unterhandlungen jenes stürmischen Sommers, als der hl. Bernhard sich zum Apostel des Friedens machen mußte; sie deuten an, Eleonore hätte vorher schon Geoffroy le Bel »gekannt«. Sie konnte ihm tatsächlich im Orient begegnet sein, da er ja seinen Lehnsherrn auf dem Kreuzzug begleitete. Das reicht aber selbstverständlich nicht aus, um daraus auf intimere Beziehungen zu schließen. Dieser Vorwurf, der sich auf keinerlei Beweise stützt, scheint reine Verleumdung zu sein.

Aber daß Eleonore sich den Sohn von Geoffroy le Bel bewußt auserwählt hat, steht außer Zweifel.

Er war zehn Jahre jünger als sie; Eleonore näherte sich den Dreißigern, während der am 5. März 1133 geborene Heinrich noch nicht zwanzig war. Man weiß jedoch, daß die Königin damals eine strahlende und voll erblühte Schönheit war; andererseits wirkte Heinrich wahrscheinlich älter, als er war. Schon zu dieser Zeit handelt er wie ein reifer Mensch, führt Kriege und zeigt sich als wahrer Herrscher. Im Privatleben hat er bereits zwei illegitime Kinder, die nach der Sitte der Zeit sehr sorgfältig am königlichen Hof erzogen werden. Heinrich ist ein gutaussehender Mann von mittlerer, aber sehr muskulöser Gestalt; wie alle Angeviner hat er rotblondes Haar und graue, etwas hervortretende Augen, die blutunterlaufen sind, sobald er in Zorn gerät. Auch er hat die in seiner Familie üblichen »Anfälle von schwarzer Galle«, die man besser nicht provoziert. Er ist ein in allen Leibesübungen sehr gewandter, aber auch ein sehr gebildeter Fürst, was übrigens eine Familientradition ist. Einer seiner Vorfahren, Fulko der Gute *(Foulques le Bon)*, wurde durch die folgende Botschaft an den König von Frankreich bekannt:

> »Dem König der Franken vom Grafen der Angeviner:
> Wißt, Herr, ein ungebildeter König ist ein gekrönter Esel.«

Er hatte nämlich gehört, daß man sich in der Umgebung des Königs über seine Bildung lustig machte, die eher zu einem Kleriker passe, und über seine Art, das Latein wie ein Mönch zu singen.

Heinrichs Vater Geoffroy le Bel schöpfte seine Kenntnisse über Kriegskunst unmittelbar aus Vegetius. Auch Heinrich konnte Lateinisch und sprach mehrere Fremdsprachen, »alle Sprachen zwischen dem Meer von Frankreich (Atlantik) und dem Jordan«, versicherten seine Vertrauten, nicht ohne Übertreibung. Die Langue d'oc, das Südfranzösische, beherrschte er auf alle Fälle. In seiner Jugend hatte er namhafte Lehrer gehabt: zuerst einen Magister Pierre de Saintes, der in der Dichtkunst besser Bescheid gewußt haben soll als alle seine Zeitgenossen. Mit neun Jahren wurde Heinrich von seinem Vater, dessen Blicke ja immer auf England gerichtet waren, nach Bristol geschickt. Dort bekam er einen anderen Gelehrten als Erzieher, Magister Mathieu, den Kanzler seiner Mutter Mathilde. Als Heinrichs Gefährtin würde Eleonore mit ihrer Vorliebe für Dichtkunst und Literatur auf ihre Kosten kommen.

Schließlich war Heinrich auch von hoher Abkunft. Das ist nicht unwichtig in einer Zeit, wo man selten den einzelnen von seiner Gruppe oder den Mann von seiner Sippe getrennt betrachtet. Er ist der Enkel jenes Fulko von Anjou, der ein so merkwürdiges Schicksal hatte: Mit vierzig Jahren, in der Blüte seiner Kraft, verließ dieser Mann, der eine der reichsten Grafschaften des Königreiches beherrschte und gerade seinen Sohn mit der englischen Thronerbin verheiratet hatte, sein Land und alle seine Besitztümer, um sich nur noch der Verteidigung des Heiligen Landes zu widmen. Später heiratete er jene Königin Melisande, die 1148 die Kreuzfahrer in Jerusalem empfing. Der junge Balduin III., auf dem zur Zeit die Hoffnung der lateinischen Reiche ruhte, war sein Sohn. Im Jahre 1143 setzte ein Jagdunfall Fulkos heldenhaftem Leben ein jähes Ende. Und erst ein Jahr später wagte Gouverneur Zenghi, Edessa anzugreifen.

Der Vollständigkeit halber sei noch angefügt, daß sich unter Heinrichs Vorfahren auch der berüchtigte Fulko der Schwarze – Nerra – befand. Dieser entsprach zu Beginn des elften Jahrhunderts ganz und gar dem Bild, das unsere Geschichtsbücher von den Raubrittern zeichnen (das Beispiel ist so selten, daß man es wirklich erwähnen muß): Er war brutal, wild und dafür bekannt, daß er alles umbrachte, was sich ihm entgegenstellte, daß er Städte brandschatzte und Klöster plünderte. Dreimal wurde ihm als Buße eine Pilgerfahrt nach Jerusalem auferlegt. Da er in seiner Reue aber ebenso maßlos war wie bei seinen Übeltaten, begab er sich beim letzten Mal in Jerusalem mit nacktem Oberkörper zum Heiligen Grab. Vor den Augen der verblüfften Muselmanen ließ er sich dort von zwei Dienern geißeln, die dabei ausrufen mußten: »Herr, empfange den bösen Fulko, Grafen von Anjou, der Dich verraten und verleugnet hat! Christus, schau herab auf seine reuige Seele!«

Das sind Heinrich Plantagenet und seine Vorfahren. Es ist schwer zu entscheiden, ob sich Eleonore nur von politischen Erwägungen leiten ließ, als sie ihn zu ihrem Gemahl erwählte. Daß sie auf die Dauer nicht allein bleiben konnte, bewiesen ja schon die beiden Überfälle, die auf dem Weg von Beaugency nach Poitiers auf sie verübt wurden. In einer Zeit, wo der Lehnsträger eigenhändig die unerläßlichen polizeilichen Maßnahmen ergreifen mußte, erforderte die Verteidigung eines Lehens die Gegenwart eines Mannes, der selbst das Kettenhemd zu tragen und das Schwert zu führen vermochte. Die Güter der Grafen von Anjou waren denen der Herzöge von Aquitanien benachbart. Auch das hat vermutlich bei Eleonores Entschluß eine Rolle gespielt: Es mußte für ihre ehrgeizige Phantasie doch sehr verlockend sein, daß sie beide zusammen nunmehr fast den ganzen Westen Frankreichs, das riesige Gebiet vom Ärmelkanal bis zu den Pyrenäen, beherrschen würden (da Heinrich ja auch Herzog der Normandie war).

Zweifellos hat Eleonore aber auch an dem Mann Heinrich Gefallen gefunden; sie war viel zu sehr Frau, als daß sie nicht von seiner Männlichkeit und Körperkraft angezogen gewesen wäre. Sie war verliebt in ihn; das sieht man an vielen Einzelheiten, eigentlich an ihrem ganzen weiteren Leben.

Was Heinrich betrifft, so wird der bedeutende Gebietszuwachs, den Eleonore ihm brachte, gewiß viel zu seinem Entschluß beigetragen haben. Es wäre aber doch wohl ein Irrtum, wollte man ihm bei dieser Heirat nur ehrgeizige Berechnung unterstellen. Die schöne Königin von Frankreich, die durch den Nimbus ihrer Abenteuer womöglich noch attraktiver wurde, konnte einen so leidenschaftlichen Mann wie Heinrich schon betören. Der Altersunterschied wird bei ihrer Eheschließung noch kaum eine Rolle gespielt haben. Im Gegenteil, frühreif wie er war, wird Heinrich mehr Wert auf eine reife, erfahrene Frau gelegt haben als auf ein naives junges Mädchen. Im übrigen trafen sie sich in ihrem Ehrgeiz und verstanden sich darin vollkommen. Heinrich hielt an seinen Ländern ebenso fest wie Eleonore an den ihren: Bei ihren Expansionsbestrebungen unterstützten sie sich gegenseitig. Während der ganzen Zeit, da sie ein Herz und eine Seele waren, ergänzten sie sich großartig und bildeten ein vollkommenes Paar. Beide blickten sie in die gleiche Richtung, und gemeinsam entfalteten sie eine fruchtbare Aktivität in jeder Hinsicht. Das ist genau, was Eleonore sich gewünscht hat. Als Dreißigjährige ist sie nicht mehr das frivole junge Mädchen, sondern eine Frau, die ihr eigenes Leben leben will. Wenn Wilhelm von Newsbury sagt, sie habe diese Ehe gewollt, weil sie besser zu ihrem Wesen paßte als ihre erste Erfahrung, muß man das in dem ganzen starken Wortsinn verstehen, den der Chronist in den von ihm gewählten Ausdruck gelegt hat: *magis congruus.* Als sie Heinrich begegnete, hatte sie endlich den Mann gefunden, den sie brauchte.

Sehr aufschlußreich sind die Dokumente, die uns von Eleonore aus der Zeit ihrer zweiten Eheschließung überliefert sind. Sie zeigen, wie sie sich beeilt, die Vergangenheit zu vergessen, um sich mit glühendem Eifer in die neuen Möglichkeiten zu stürzen, die sich ihr eröffnen. Sie wird wieder Herzogin von Aquitanien; zugleich wird sie aber auch Angevinerin. Sie verteilt Gunstbezeigungen an verschiedene Ritter ihres Gefolges, sehr wahrscheinlich an diejenigen, die ihr geholfen haben, freizukommen, und die sie auf dem gefahrvollen Weg nach Poitiers begleiteten. Unter anderen ernennt sie Saldebreuil de Sanzay, den Konnetabel von Aquitanien, zu ihrem Seneschall. Dies war kein festumrissenes Amt – das gab es kaum in der damaligen

Zeit –; in der Hauptsache bestand es darin, den Oberherrn dort zu vertreten, wo er nicht selbst anwesend sein konnte. Der Seneschall war der »Alte« unter den Vertrauten, der *senescallus* (der »Seigneur« selbst war der »Ältere«, *senior*). Selbstverständlich befand sich unter denen, die anläßlich der Hochzeit beschenkt wurden, auch Eleonores Oheim, der ergebene Raoul de Faye, der Bruder des Vizegrafen von Châtellerault.

Auch die Klöster ihres Landes überhäuft Eleonore mit Geschenken. In den Urkunden, die sie bei solchen Gelegenheiten diktiert, legt sie Wert darauf, sich als Nachfahrin der Herzöge von Aquitanien zu bezeichnen, auf die sie sehr stolz ist. Acht Tage nach ihrer Hochzeit, am 26. Mai 1152, erklärt sie bei der Durchreise durch Montierneuf den Mönchen, daß sie ihnen alle Privilegien bestätige, die ihnen »von ihrem Urgroßvater, ihrem Großvater und ihrem Vater« gegeben wurden. Auch ihr früherer Gemahl, der König von Frankreich, hatte ihnen Schenkungen gemacht, aber davon spricht sie nicht ... Am folgenden Tag weilt sie in Saint-Maixent, und auch da erklärt sie, bei der Erwähnung der verschiedenen Privilegien, die sie dem Kloster einräumt: »Ich, Eleonore, von Gottes Gnaden Herzogin von Aquitanien und der Normandie, vereint mit Heinrich, dem Herzog der Normandie und Grafen von Anjou ...« Und dann wird sie noch deutlicher: »Als ich neben dem König von Frankreich Königin war, hat der König der Abtei den Wald von La Sèvre geschenkt, und auch ich habe diesen Wald geschenkt und abgetreten; dann bin ich durch das Urteil der Kirche von dem König geschieden worden und habe meinerseits die Schenkung zurückgenommen. Aber auf den Rat von weisen Männern und auf die Bitte des Abts Pierre habe ich diese Schenkung, die ich früher ungern gemacht hatte, aus freien Stücken erneuert ... nachdem ich mit Heinrich, dem Herzog der Normandie und Grafen von Anjou, verbunden bin.«

Aber am meisten erfahren wir über sie und ihre Gefühle bei ihrer zweiten Heirat aus der Urkunde, die sie einige Tage später für die Abtei Fontevrault diktiert. Wie die meisten Schriftstücke, die von Eleonore ausgehen, hat auch diese Charta einen persönlichen Akzent; der dürftige bürokratische Stil, der in den alten Kanzleien üblich war, gefiel ihr offenbar gar nicht. Es ist ein rührendes Dokument, weil sich Eleonore darin bewegt zeigt; gewiß ist es auch das erstemal, daß man Rührung an ihr wahrnehmen kann (vielleicht mit Ausnahme des Gesprächs mit dem hl. Bernhard in Saint-Denis). Ihre Fähigkeit, zu lieben und

Gefühle zu empfinden, war wohl bis dahin noch nicht erweckt worden. Jetzt spürt man ihr Glücksgefühl und die Freude auf das neue Dasein mit den vielfältigen Aussichten, die sich ihr eröffnen; man hört das sogar aus der sehr zurückhaltenden Ausdrucksweise heraus: »Nachdem ich wegen der nahen Verwandtschaft von meinem Herrn Ludwig, dem illustren König von Frankreich, getrennt und durch Heirat mit meinem sehr edlen Herrn Heinrich, Grafen von Anjou, vereint worden bin, habe ich, einer göttlichen Eingebung folgend, gewünscht, den Heiligen Orden der Jungfrauen von Fontevrault zu besuchen. Durch die Gnade Gottes habe ich diese meine Absicht verwirklichen können. Ich bin also mit Gottes Hilfe hierher nach Fontevrault gekommen und habe die Schwelle des Hauses überschritten, wo sich die Nonnen versammeln. Hier habe ich, mit bewegtem Herzen, alles bewilligt, zugestanden und bestätigt, was mein Vater und meine Vorfahren Gott und der Kirche von Fontevrault geschenkt haben, insbesondere das Almosen von fünfhundert Sous in poitevinischer Münze, das Herr Ludwig, König von Frankreich, zur Zeit, als er noch mein Gemahl war, und ich gegeben haben.«

Die Abtei Fontevrault und die in Eleonores Charta erwähnte Äbtissin Mathilde haben im Leben der Königin eine ganz besondere Rolle gespielt. Deshalb sollte man einen Augenblick bei dem Kloster verweilen, so wie sie es selbst in den ersten Tagen ihrer neuen Ehe tat. Denn die Geschichte dieses Hauses ist eng mit ihrer eigenen Geschichte verknüpft, und auch über die Äbtissin, die damals die Geschicke des Klosters lenkte, wird einiges zu sagen sein.

Zur Zeit von Eleonores Besuch war der Orden von Fontevrault noch ganz jung. Sein Gründer Robert d'Arbrissel war erst vor etwa dreißig Jahren gestorben – eine der interessantesten Gestalten des ausgehenden elften Jahrhunderts, dieser Epoche einer außergewöhnlichen religiösen Erweckung. Zunächst lebte er als Einsiedler im Wald von Craon; dann kamen auch zu ihm Schüler, wie zu vielen anderen Frommen jener Zeit, und bald strömte das Volk in Scharen herbei, um sich bekehren zu lassen. Der Orden von Fontevrault bezeigte den gleichen Glaubenseifer wie die von Robert de Molesmes angestrebte Reform und viele andere ähnliche Ansätze; er unterscheidet sich jedoch durch die Eigenart der späteren Klostergründungen. Robert errichtete nämlich gemeinsame Männer- und Frauenklöster, meist auf dem gleichen Grund und Boden, bloß durch einen hohen Zaun getrennt. Mönche und Nonnen kamen nur in der Kirche zusammen. Wenn eine Nonne die Sterbesakramente brauchte, trug man sie auf einer Bahre in die Kirche, wo sie die letzte Ölung empfing. Das ganze Doppelkloster unterstand einer Äbtissin. Ihr gegenüber mußten sich die Mönche so verhalten wie Johannes der Evangelist, dem Christus am Kreuz seine Mutter anvertraute. Daß ein Mönchskloster von einer Frau geleitet wurde, scheint damals keine Schwierigkeiten bereitet zu haben. Robert d'Arbrissel wünschte, daß die zu diesem hohen Amt berufene Äbtissin möglichst eine Witwe sei, eine mütterliche Frau. Die Äbtissin war die *domina*, die Dame, die hohe Frau – genaugenommen dasselbe auf religiöser Ebene wie die »Dame«, die im gleichen Zeitalter von Generationen von Troubadouren besungen und verehrt wurde. Die erste von Robert ausgewählte Äbtissin war Pétronille de Chemillé, eine mit zwanzig Jahren verwitwete, durch Schönheit und Geist ausgezeichnete Frau. Zahlreiche vornehme Damen hatten sich ihr angeschlossen; darunter war auch eine sehr berühmte Büßerin (es war im Jahre 1114, vierzig Jahre bevor Eleonore in Fontevrault empfangen wurde; ein paar Nonnen dürften sie noch gekannt haben). Es war jene Bertrade de Montfort, für deren skandalöses Liebesverhältnis mit König Philipp I. ganz Frankreich mit dem Kirchenbann belegt worden war.

Auf Pétronille folgte 1149 Mathilde von Anjou, die Äbtissin, die im Jahre 1152 Eleonores Besuch empfing. Sie hatte ein trauriges Leben gehabt. Als Tochter von Fulko, dem späteren König von Jerusalem, war sie eine Tante von Heinrich Plantagenet. Sie fühlte sich schon in ihrer frühen Jugend zum Klosterleben hingezogen und nahm mit elf Jahren in Fontevrault den Schleier. Aber auf Fulkos inständige Bitten verließ sie das Kloster wieder und heiratete Wilhelm Adelin, den Sohn und Erben von Heinrich Beauclerc, dem König von England. Kurz darauf, im Jahre 1120, war ihr Gemahl bei dem tragischen Untergang der »Blanche-Nef« vor Barfleur umgekommen. Es war eine sehr traurige Geschichte: Wilhelm hatte zusammen mit seinem Bruder, seiner Schwester und einer fröhlichen Schar jugendlicher Gefolgsleute in Barfleur das Schiff bestiegen. Ein ehemaliger Steuermann Wilhelms des Eroberers hatte um die Ehre gebeten, es führen zu dürfen. Mathilde befand sich mit ihren Schwiegereltern auf einem anderen Schiff. Wie es nun eigentlich geschah, weiß niemand. Die beiden Schiffe segelten nach England, als mitten in der Nacht plötzlich Schreie laut wurden. Darüber regte sich weiter niemand auf, weil man ja wußte, daß die jungen Leute an die Schiffsbesatzung Wein austeilen und die Überfahrt recht lustig gestalten wollten. Indessen war die »Blanche-Nef« auf eine Klippe gelaufen und sofort gesunken. Der Steuermann konnte sich zunächst retten; als er aber sah, daß alle Königskinder ertrunken waren, stürzte er sich wieder ins Meer. Nur ein einziger Überlebender konnte später von dem Unglück berichten. Heinrich Beauclerc hat seinen Kummer nie verwunden; niemand sah ihn mehr lachen. Mathilde war nach Fontevrault zurückgegangen und wurde ein paar Jahre danach von den Nonnen zur Äbtissin gewählt.

Schon in dieser Urkunde verrät Eleonore die Vorliebe für Fontevrault, die sie sich ihr ganzes Leben lang erhielt. In andern Dokumenten nennt sie Mathilde liebevoll »Meine Tante«, *amita mea*, womit sie das verwandtschaftliche Verhältnis ihres Gemahls zu Mathilde übernahm. Im übrigen zeigt ihre erste Charta, was für einen tiefen Eindruck der Besuch in Fontevrault auf sie gemacht haben muß. Mathilde, die unter so dramatischen Umständen zum Dienst des Herrn gekommen war – »vom König der Angeln zum König der Engel«, sagte ein Zeitgenosse –, schien ihrer Aufgabe durchaus gewachsen. Sie war zwanzig Jahre lang Äbtissin, und in dieser Zeit konnte Eleonore die Kirche von Fontevrault beinahe schon in der heutigen architektonischen Form sehen: ein majestätisches Kirchenschiff mit prächtigen Kapitellen und unter den vier Kuppeln von Licht durchflutet. Vielleicht hat Eleonore auch schon die berühmte Klosterküche bewundern können, ein Meisterwerk funktioneller Konstruktion. Sie hatte einen großen Kamin in der Mitte und zwanzig kleinere an den Seiten, wodurch eine einwandfreie Entlüftung gesichert war. Ein in der Mitte liegender Herd lieferte, ohne störende Hitze und lästige Rauchentwicklung, ständig Glut für die verschiedenen Unterküchen: die der Mönche und die der Nonnen, die für die Kranken und die für die durchreisenden Gäste. Allein im Gästehaus konnten fünfhundert Personen untergebracht werden; doch an manchen Tagen war es für die vielen Besucher und für die Pilger, die hier Zuflucht fanden, noch zu klein.

Heinrich und Eleonore verbrachten die ersten Wochen ihrer Ehe in Aquitanien. Vermutlich waren sie so mit sich beschäftigt, daß sie kein Auge für die Weinernte hatten, um die es, ebenso wie im vergangenen Jahr, sehr schlecht bestellt war. So schlecht, daß in ganz Frankreich Bier getrunken wurde, »was seit Menschengedenken nicht vorgekommen ist«, bemerkt dazu ein Annalenschreiber erbittert. Ganz Schlaue versuchten, nach alten Rezepten Met zu brauen.

Ein südfranzösisches Lied aus dieser Zeit scheint so eindeutig von der Lebensgeschichte Eleonores, »der Königin eines Apriltages«, inspiriert, daß man sich gut vorstellen kann, wie es überall, wo sie auftauchte, gesungen wurde und wie von Poitou bis zur Gironde die Burschen und Mädchen danach tanzten:

»Beim Einzug der hellen Frühlingszeit – heia,
um wieder Freude zu finden
und den Eifersüchtigen zu ärgern,
will die Königin uns zeigen
daß sie so verliebt ist.«

Und der Refrain ist in aller Munde:

»Fort mit Euch, Eifersüchtiger!
Laßt uns tanzen, ganz unter uns!«

9
Die Eroberung eines Königreiches

Quar de guerra ven tart pro et tost dan
E guerra fai mal tornar en peior;
En guerra trop, per qu'ieu non la volria,
Viutat de mal, et de ben carestia.
Aimeric de Pegulhan

Zuerst war Ludwig bestürzt, daß man ihn so zum Narren gehalten hatte, und fühlte sich in seiner Würde gekränkt. Dann war er entsetzt über das Ausmaß der Katastrophe. Schließlich beruhigte er sich. Für ihn als Ehemann war es natürlich eine harte Demütigung, daß die Frau, die er so geliebt hatte, sich knapp zwei Monate nach ihrer Trennung wieder verheiratete. Als König mußte er es jedoch unerträglich finden, daß sie ausgerechnet Heinrich Plantagenet erwählt hatte. Denn damit war fast der ganze Westen des Reiches, von der Bresle bis zu den Pyrenäen, in einer Hand; in einer Hand, von der man wußte, daß sie ihre Beute nicht so leicht wieder losließ. Alle Bemühungen seines Vaters und seiner Vorfahren hatten darauf abgezielt, die Macht unter den Vasallen aufzuteilen, damit der König immer den überlegenen Schiedsrichter spielen konnte. Die beiden größten Mächte waren bisher einerseits das mit Blois vereinigte Haus Champagne, auf der anderen Seite das Haus Anjou gewesen. Und die Könige von Frankreich hatten aufmerksam darüber gewacht, daß sich ja nicht die eine Waagschale auf Kosten der anderen senke. Aber jetzt waren die schrecklichen Angeviner mit einem Schlage sowohl Herren der Normandie als auch der begehrten poitevinischen Länder und der reichen Guyenne geworden, deren Herzogskrone er noch vor wenigen Monaten selber getragen hatte. Ludwig muß sich sehr einsam vorgekommen sein; es war leer um ihn geworden. Seine besten Ratgeber waren gestorben: Nacheinander hatte er Thibaud von Champagne, Raoul von Vermandois und vor allem den unersetzlichen Berater, den Vater des Reiches, Abt Suger, verloren. Er hätte lieber, auch noch nach dessen Tode, seine so oft wiederholten Ratschläge befolgen sollen: allen Groll zu vergessen und das Wohl des Reiches höher zu stellen als das eigene. Von den fünfzehn Jahren seiner Ehe, die so verheißungsvoll begonnen hatte, blieben ihm nur seine beiden Töchter Marie und Alix. Zwei Töchter. Hätte Eleonore ihm einen Sohn geschenkt, so hätte er um jeden Preis versucht, sie auf dem Thron von Frankreich zurückzuhalten. Wahrscheinlich hatte aber die Furcht, er werde doch nie einen Thronerben bekommen, viel dazu beigetragen, daß er schließlich nachgegeben hatte und zuließ, daß die Frage der zu nahen Verwandtschaft aufs Tapet gebracht wurde.

Angesichts der neuen Situation rief Ludwig in aller Eile einen Rat zusammen, der dann auch den Verstoß gegen die Feudalsitten feststellte: Eleonore hätte ohne die Erlaubnis ihres obersten Lehnsherrn keine Ehe eingehen dürfen. Sie und Heinrich wurden daher aufgefordert, am Hofe des Königs von Frankreich zu erscheinen. Es steht zu vermuten, daß die beiden diese Aufforderung nicht einmal beantworteten. Heinrich plante, demnächst mit seiner Mutter Mathilde in England zusammenzutreffen, und war am Johannistag gerade in Barfleur dabei, sich einzuschiffen, als die Bombe platzte: Empört darüber, daß sein normannischer Vasall seinen Befehlen nicht Folge geleistet hatte, fiel Ludwig VII. in die Normandie ein. Inzwischen war es ihm auch noch gelungen, Heinrichs jüngeren Bruder Gottfried auf seine Seite zu ziehen. Es hatte allerdings wenig Mühe gekostet, denn Gottfried erhob Erbansprüche auf Anjou. In seiner Wut darüber, daß sein Bruder offenbar das gesamte väterliche Erbe für sich behalten wollte, fachte er in den angevinischen Ländern überall Aufstände an.

Nun erwies es sich, daß Heinrich Plantagenet auch auf dem Schlachtfeld ein würdiger Sohn seiner Väter war. In aller Eile verließ er Barfleur und nahm die ihm treu gebliebenen normannischen Barone mit. In knappen sechs Wochen, zwischen Mitte Juli und Ende August, nahm er Neufmarché wieder ein, das vor den Truppen des Königs kapituliert hatte, zog nach Pacy, wo sich die beiden Gegner zu kurzen Scharmützeln trafen, und säuberte dann das ganze Gebiet, indem er bis zu den Städtchen Brezolles, Marcouville und Bonmoulins vordrang und sie an der Grenze zwischen seinem Land und Frankreich als Garnisonen ausbaute. Dann wandte er sich gegen seinen Bruder, unterwarf Anjou und zwang Gottfried, der sich auf die Feste Montsoreau zurückgezogen hatte, dazu, um Gnade zu bitten. Ludwig VII. versuchte inzwischen, unterstützt von seinem Bruder, dem Grafen von Dreux, ein etwas schwaches Ablenkungsmanöver in Richtung auf Verneuil. Die Kriegshandlungen zogen sich in die Länge, bis schließlich der französische König genug hatte; er fühlte sich auch krank. Darum tat er den ersten Schritt zu Friedensverhandlungen, die von allen Seiten mit Erleichterung begrüßt wurden, vor allem von den Bischöfen der abgetrennten Gebiete, die ihren Gemeinden weitere Plünderungen und Verwüstungen ersparen wollten.

Jetzt hatte Heinrich freie Hand. Er kehrte zu seiner Gemahlin zurück und schiffte sich im darauffolgenden Januar wieder nach England ein, mehr denn je entschlossen, dort seine Rechte geltend zu machen, für die seine Mutter Mathilde noch immer mit beispielloser Zähigkeit kämpfte. Er weilte noch dort, als ihn eine glückliche Nachricht erreichte: Am 17. August 1153 hatte Eleonore ein Kind, einen Sohn, zur Welt gebracht, dem sie nach poitevinischer Tradition den Namen Wilhelm gab: Es war der Name ihres Vaters und ihrer Vorväter gewesen.

Und Heinrich war sicher mit der Wahl dieses Namens einverstanden, denn er war ja auch der Name des Eroberers.

Es regnete unaufhörlich. Sturmgepeitschte Wellen schlugen an die Küste. Seit fast einem Monat hatte der Sturm kaum einmal nachgelassen. Der Hafen von Barfleur war vollgestopft mit Schiffen, die an der Reede tanzten. Hafen und Stadt quollen über von Menschen und Tieren. Ritter und Knappen, Schreiber und Soldaten, Matrosen und Hafenarbeiter drängten sich in den Unterkünften. Alles wartete auf den Moment, wo Proviant und Waren geladen werden konnten, wo man die Tragtiere an Bord nehmen und in See stechen konnte. Jeder prüfte den Himmel in der Hoffnung, er würde heller werden, aber es blieb alles hoffnungslos grau in grau: der Nebel an der Küste, der Regen auf den Häusern aus Granit und das dräuende Meer.

Heinrich nahm den Aufruf der Elemente als persönliche Herausforderung; jetzt, wo er kurz davor stand, sich die so lange ersehnte Krone von England aufs Haupt zu setzen, schob sich dies Unwetter, das er nicht einkalkuliert hatte und wogegen weder Waffen noch List etwas ausrichten konnten, wie eine Wand zwischen ihn und das ersehnte Ziel. In den letzten zwei Jahren war alles zu seinem Vorteil ausgeschlagen; alle Wege hatten ihm offengestanden, einen seit langem gehegten und äußerst zäh verfolgten Plan seines Geschlechtes zu verwirklichen. Aus dem über fünfunddreißig Jahre dauernden Wettstreit zwischen den Häusern Anjou und Blois war er als Sieger hervorgegangen. Übrigens zweifelte er seit dem Tage, wo er zum erstenmal nach seiner Heirat wieder auf englischem Boden stand, nicht mehr daran, daß er vom Glück begünstigt sei. Denn als er am 6. Januar 1153, dem Epiphaniastag, eine Kirche betreten hatte, stimmte der Priester gerade den Choral des Tages an: »Siehe, da kommt der König, der Sieger.«

Es war ein glückliches Vorzeichen gewesen, und alle folgenden Ereignisse bestätigten das. Mit einer Handvoll Männern bemächtigte sich Heinrich sehr schnell der Stadt Malmesbury, während König Stephan von Blois in aller Eile Truppen zusammenzog. Stephan war in dem Lande, wo er – durch seine Mutter Adele von Blois Enkel des Eroberers – Ansprüche auf die Krone erhob, keineswegs beliebt. Er war gezwungen, in Flandern Söldner anzuwerben; weil sie brandschatzten und plünderten, waren sie bei den englischen Bauern sehr verhaßt.

Tagelang lagen sich die beiden Rivalen und ihre Truppen bei strömendem Regen an den beiden Ufern der Themse gegenüber. Da aber keiner von beiden den gefährlich angeschwollenen Fluß zu überschreiten wagte, war Stephan in ziemlich kläglicher Verfassung nach London zurückgekehrt, während Heinrich sich anschickte, die Burg Wallingford zu entsetzen, wo flandrische Banden einen seiner Anhänger belagerten. Stephan von Blois, dem die Dinge über den Kopf gewachsen waren, streckte Friedensfühler aus. Er war krank, und sein Sohn Eustach, dem die Krone bestimmt war, scheint ein ziemlich kümmerlicher und allgemein verhaßter Bursche gewesen zu sein. Stephans anderer Sohn, Wilhelm, war ein Bastard und daher von der Thronfolge ausgeschlossen; außerdem besaß er weder Ehrgeiz noch irgendwelche Fähigkeiten. In die Friedensverhandlungen schalteten sich Stephans eigener Bruder, der Bischof von Winchester, und der Erzbischof von Canterbury ein. Worauf Eustach, aus Zorn darüber, daß Abmachungen getroffen werden sollten, die nur zu seinen Ungunsten ausfallen konnten, sich an den Erzbischof von Canterbury hielt und in blinder Wut dessen Ländereien verwüstete. Alles was er auf seinem Weg antraf, brannte er nieder, Bauernhütten, Kirchen, Klöster – so lange, bis er bei Saint-Edmunds plötzlich erkrankte und wenige Tage später zur allgemeinen Erleichterung verschied.

Nun entschloß sich König Stephan, der kaum mehr Unterstützung fand, doch dazu, freiwillig den unvermeidlichen Schritt zu tun: Am 6. November 1153 erkannte er Heinrich Plantagenet feierlich als seinen Thronerben an.

Eine Versammlung von englischen und normannischen Baronen ratifizierte in Winchester die Akte, durch die in England endlich der Frieden einziehen sollte. Hin- und hergerissen zwischen den beiden Parteien hatte es allzu lange in Kriegszustand leben müssen. Als Stephan und Heinrich einen Monat später Seite an Seite in der City von London einzogen, bewies der allgemeine Jubel, mit welcher Erleichterung das Volk und auch der Adel dieses Bündnis begrüßte. Jetzt brauchte Heinrich nur noch darauf zu warten, daß durch den Tod Stephans der Weg zum Thron für ihn frei wurde.

Im Frühjahr kehrte er auf das Festland und zu Eleonore zurück und nahm den Thronerben in Augenschein, den sie ihm geschenkt hatte. Gemeinsam verbrachten sie das Osterfest in der Normandie, wo Eleonore in Rouen zum erstenmal mit Königin Mathilde, ihrer Schwiegermutter, zusammentraf. Mathilde war eine Persönlichkeit, die weniger Sympathie als Bewunderung erregte; aber sie genoß ein hohes Ansehen. Sie hatte das Heilige Römische Reich Deutscher Nation regiert, jedoch später nur noch für das Ziel gelebt, das Erbe ihres Großvaters, Wilhelms des Eroberers, wiederzuerrichten. Ihr ganzes Leben lang hatte sie diesseits und jenseits des Ärmelkanals dafür gekämpft, daß ihr Sohn Heinrich eines Tages König von England würde. Dieser Tag war jetzt nahe. Wenn Heinrich dieses Ziel erreichte, so verdankte er es im wesentlichen dem aufopferungsvollen Einsatz seiner Mutter.

Sie sollten nicht mehr lange zu warten haben. Schon in den ersten Novembertagen des Jahres 1154 erschienen Boten in Rouen und meldeten den am 25. Oktober erfolgten Tod des Königs Stephan. So sollte Eleonore also wieder eine Krone erhalten, die mindestens ebenso begehrenswert war wie die, auf die sie zwei Jahre vorher verzichtet hatte. Heinrich hatte alsbald Befehl gegeben, alles zur Abreise vorzubereiten. Seine Mutter ließ er in der Normandie zurück. Er selbst begab sich nach Barfleur, begleitet von Eleonore, dem kleinen Wilhelm und einem eilig zusammengerufenen Gefolge, bestehend aus seinen beiden Brüdern Gottfried und Wilhelm und den einflußreichsten Baronen und Bischöfen der Normandie.

Und nun verzögerte ein Sturm, der kein Ende nehmen wollte, seine Abreise. Die Elemente stellten sich zwischen den zukünftigen König und sein Reich.

Aber Heinrich war ein Mann, der vor nichts zurückschreckte. Am Abend des Nikolaustages – Nikolaus ist der Schutzheilige der Seeleute und der Reisenden – gab er plötzlich Befehl, daß am nächsten Morgen die Anker gelichtet werden sollten. Nach einer irrsinnigen Seefahrt durch Nebel und turmhohe Wellen, die einen Tag und eine Nacht dauerte, landeten die Schiffe, in verschiedenen Häfen verstreut, aber heil und unversehrt an der Südküste von England. Heinrich und Eleonore, die unweit Southampton an Land gegangen waren, wandten sich nach Winchester, der Stadt, wo der Kronschatz aufbewahrt wurde. Ihre Reisegefährten stießen einer nach dem andern zu ihnen. Die Nachricht von der Ankunft des Königs, den sozusagen der Sturm herübergetragen hatte, verbreitete sich mit Windeseile im ganzen Land. Sie erregte überall Erstaunen; darunter mischte sich Furcht bei denen, die bis zuletzt die Sache des verstorbenen Königs vertreten hatten. Aber noch größer war der Jubel. Für das Volk bedeutete der Name Heinrich den Frieden. Die kühne Art und Weise, wie er, allen Elementen zum Trotz, auf englischem Boden gelandet war, mußte diesem Volk von Seefahrern natürlich noch besonders gefallen haben. Immer dichter werdende Menschenmengen säumten den Weg, den das neue Herrscherpaar nach London nahm. Unter allgemeiner Begeisterung zogen Heinrich und Eleonore in London ein, wo unverzüglich die Vorbereitungen für ihre Krönung getroffen wurden. In der Westminsterabtei, die ein Jahrhundert vorher König Eduard der Bekenner errichtet hatte, wurden am Sonntag, dem 19. Dezember 1154, Heinrich und Eleonore mit der Königskrone gekrönt, die sie sich gegen Wind und Sturmfluten erobert hatten.

Wie um die Thronerhebung des englischen Königspaares durch die Aussicht auf eine gesunde und festverwurzelte Dynastie zu bestätigen, wurde ihm am darauffolgenden 28. Februar ein zweiter Königssohn geboren. Inmitten einer Schar von hohen geistlichen Würdenträgern taufte ihn in der Westminsterabtei Erzbischof Thibaud von Canterbury, der auch ein paar Wochen vorher das Herrscherpaar zu Königen gesalbt hatte. Das Kind erhielt den Namen Heinrich; ein Name, der schon jetzt ruhmreich war.

10
Königin von England

Domma, vostre sui e serai,
Del vostre servizi garnitz.
Vostr' om sui juratz e plevitz,
E vostre m'era des abans.
E vos etz lo meus jois primers,
E si seretz vos lo derrers,
Tan com la vida m'er durans.
Bernart de Ventadorn

Die zehn folgenden Jahre sind für Eleonore Jahre des Glanzes. Als Frau und als Königin kann sie sich voll entfalten und ein intensives, ganz ihrem Wesen angemessenes Leben führen. Sie, die sich in ihrer Jugendzeit für unfruchtbar gehalten hatte, schenkt ihrem Gemahl weitere sechs Kinder und trägt die Last ihrer verschiedenen Mutterschaften mit heiterer Gelassenheit. Ihr ältester Sohn Wilhelm starb im Juni 1156 im Alter von drei Jahren und wurde in Reading begraben. Kurz darauf kam in London eine Tochter zur Welt, die zu Ehren der Königin-Mutter Mathilde getauft wurde. Im folgenden Jahr wurde am 8. September 1157 in Oxford ein dritter Sohn, Richard, geboren, und wieder ein Jahr darauf, am 23. September 1158, Gottfried. Dann kommen zwei Töchter; der einen gibt Eleonore ihren eigenen Namen; sie wurde 1161 in Domfront geboren und erhielt als Paten den Abt vom Mont Saint-Michel, Robert de Thorigny, der in seinen Annalen besonders liebevoll von ihr spricht. Die andere, Johanna, wurde 1165 in Angers geboren und das letzte Kind, Johann, am 27. Dezember 1166 in Oxford.

Es sieht nicht so aus, als hätten diese vielen und dicht aufeinanderfolgenden Geburten Eleonores Tätigkeitsdrang irgendwie beeinträchtigt. Wenn man ihre Reisewege zusammenstellt, ist man im Gegenteil verblüfft über die häufigen Ortswechsel, die ihr Leben bestimmen: Dauernd kreuzt sie über den Kanal, durchreist die Normandie, Poitou, Aquitanien, kehrt wieder nach England zurück, taucht bald in Oxford, bald in Winchester oder Salisbury auf, fährt wieder zum Festland, reist erneut übers Meer, und so geht es immer weiter. Allerdings gehören diese ständigen Ortswechsel zum Lebensstil der damaligen hohen Herren, und erst recht der Könige. Sie müssen von einer

Residenz zur anderen ziehen; einmal, um überall für Ordnung zu sorgen und Recht zu sprechen, zum anderen, um an Ort und Stelle ihre Revenuen zu verzehren. Wir stellen uns diese Epoche gern statisch, unbewegt vor; aber sie ist im Gegenteil eine Zeit, in der man rasch und leicht aufbricht und viel unterwegs ist. Man braucht nur daran zu denken, welche ungeheure Zahl von Pilgern damals die Straßen bevölkerte und wie viele Beziehungen sich über ganz Europa hinweg anknüpften. Schon im elften Jahrhundert heiratete der Enkel von Hugo Capet eine russische Prinzessin. Man darf auch nicht vergessen, daß die Wasserwege damals leichter zu befahren waren als die Landwege: Es war nichts Außergewöhnliches, über den Ärmelkanal zu segeln, der für alle Welt nur ein »Kanal« ist, das heißt ein Transportweg und keine Schranke. Man kann eigentlich sagen, daß England erst sehr viel später zu einer »Insel« wurde, erst lange nach der Feudalzeit, am Ausgang des Mittelalters.

Für Eleonore kam hinzu, daß der Lebensrythmus an der Seite eines Heinrich Plantagenet sowieso beschleunigt war. Sowohl aus persönlicher Veranlagung wie auch zur Festigung seiner Macht führte er ein wesentlich unruhigeres Leben als die meisten seiner Zeitgenossen. Es wurde allgemein behauptet, die Angeviner seien rastlos; bei ihm war diese Rastlosigkeit sogar Methode. Denn bereits in den ersten Monaten seiner Regierung bewies der junge Mann von zweiundzwanzig Jahren einen ausgesprochenen Sinn für die Macht und zeigte sie, als er kreuz und quer durch das von der früheren Regierungszeit her in Anarchie verfallene England reiste. Schon zu Lebzeiten Stephans hatte er, um das Volk für sich zu gewinnen, eine aufsehenerregende Geste gemacht: Seine eigenen Truppen wurden angewiesen, den Bauern die Beute zurückzugeben, die sie während eines Feldzuges gegen die Barone in der Umgebung von Oxford gemacht hatten. Dazu sagte Heinrich, er sei »nicht hergekommen, um Raubzüge zu veranstalten, sondern um das Gut der Armen vor der Raublust der Großen zu schützen«. Solche Sprache hatte man schon lange nicht mehr vernommen. Unter der früheren Regierung hatten sich die Barone uneingeschränkte Freiheiten angewöhnt, und die vom König angeworbenen flandrischen Söldner lebten davon, daß sie die Bewohner des Landes ausplünderten.

Heinrich nahm die Herrschaft über England kräftig in die Hand. Drei Monate nach der Krönung unternahm er eine Inspektionsreise, um persönlich festzustellen, wie seine Sheriffs

Recht sprachen. Seitdem war er dauernd unterwegs; immer trug er Reisekleidung, was ihm sehr bald den Beinamen *Court Mantel*, »Kurzmantel« eintrug, weil der kurze Mantel zum Reiten der geeignetste war. Selten war er behandschuht, außer wenn er auf die Falkenjagd ging. Einer seiner Vertrauten, Pierre von Blois, hat später in seinen Briefen sehr amüsant darüber berichtet, wie hektisch es in Heinrichs Umgebung zuging und wie er seinen Hofstaat in ständiger Alarmbereitschaft hielt. Nie wußten seine Leute, wo sie am folgenden Tag sein würden. »Wenn der König gesagt hat, am andern Morgen werde man zeitig in die und die Stadt aufbrechen, so kann man sicher sein, daß er bis zum nächsten Mittag schläft. Läßt er aber bekanntgeben, er habe die Absicht, in Oxford oder sonstwo mehrere Tage zu bleiben, dann ist gewiß, daß er im Morgengrauen des folgenden Tages aufbricht.« Und dann beschreibt Pierre, wie im Schloßhof die Männer des königlichen Gefolges ganze Vormittage herumdösen, die Pferde gesattelt, die Wagen angeschirrt, alle auf den Augenblick wartend, wo die wohlbekannte Gestalt im kurzen Mantel, in hohen Stiefeln und Filzkappe auftauchen würde. Worauf dann eine fieberhafte Tätigkeit entfaltet wird, ein großes Durcheinander entsteht, die Knappen eilends das Pferd des Königs herbeiführen, die Kutscher die Zügel ergreifen und die Stallknechte von einem zum andern laufen. Oder aber Heinrich steht beim ersten Hahnenschrei auf, und dann ist auch der ganze Hofstaat in Aufruhr; dann läuft man, um die Herren des Gefolges zu wecken, dann werden im Dunkel der Nacht da und dort Fackeln angezündet, und vom Hof schallt der Lärm herauf, wenn die Troßknechte die hastig gestriegelten Pferde herausführen.

Heinrich war besessen von seiner Macht und beschäftigte sich von morgens bis abends mit seinen Staatsgeschäften. »Er sitzt nie, außer zu Pferde«, schreibt Pierre von Blois, »oder wenn er seine Mahlzeiten einnimmt. Es kann vorkommen, daß er an einem Tag einen Ritt unternimmt, der vier- oder fünfmal länger ist als ein gewöhnlicher Tagesritt.« Mit der Zeit fiel es ihm immer schwerer, länger an einem Ort zu verweilen. Selbst in der Kirche, beim Gottesdienst, konnte er sich nicht enthalten, ab und zu aufzustehen und nervös hin- und herzulaufen. Er blieb nur ruhig, wenn er schlief – aber er schlief wenig. Pierre de Blois berichtet dann weiter: »Während die anderen Könige sich in ihren Schlössern ausruhen, kann er seine Feinde überraschen und verwirren und dabei alles in Augenschein nehmen.« Tatsächlich hatte es Heinrich bei allen seinen Feldzügen der letzten drei Jahre verstanden, den Gegner dadurch zu demoralisieren, daß er unvermittelt vor einer Burg auftauchte, von der er wußte, sie war schlecht befestigt. Oder er ritt Tag und Nacht und schnitt damit einem Feind, der ihn noch fern glaubte, den Weg ab. Auch in Friedenszeiten sollte ihm dieses System Erfolg bringen. So tauchte er manchmal unerwartet in einer zum königlichen Besitz gehörenden Stadt auf und ließ sich sogleich die Steuerrollen vorlegen (die Steuern gingen zu der Zeit noch sehr unregelmäßig ein). Dann bestellte er zu ungewohnter Stunde den Sheriff des Ortes und nahm persönlich scharfe Kontrollen vor. Andererseits war Heinrich aber auch sehr auf seine Popularität bedacht und hörte sich immer geduldig jeden an, der eine Klage vorzubringen hatte. Manchmal verhielt er mitten in der Menge sein Pferd, um einfache Leute an sich herankommen zu lassen. Dann konnte er leutselig und aufgeschlossen sein.

Diese glühende Energie wird gewiß auch Eleonore sehr geschätzt haben, die sich an der Seite ihres ersten Gemahls oft gelangweilt haben muß. Auch Ludwig war fleißig, aber doch sehr viel bedächtiger, und neigte im ganzen mehr zur Beschaulichkeit als zum Handeln. Es war ein gewaltiger Unterschied zwischen der gemütlichen, fast patriarchalischen Lebensweise am französischen Hof und dem straff organisierten Regierungsstil, den Heinrich in England einführte, wobei er manche Ein richtungen seines Großvaters Heinrich Beauclerc und seiner normannischen Vorfahren wiederaufleben ließ. Damals war England wesentlich zentralisierter als das französische Königreich, und die Normannen, diese geborenen Administratoren, übertrugen das Verwaltungssystem, das sie zuerst auf ihrem festländischen Lehensbesitz entwickelt hatten, ohne Schwierigkeiten auf das englische Herrschaftsgebiet. Eine Zeremonie, die zweimal im Jahr, zu Ostern und am Michaelistag, vollzogen wurde, versinnbildlichte diese straffe Organisation, dank derer die englischen Könige »modernere« Herrscher waren als der König von Frankreich, ihr oberster Lehnsherr auf dem Festland. Das waren die Sitzungen des höchsten Finanzgerichts, der Oberrechnungskammer, des *Exchequer*. Entweder in London oder in Winchester, wo sich die königliche Schatzkammer befand, mußte eine Unmenge kleiner Beamter zur Rechnungslegung vor einer Art Finanztribunal erscheinen. Dieses Gericht setzte sich aus hohen Adligen und Kirchenfürsten, soweit sie durch ihre weltlichen Lehnsgüter Vasallen des Königs waren, zusammen. Die Sitzungen fanden in einem großen Saal statt, in dem ein langer, mit einem schwarz-weiß karierten Tuch bedeckter Tisch stand; weil er wie ein Schachbrett aussah, nannte man in *Exchequer.* Die bedeutendsten Mitglieder des Gerichtshofes nahmen am oberen Ende des Tisches auf Sesseln Platz. Heimlich flüsterte man, die meisten seien nicht imstande, den Vorgängen zu folgen, die sich vor ihren Augen abspielten. »Viele von denen, die dort sitzen, schauen zu, aber sehen nichts, hören zu, aber verstehen nichts«, sagte man in scherzhafter Abwandlung des Bibelzitates. Vor ihren Augen waren indessen der Schatzmeister und sein Schreiber, unterstützt von zwei Kämmerern und zwei Rittern, damit beschäftigt, auf Kerbhölzern die empfangenen Geldsummen einzuschnitzen und die Rechenmarken auf dem Tisch zu verteilen, der als Rechentafel diente. Die gleiche Marke bedeutete einen Denier oder auch zehntausend Pfund, je nachdem ob sie am Anfang oder am Ende der sieben Reihen lag, in die der Tisch aufgeteilt war. Auf diese Weise wurden die Abrechnungen der Sheriffs nachgeprüft. Wenn dann die Kontrolle durch die Großen des Reiches vollzogen war, das heißt durch den Kanzler, den obersten Friedensrichter, den Konnetabel und den Marschall, wurde das Geld in Truhen verstaut. Währenddessen war ein ganzes Heer von Schreibern damit beschäftigt, die ermittelten Rechnungsbeträge auf Pergamentrollen zu übertragen. Die englische Macht beruhte ebenso auf dieser genauen Buchführung wie auf der Überwachung der oft unbotmäßigen Barone. Die meisten von ihnen konnte der König einigermaßen zügeln, weil sie drüben in der Normandie Schlösser und Güter besaßen, die wiederum von der unermüdlichen alten Königin Mathilde kontrolliert wurden.

In alledem mußte Eleonore ein gefestigtes Königtum erblikken, dessen Ordnung und Schwung sie wohl zu schätzen wußte. Sie nimmt auch selbst an der Verwaltung des Landes teil. Sie fertigt in ihrem eigenen Namen oder stellvertretend für den König Akten aus. Zu wiederholten Malen teilen Heinrich und Eleonore die Regierungsgewalt über die verschiedenen Provinzen unter sich auf: Die Königin bleibt in England, wenn Heinrich in die Normandie gerufen wird, oder sie residiert ihrerseits in Anjou, in Poitiers oder Bordeaux, während Heinrich seine insularen Besitzungen inspiziert. Manchmal sind Zahlungsanweisungen im Namen der Königin und des Friedensrichters ausgefertigt; das war neben dem Kanzler der wichtigste Posten in der Regierung und damals mit Richard de Lucé besetzt. Zuweilen gehen diese Anordnungen aber auch nur im Namen der Königin heraus. Sie spricht Recht, und die Urkunden, die ein Kanzlist, Magister Mathieu – vermutlich Heinrichs ehemaliger Lehrer –, für sie verfaßt, haben einen sehr bestimmten Ton. Sie diktiert zum Beispiel zugunsten der Mönche von Reading, die sich bei ihr darüber beschwert haben, daß man ihnen unberechtigterweise Land weggenommen habe, folgenden Brief an den Vizegrafen von London, einen gewissen Jean Fitz Ralph: »Die Mönche von Reading haben bei mir Klage geführt, man habe ihnen ungerechterweise in London Äcker weggenommen, die ihnen Richard Fitz B. vermacht habe, als er Mönch wurde ... Ich befehle Euch, unverzüglich nachzuforschen, ob es sich so verhält, und, wenn die Angelegenheit sich als richtig herausstellt, den Mönchen alsbald ihr Land zurückzugeben. So daß ich in Zukunft keine Klagen über Mangel an Recht und Gerechtigkeit mehr hören muß; ich dulde nicht, daß sie ungerechterweise etwas verlieren, was ihnen gehört. Seid gegrüßt.« Bei einer anderen Gelegenheit beklagt sich der Abt von Abingdon darüber, daß gewisse ihm geschuldete Dienstleistungen nicht abgelegt worden wären (es handelt sich offenbar um den Kirchenzehnt oder verschiedene Frondienste). Dazu schreibt Eleonore: »Den Rittern und den Männern, die Äcker und Meiereien vom Kloster Abingdon haben, meinen Gruß. Ich befehle, daß Ihr nach Recht und Gerechtigkeit und ohne Aufschub dem Abt Vauquelin von Abingdon die Dienste leistet, die Eure Vorfahren dem Kloster zur Zeit unserer Vorfahren, des Königs Heinrich, des Großvaters unseres Herrn König, geleistet haben; und wenn Ihr es nicht tut, so werden die Gerichtsbarkeit des Königs und die meine Euch dazu zwingen.«

Als Lehnsherrin hat sie in der damaligen Zeit vielfache Aufgaben: Sie muß allenthalben Recht sprechen und zu diesem Zweck bei den feierlichen Hoflagern, die jedes Jahr, meist zu Weihnachten, in einer anderen Stadt des Königreiches stattfinden, an der Seite des Königs sitzen. Oft ist es in Westminster, aber auch manchmal in Bordeaux, Cherbourg, Falaise oder Bayeux. Außerdem muß sie sich Rechnung legen lassen, zum Beispiel vom Markt in Oxford, von den Zinnminen, von denen der König einen Zins erhebt, oder von einer Mühle, die sie in Woodstock besitzt.

Diese Rechungen werden heute noch in der Form von wertvollen Rollen – den *rolls* – in den englischen Archiven aufbewahrt. Im Public Records Office in London sind sie liebevoll in kleinen Kästchen geordnet. Sie enthalten allerhand interessante Hinweise über die Ausgaben der Königin und verraten dabei manches über ihre Person und ihren Geschmack. Oft wird da nichts weiter vermerkt, als daß einundvierzig Pfund acht Sous und sieben Deniers für etwas bezahlt wurden, was leider sehr ungenau mit *conroi* der Königin bezeichnet wird; ein unbestimmbarer Ausdruck, den man etwa mit »Ausrüstung« übersetzen könnte. Darunter kann man ebensogut die Verpflegungskosten für sie und ihr Gefolge verstehen als auch die Tragtiere und das Pferdegeschirr, das gebraucht wurde. Manchmal werden bei diesen *conroi* auch noch besondere Ausgaben erwähnt, zum Beispiel der Ankauf von Mehl oder Wein. Aber oft tauchen auch präzisere Angaben auf. In einer der ersten Rechnungen, in denen die Königin ausdrücklich erwähnt wird, erscheint der Kauf von Öl für ihre Lampen; ähnliche Angaben kehren auf den Rollen, die aus ihrer Regierungszeit stammen, häufig wieder. Man kann sich gut vorstellen, wie entsetzt Eleonore, die Tochter des Südens, über die Beleuchtung in den englischen Schlössern gewesen sein muß. Da gab es nur Kerzen aus Unschlitt oder in besser ausgestatteten Wohnsitzen solche aus Wachs. Deshalb ließ sie aus ihrer aquitanischen Heimat Öl kommen, dessen Licht milde flackert und das keinen unangenehmen Geruch verbreitet. Ebenso häufig wird auch der Kauf von Wein für die Königin erwähnt; das läßt darauf schließen, daß sich die Tochter Aquitaniens niemals an Bier hat gewöhnen können. »Das beste Bier kann's dem Wein nicht gleichtun«, sagt ein zeitgenössisches Sprichwort. Durch die Käufe der Königin angeregt, steuerten schon damals Weinhändler aus Guyenne die englischen Häfen an, sehr zum Nutzen der Bordelaiser Winzer und zur größten Freude der Inselbewohner. Man hat ausgerechnet, daß in England im dreizehnten Jahrhundert je Kopf der Bevölkerung mehr Wein getrunken wurde als heutzutage.

Zu den ersten Einkäufen der Königin gehörten Leinwand für Tischtücher, dazu Kupferkessel, Kissen und Vorhänge. Wahrscheinlich hat sie die alten Räumlichkeiten ein bißchen verwandelt, sie freundlicher, aber auch luxuriöser ausgestattet. Der Palast von Westminster war bei Ankunft des königlichen Paares derart verwahrlost, daß man nicht darin wohnen konnte. Deshalb wurde einige Tage nach der Krönung die weihnachtliche Hofhaltung in einer anderen Residenz, in Bermondsey, untergebracht. Auch dieser Name ist heute noch erhalten; er bezeichnet einen alten Stadtteil Londons, gegenüber dem Tower auf dem anderen Ufer der Themse. Hier lag auch die London Bridge, die lange Zeit die einzige Brücke über den Fluß war.

Recht bald stattete Eleonore die königliche Tafel so üppig aus, wie sie es sich seit ihrem Aufenthalt in Konstantinopel erträumt hatte. Sie kaufte Gold, um ihr Tafelgeschirr und die Bestecke vergolden zu lassen. Häufig ließ sie sich zur Verfeinerung der Küche aus fernen Ländern Gewürze schicken, Pfeffer, Kümmel und Zimt; besonders aber Mandeln, aus denen sich köstliches Gebäck herstellen ließ, die jedoch auch für die Schönheitspflege verwendet wurden. In den Kosmetikrezepten jener Zeit wird Mandelmilch sehr oft empfohlen. Auch Weihrauch für den Gottesdienst in der Palastkapelle wurde eingeführt; er war in London sehr wichtig wegen der üblen Gerüche, die der Nebel mit sich brachte.

Welchen Eindruck mochte dieser erste Aufenthalt in England wohl auf die Südfranzösin gemacht haben, die sich im Sturmwind auf lehmigen, vom Regen ausgewaschenen, grundlosen Wegen bis in die City von London durchschlagen mußte, um gekrönt zu werden? Vielleicht hat sie dabei manchmal an die lieblichen Uferlandschaften der Garonne oder auch an die sanften Hügel der Seine zurückgedacht, obwohl Melancholie ihrem Charakter fernlag und sie nur den Wunsch hatte, zu herrschen. Dabei suchte sie unbewußt wohl die Genugtuung dafür, daß sie auf eine sichere Krone verzichtet hatte, ohne zu wissen, ob sie eine andere finden werde. Vor Schwierigkeiten schreckte sie nie zurück, das zeigt die Geschichte ihres Lebens. Vielleicht war sie sogar, genau wie Heinrich Plantagenet, stolz darauf, dem Sturm getrotzt zu haben. Als sie später – bis zur Geburt ihres Sohnes Heinrich – recht zurückgezogen in Bermondsey lebte, fand sie großen Gefallen an dem lebhaften Verkehr, der rings um die London Bridge auf der Themse herrschte und Reichtum und Macht verhieß. Auf breiten flandrischen Schiffen wurden Säcke mit Wolle und Ballen von Tierhäuten verladen. Barken mit Zinnerz verließen London, um auf dem jahrhundertealten Seeweg ins Mittelmeer zu fahren. In den Docks und Lagerhäusern an den Ufern der Themse roch es nach Teer und getrockneten Fischen. Das war ein ganz anderes Bild als etwa im Hafen von Bordeaux, wo die leichtgewichtigen und kostbaren Güter des Orients, Gewürze, Essenzen und wertvolle Stoffe, ankamen. Die englischen Kaufleute waren abenteuerlustig. Manche segelten furchtlos bis nach Kleinasien.

England war arm an Wäldern, Wein und Obst, dafür aber hatte es viele Schafe und war reich an Bodenschätzen. Da es in der Guyenne genau umgekehrt war, ergänzten sich Eleonores Besitztümer auf das beste. Als sie nach der Geburt ihres Sohnes Heinrich in der saftigen grünen Hügellandschaft von Surrey inmitten der von Vogelsang erfüllten Hecken den ersten englischen Frühling erleben konnte, mag ihr erst zu Bewußtsein gekommen sein, welche ungeheuren Schätze dieses von Schottland bis zu den Pyrenäen reichende Königreich in sich barg.

Auch das englische Volk wird der jungen Königin sympathisch gewesen sein; denn die damaligen Engländer werden zwar als gelegentliche Träumer, vor allem aber als fröhliche Gesellen und trinkfeste Männer geschildert. Aber etwas fehlte ihnen; sie begegneten ihren schönen Frauen nicht mit den höfischen Sitten, die schon lange das Leben im Poitou bestimmten. Es gab zwar in diesem Land herrliche Erzähler, die Troubadoure jedoch, ihre verliebte Poesie und ihre Verherrlichung der Frauen, das *fin amor* mit seinen ausgeklügelten Regeln, waren noch unbekannt. Die englischen Barone waren zwar tapfer und bestanden die gefährlichsten Kriegstaten, aber sie mußten noch viel lernen, wenn sie dem männlichen Vorbild gleichkommen wollten, das die Dichter aus der Umgebung der Königin aufgestellt hatten, nämlich »zu den Damen höflich von der Liebe zu sprechen«. Eleonore traute sich zu, diese edle Kunst, die den Krieger erst zum Ritter macht, auch an den nebelumwogten Ufern der Themse einzuführen.

11
»Fin amor« im Schloß Tintagel

E s'eu sai ren dir ni faire
Ilh n'a a.l grat, que sciensa
M'a donat, e conoissensa,
Per qu'eu suis gais e chantaire
E tot quan fauc d'avinen
Ai del seu bel cors plazen.
Peire Vidal

Wenn es je einer verstanden hat, »zu den Damen höflich von der Liebe zu sprechen«, so ist es Bernart von Ventadorn gewesen. Man darf nun aber nicht hinter dem hübsch und adlig klingenden Namen einen großen Herrn oder hohen Ritter vermuten, wie es deren in Poitou und in der Gascogne so viele gab; die Burgen lagen ja kaum weiter als zwölf oder fünfzehn Kilometer voneinander entfernt, und man konnte folglich sehr adelsstolz sein, ohne deshalb mehr Einkünfte zu haben als heutzutage ein kleiner Unternehmer. Übrigens hat das Wörtchen »von« niemals den Adel bedeutet, besonders nicht im Mittelalter, wo es nur die Stadt oder die Landschaft bezeichnete, aus der der Betreffende stammte. Bernart von Ventadorn war auf dem gleichnamigen Schloß geboren; sein Vater war, aller Wahrscheinlichkeit nach, nur ein einfacher Leibeigener und seine Mutter »Bäckerin«, das heißt in der Backstube des Herrn von Ventadorn beschäftigt.

Das Milieu war für Dichtkunst sehr aufgeschlossen. Einer der Grafen von Ventadorn – der Vorname Eble vererbte sich bei ihnen vom Vater auf den Sohn – trug den Beinamen »der Sänger«; er war ein Zeitgenosse Wilhelms von Aquitanien, hatte aber nicht wie dieser das Glück, auf die Nachwelt zu kommen, denn alle seine Gedichte sind verlorengegangen. Seine Söhne haben jedenfalls von ihm den Sinn für die höfische Dichtkunst geerbt, wenn auch vielleicht nicht das Talent. Immer wieder sind die berühmtesten Troubadoure bei ihnen zu Gast, wie Bertran de Born oder Bernard Marti. Auch die Gräfinnen von Ventadorn waren sehr bemüht, Dichter heranzuziehen. Eine Gräfin Ventadorn war selbst Dichterin und tauschte mit dem Troubadour Guy d'Ussel *coblas* aus; es war die berühmte Marie von Turenne, die Frau von Eble V. und eine der *tres de Torena*, der drei Schwestern, die laut Bertran de Born für sich allein »die gesamte Schönheit der Erde« beschlagnahmt hatten.

In diesem kultivierten höfischen Milieu muß der junge Bernart frühzeitig seine dichterischen Gaben bekundet haben; er wurde trotz seiner niederen Herkunft in den engeren Kreis um das gräfliche Paar, Eble III. und seine Frau Alaiz von Montpellier, zugelassen. Wie jeder Troubadour richtete er seine Verse natürlich an die Schloßherrin, die »Dame«. Es waren wunderbare Gedichte voller Liebesglut – Bernart von Ventadorn ist sicher der größte Lyriker des französischen zwölften Jahrhunderts, jedenfalls in provenzalischer Sprache –, und man kann sich kaum vorstellen, daß so viel Leidenschaft nur literarisch gewesen sein soll. Jedenfalls wurde der Graf von Ventadorn eifersüchtig, und Bernart mußte eines schönen Tages seine limousinische Heimat verlassen. Das war ungefähr um die gleiche Zeit, als Eleonore ihre zweite Ehe schloß. Bernart war damals schon ein anerkannter Troubadour, sicher der faszinierendste von all denen, die von dem neuen höfischen Ideal durchdrungen waren. Er besang die Liebe, aber ebenso wie Marcabru nur den *fin amor* – nicht die sinnliche Leidenschaft, sondern die verfeinerte höfische Liebe, die den Liebenden dazu bringt, über sich selbst hinauszuwachsen, um jene überwältigende Freude, *joy*, zu erreichen, die ihm durch den bloßen Anblick der Dame oder die Erinnerung an sie zuteil wird.

Zunächst wußte Bernart nicht, wohin er sich wenden sollte. Gerade war Eleonore wieder in Poitiers eingetroffen. War sie nicht der Inbegriff der »Hohen Dame«, sie, einst Königin von Frankreich und jetzt »Königin der Normannen«? Sie wird den Dichter, der sich ohne falsche Scheu für den begabtesten Troubadour erklärte, sicher mit Freuden aufgenommen haben.

»Non es meravelha s'ieu chan
miehls de nulh autre chantador,
que plus mi tra.l cors ves amor
e miehls sui faitz a son coman.«

»Es ist kein Wunder, wenn mit mir
Kein Sänger sich vergleichen kann:
Denn Liebe zieht mich mächt'ger an
Und weit ergeb'ner bin ich ihr.«

Von nun an richtete Bernart seine Verse – und es sind die schönsten der provenzalischen Literatur – an die Königin Eleonore, die wirklich die höchste »Dame« des Abendlandes war und ihre Zeitgenossen zu einer ganzen Flora von Romanen und Gedichten inspirierte. Man weiß zwar nicht genau, ob es Eleonore ist, die Bernart unter der Bezeichnung *Mos Aziman* verherrlicht. Die Troubadoure versteckten den Namen der Dame, der sie huldigten, gern unter einem *senhal*, einem Decknamen; denn zur höfischen Liebe gehörte unbedingt Diskretion. Den Namen der Dame durfte man dem Leser um keinen Preis verraten, wie ein Schatz mußte er im Herzen des Dichters vergraben bleiben. *Aziman*, »Pol« oder »Leitstern«, paßt gut zu Eleonore. Einige von den Liedern, die an die geheimnisvolle, hinter dem *senhal* verborgene Gestalt gerichtet sind, deuten an, daß der Dichter damals in England im Dienst des Königs und von seiner Dame getrennt war, die

»jenseits der normannischen Lande
weit hinter dem wilden und tiefen Meer«

weilte. Deshalb seufzt er und ruft aus: »Ach Gott! Warum bin ich keine Schwalbe!«

Ob sich auch Heinrich Plantagenet, wie früher schon Eble von Ventadorn, über die Huldigungen des Troubadours für seine Herrin geärgert hat? Vielleicht war das der Grund, weshalb er Bernart nach England mitnahm und es lieber sah, daß das Meer zwischen ihm und der Königin lag. Etwas Ähnliches deutet des Dichters Biograph Uc de Saint-Circ ein Jahrhundert später an.

Wie Bernart *Mos Aziman* manchmal anredet, ist allerdings gewagt: In einem seiner Lieder fleht er sie an, sie möge ihm befehlen, in ihre Kammer zu kommen, »dort wo man sich auszieht«. Zwar setzt er sofort hinzu, seine ganze Hoffnung sei, sie möge ihm gestatten, ihr »kniend und demütig« die Schuhe auszuziehen. Vermutlich waren diese Scherze doch nicht ganz nach dem Geschmack des königlichen Herrn und Gebieters.

Bernart war ein ewiger Liebender, und Eleonore war mehr als jede andere dafür geschaffen, die »Dame« der höfischen Poesie zu verkörpern, die Anregerin, die Quelle der Freude. Soll man deswegen in den leidenschaftlichen Versen des Troubadours mehr sehen als ein literarisches Gefühl, wie es die Dichtungsgattung vorschrieb? Das wird man nie genau entscheiden können. Wer weiß, ob die beiden Helden dieser vermeintlichen Liebesromanze es überhaupt selbst so genau wußten – ob sie ein echtes

Gefühl der Bindung erlebten, oder ob sie nur ein flüchtiges und reizendes Spiel trieben, einen Flirt nach den Regeln der Poesie, die eben verlangten, daß der Dichter in seine Dame verliebt sein mußte.

Es gibt aber ein geschichtliches und literarhistorisches Faktum, über das kein Zweifel bestehen kann: das sind die neu in Bernarts Dichtungen auftauchenden keltischen Motive. So wenn er sich mit Tristan vergleicht,

»der manche Schmerzen litt
um die blonde Isolde«.

Tristan und Isolde – zwei Namen, die in der Feudalzeit noch lebendig waren und deren hinreißende Liebesgeschichte bis in unsere Zeit hinein immer wieder ein Echo findet. Es gibt nur wenige mittelalterliche Gestalten, die die Jahrhunderte der Verachtung überdauert haben, jene Zeiten, da der ausschließliche Kult der Antike die Menschen taub machte gegen alles, was nicht lateinisch oder griechisch war, wo die Liebe nur »Eros« oder »Cupido« hieß und nur als Abklatsch einer feierlichen olympischen Mythologie in der Literatur auftauchte.

Tristan und Isolde, Roland und Olivier, König Artus und Karl der Große sind, neben Reineke Fuchs und seinen Kumpanen, fast die einzigen Namen in Frankreich, die sich in der Folklore erhalten und über eine von der Wissenschaft sorgfältig kultivierte Nichtachtung triumphiert haben. (Es braucht wohl nicht besonders betont zu werden, daß Männer wie Gustave Cohen und Joseph Bédier eine rühmliche Ausnahme sind.)

Daß aber zu Eleonores Zeiten alle diese Namen in den Gedichten von Bernart von Ventadorn auftauchen, beweist, daß sich die gesamte literarische Welt damals in Umwandlung befand. Als Eleonore Königin von England wurde, betrat sie die »bretonische« Welt, von der sie schon in ihrer Jugend am Hofe ihres Vaters durch den Spielmann Bledhri vernommen hatte. Nun gehörte zu ihrem neuen Königreich ja auch das fernab gelegene, allen atlantischen Stürmen ausgesetzte Cornwall, der Schauplatz der Heldentaten des Königs Artus! In der Mitte des zwölften Jahrhunderts war es ein Anhänger ihres Gemahls und Gegner Stephans von Blois, Renaud von Cornwall, ein Bastard Heinrich Beauclercs, der das Schloß Tintagel erbauen ließ. Die heute noch erhaltenen Ruinen – graubraune Mauern und leere Fensterbögen – sind immer noch ein imposanter Anblick auf der wildzerklüfteten Steilküste von Cornwall. Zwei Bauteile sind noch zu erkennen: der bedeutendere ist der Burgfried, den eine Zugbrücke mit den Außenmauern verband und den man heute nur über eine in den Felsen gehauene steile Treppe erreicht. Im Nebel verschwimmen die Umrisse der Ruinen und verschmelzen mit den seit Jahrtausenden vom Sturm gepeitschten und zerfressenen Felsen. Aber in dieser Landschaft, wo die Wolken ebenso rasch wieder vergehen, wie sie sich zusammenballen, genügt ein Sonnenstrahl, und die sagenhafte Burg auf ihrem grünbewachsenen Vorgebirge wird wieder der Rahmen für die vertrauten alten Märchen. Dann sieht man, unter den Arkaden, die sich scharf vom Blau des Meeres abheben, die Gestalten von Artus und seinem Neffen Gawein, von Keu dem Seneschall, von Parzival und Lanzelot. Und man kann sich die Königin Ginevra vorstellen, wie sie auf ihrem weißen Zelter sitzt, und den Zauberer Merlin, der in der nach ihm benannten Höhle sitzt und den Rittern auflauert.

Doch schon bevor Renaud dort sein befestigtes Schloß errichten ließ, war Tintagel als Geburtsstätte des Königs Artus berühmt. Dort hielt er Hof; dort versammelte er die Ritter seiner Tafelrunde, wo es keine Ehrenplätze gab und alle gleich viel galten.

Man fand auf der Halbinsel zwar keine frühere Burg, wohl aber die Überreste eines bis auf die Keltenzeit, zwischen dem fünften und dem neunten Jahrhundert, zurückgehenden Klosters. Ein Beweis dafür, daß Tintagel eine jener hochgelegenen Gebetsstätten war, wie sie sich zahlreich auch in Irland und Wales finden und wo das phantasiebegabte Volk dann die durch die Spielleute und die Dichter verbreiteten Sagen lokalisierte.

Gerade zur Zeit, als »Kaiserin« Mathilde mit Stephan von Blois um das englische Königreich kämpfte, begannen diese Sagen in der Literatur einen unerwartet großen Raum einzunehmen. In einem umgekehrten Prozeß, nicht so wie man logischerweise annehmen würde, drangen sie von der Folklore aus in die Geschichte ein. Damals entstand in der Phantasie eines Walisers, Gottfried von Monmouth, eine Geschichte der Könige von Britannien – ›Historia Regum Britanniae‹. Reto Bezzola nennt diesen Gottfried die »eigenartigste und phantastischste Gestalt unter den Historiographen«. Er brachte in seinem wohlgesetzten Bericht alle die märchenhaften Abenteuer vor, die dem König Artus zugeschrieben werden.

Dieser König Artus hat vor den Augen des Historikers ebensowenig Bestand wie Roland oder Guillaume d'Orange; trotzdem genießt er einen Ruhm, mit dem er selbst Karl den Großen in den Schatten stellt und der im Zeitalter und in der Umgebung von Eleonore in einer Unzahl von dichterischen Werken seinen Niederschlag findet.

Dank der außergewöhnlichen Osmose zwischen der *matière de Bretagne* – dem keltischen Sagenkreis –, der die großen Themen des Rittertums bringt, und der höfischen Minne werden Artus und seine Ritter unsterblich; diese Umwandlung ist das literarische Wunder des französischen zwölften Jahrhunderts. Aus dem Artusstoff entstehen zahlreiche dichterische Werke, allen voran die neue Literaturgattung des Romans, dem sich eine große Zukunft eröffnet. Im Ritterroman findet die Epoche ebenso ihren Ausdruck wie in den zauberhaften Tympanen, Fresken und Kapitellen der romanischen Kathedralen. Wenn man nun herauszufinden versucht, wie eigentlich die Vermischung zwischen höfischer Poesie, ritterlichen Themen und keltischem Sagenstoff zustande gekommen ist, stößt man unweigerlich auf Eleonore und ihren Hof. Zu ihrem Hofstaat gehören die Dichter, durch die nicht nur Tristan und Isolde, sondern auch Parzival und Lanzelot, König Artus und die Fee Morgana, Königin Ginevra und der Zauberer Merlin bekannt wurden.

Da sind Marie de France – möglicherweise eine natürliche Tochter von Gottfried Plantagenet, jetzt Äbtissin in Shaftesbury – und vor allem Chrestien de Troyes, der geniale Romanschreiber, der in allen abendländischen Literaturen Nachahmer findet. Es gibt aber auch noch eine ganze Reihe anderer, die das breite Publikum heute kaum mehr kennt, weil es zu wenig geistige Neugier auf die Literatur vor der allzu berühmten Renaissance gibt. In erster Linie ist da Wace, der Normanne aus Jersey, zu nennen, der zu Eleonores Zeit am englischen Hof Vorleser war. In seinem ›Roman de Brut‹, dem Brutusroman, übersetzte er die Artuserzählungen des Gottfried von Monmouth, verwob aber die Elemente der verfeinerten höfischen Liebe mit hinein, die er von Bernart von Ventadorn und dessen Nachahmern gelernt hatte. In seinem Werk erscheint die wilde Leidenschaft der keltischen Sagen höfisch gemildert. Auch Dichter wie Béroul und Thomas und die vielen anonymen Sänger von Tristanliedern, die alle mehr oder weniger den anglo-normannischen Einfluß verraten, gehören dazu.

Aber Eleonores Einfluß auf die Dichtkunst reicht noch weiter: Da gibt es einen Benoît de Sainte-Maure, der der »reichen

Dame eines reichen Königs« seinen ›Roman de Troie‹, den Trojaroman, widmet, worin der völlig verwandelte antike Sagenstoff nur noch Vorwand für das Auftreten von Rittern und Damen ist. Das gleiche tut Philippe de Thaon für sein ›Bestiaire‹ – sein Bestiarium, dieses typisch romanische Werk, in dem die Tierwelt zu einem »Wald von Symbolen« wird. – Einige Oberschlaue wollen sogar aus einem zur Zeit von Eleonores zweiter Heirat erschienen Epos ›Girart de Roussillon‹ Anspielungen auf ihre Biographie herauslesen. Dort seufzt ein König, in dem man ihren ersten Gemahl zu erkennen glaubt: »O Königin, wie oft habt Ihr mich hinters Licht geführt!«

Das größte Verdienst und die Dankbarkeit derer, die zu allen Zeiten und in allen Sprachen des Abendlandes die starke poetische Kraft des Tristan- oder des Gralsstoffes empfunden haben, erwarben sich Eleonore und ihr Hof durch die Verbreitung der Artussage.

Wenn sich Heinrich II. auch über das allzu höfische Benehmen Bernarts von Ventadorn geärgert haben mochte, so hat er doch seinerseits dazu beigetragen, die Ritter der Tafelrunde in Mode zu bringen, indem er sich wohlgefällig die epische Patenschaft des wiedererweckten Königs Artus zuschreiben ließ. Unter der Feder des Gottfried von Monmouth wurde Artus fast zu einem Messias; er war, nachdem er die Angelsachsen besiegt, die Länder der Gallier und der Wikinger unterworfen und selbst den römischen Kaiser in Schrecken versetzt hatte, im Kampf gegen seinen Neffen Mordred verschollen. Auf ein Zeichen des Zauberers Merlin – des Regisseurs der Weltgeschichte – soll er eines Tages wieder erscheinen und mit Hilfe der letzten, in die Armorika (Bretagne) geflüchteten Bretonen sein Vaterland zurückerobern. Hinter allen diesen abenteuerlichen Geschichten von weisen Astrologen, leidenschaftlich liebenden Königen, Frauen von unvergleichlicher Schönheit – Geschichten, die in verzauberten Schlössern spielen, wo sagenhafte Turniere stattfinden und Bankette abgehalten werden mit tausend Pagen in Hermelin und tausend in Feh – keimte die Erwartung, daß eines Tages ein großer König kommen werde, der Britannien seine von den Römern zerstörte Größe wiedergeben, den Frieden bringen und die ritterlichen Tugenden hochhalten werde. Ein großer König, hieß es. Heinrich mochte so praktisch und positivistisch denken, wie er wollte: hier konnte er doch nicht umhin, der Sage ein williges Ohr zu leihen. Es hieß, er habe einen Brief des Königs Artus erhalten und auch darauf geantwortet. Als begeisterter Historiker ließ er in der Gegend von Glastonbury Ausgrabungen machen. Dort stand eine königliche Abtei, die der Volksmund mit Avalon, dem Ruhesitz des Königs Artus, identifizierte. Tatsächlich handelte es sich um eine alte keltische Siedlung, in der man auch prähistorische Gräber entdeckte. Schnell verbreitete sich das Gerücht, man habe im Grab des neben seiner Gemahlin Ginevra beigesetzten Königs Artus das Schwert *Excalibor* gefunden. Allmählich verlagerten sich die Sagen aus Artus' Regierungszeit und die mythische Gestalt des Zauberers Merlin an diesen altehrwürdigen Ort. Noch heute wirkt der Touristenstrom, der aufmerksam Kapellen und Mauerreste betrachtet, wie ein Zug von Pilgern. (Die Abtei wurde in der Reformationszeit zerstört.) Hier mag Joseph von Arimathia zum erstenmal die Kelten in den christlichen Glauben eingeweiht haben. Vielleicht hat er in diesen heiligen Boden den Dornbusch gepflanzt, der zweimal im Jahr, zu Ostern und zu Weihnachten, blühen sollte. Und hier soll auch das berühmte Gefäß verborgen gewesen sein, der Becher, den Christus beim Abendmahl benutzt hat und in dem am Kreuz einige Tropfen seines Blutes aufgefangen wurden.

Auf dem Boden der alten Abtei wurzelte für alle Völker des Abendlandes der Gedanke an jenes höchste Ziel des Rittertums. Gereift durch die mystisch überhöhte Liebe zu ihrer Dame, zogen die Ritter in die Welt hinaus, um Abenteuer zu suchen und harte Prüfungen zu bestehen, bis eines Tages der Heilige Gral wieder auftauchen würde.

12
Das Duell der Könige

Et qui le voir (vrai) dire en voudrait:
Dieu se retient devers le droit,
Et Dieu et droit à un se tiennent;
Et quand ils devers moi s'en viennent
Donc ai-je meilleur compagnie
Que tu n'as, et meilleure aie (aide).
Chrestien de Troyes

An einem Junitag des Jahres 1158 zog ein prunkvoller Zug über den Pont Neuf; von allen Seiten eilten Schaulustige herbei, um ihn vorbeiziehen zu sehen, und jede neue Gruppe erregte laute Begeisterung. Zuerst kamen, in Gruppen zu sechzehn, zweihundertfünfzig Pagen und Schildknappen; sie sangen im Marschtritt englische und keltische Lieder. Danach kam die Gruppe der Jäger: Hundewärter führten Jagdhunde an der Leine, Falkner trugen auf ihrem ledergeschützten Unterarm prächtige Jagdvögel, Habichte, Sperber und Falken, alle sorgfältig verkappt. Hierauf folgten schwere Karren, deren eisenbeschlagene Räder gegen die Steine am Wege schlugen. Sie waren mit derben Lederplanen überdacht; jeder Wagen wurde von fünf Pferden gezogen und von einem neu eingekleideten Pferdeknecht geführt, der eine riesige Dogge bei sich hatte – von der Art, die einen Bären reißen kann. Im vordersten Wagen, der mit vergoldeten Achsen und scharlachroten Vorhängen prächtig geschmückt war, befand sich wohl der Tragaltar, während auf den beiden letzten, offenen Fahrzeugen Bierfässer transportiert wurden.

Nach dem Wagenzug kamen zwölf aufgezäumte Maultiere; jedes trug zwei Kästen, zwischen denen ein langgeschwänzter Affe herumturnte. In diesen Kästen befand sich goldenes und silbernes Tafelgeschirr, das bei jeder Rast hervorgeholt wurde: Löffel, Wasserkaraffen und schwere Humpen. Die Stallburschen, die die Maultiere am Halfter führten, waren alle gleich gekleidet und trugen die Livree des Königs von England. Zum Schluß kamen Gewappnete mit Schilden; sie führten die Pferde der hohen Würdenträger; das waren Geistliche, Ritter, Beamte des königlichen Hauses und schließlich, umgeben von einigen

Gefolgsleuten, der Kanzler des Königs von England, Thomas Becket.

Seit Menschengedenken hatte man eine solche Gesandtschaft noch nicht gesehen; als die Herolde mit ihren Trompeten an der Spitze und am Schluß des Zuges schon längst verstummt waren, wurde immer noch davon gesprochen.

Heinrich und Eleonore hatten beschlossen, mit dem König von Frankreich in Verhandlungen einzutreten. Der Kanzler, zu dem sie volles Vertrauen hatten, setzte wie immer alles daran, um die Besprechungen zu einem vollen Erfolg werden zu lassen. Thomas Becket war für den Erfolg und die gut ausgeführte Arbeit. Wenn ein Auftrag nach seinem Geschmack war und er mit Prachtentfaltung und Großzügigkeit dabei vorgehen konnte, war er nicht zu übertreffen. Das wußte Heinrich und war jeden Tag von neuem froh, daß er sogleich nach seiner Krönung diesen einfachen Bürgerssohn aus London zum Kanzler gemacht hatte – einen Normannen, auf den ihn Erzbischof Thibaud von Canterbury aufmerksam gemacht hatte. Doch Eleonore mißfiel der Einfluß, den der fünfzehn Jahre ältere Mann auf ihren Gemahl ausübte. Sie empfand ihm gegenüber eine Art Eifersucht: Eine Frau ist ja nie sehr einverstanden mit dem besten Freund ihres Mannes, und das war der Kanzler sehr schnell geworden. Also mußte sie sich dareinschicken, die Macht, die sie lieber allein ausgeübt hätte, mit ihm zu teilen. Dabei konnte sie nicht umhin, die Tüchtigkeit und den unermüdlichen Arbeitseifer eines Mannes zu bewundern, der sein Amt obendrein elegant, ja mit üppiger Pracht zu führen verstand. Als man Thomas damit betraute, den Westminsterpalast wieder instand zu setzen, wurden die Restaurierungsarbeiten, für die jeder andere mehrere Jahre gebraucht hätte, zwischen Ostern und Pfingsten, in knapp fünfzig Tagen, durchgeführt. Auf den Baugerüsten, auf denen sich alle Handwerker, von den Maurern bis zu den Spenglern, gleichzeitig drängeln mußten, soll ein derartiger Lärm geherrscht haben, daß man sich nicht besser verständigen konnte als beim Turmbau zu Babel.

Diesmal handelte es sich darum, dem König von Frankreich zu imponieren und ihm den Vorschlag schmackhaft zu machen, den ihm sein Vasall für die Normandie, Anjou, Poitou und Aquitanien zur Sicherung des Friedens zwischen den beiden Häusern unterbreiten wollte. Thomas hatte also alles getan, um schon auf seinem Zug durch die Normandie und bei seiner

Ankunft in Paris die Bevölkerung in Staunen zu versetzen. Während seines Aufenthalts trat er großartig auf, überhäufte den König und seinen Hofstaat mit reichen Gaben und schenkte Bier an die kleinen Leute aus, die neugierig den Tempel umlagerten, wo Thomas mit seinem Gefolge untergebracht war. Da der König ihn hatte wissen lassen, er könne sich nicht in Paris selbst verpflegen, ließ Thomas auf sämtlichen Märkten der Umgebung, in Lagny, Corbeil und Pontoise, reichlich Fleisch, Brot und Fisch einkaufen; seine Beauftragten hatten Weisung, einen guten Preis zu zahlen und nicht zu handeln.

Die aufwendige Reise hatte dann auch den gewünschten Erfolg: Bei der Rückkehr in die Normandie hatte Thomas Becket die Zusage König Ludwigs VII. in der Tasche, daß dessen Tochter Margarete – ein Baby von sechs Monaten – einmal Heinrich, den Sohn des Königs von England, heiraten werde.

Denn auch der König von Frankreich hatte sich vor vier Jahren wieder verheiratet. Zunächst unternahm er im Jahre 1154 eine Pilgerfahrt nach Santiago de Compostela. Dabei mußte er durch Eleonores Erblande ziehen, was er natürlich tat, ohne seine Vasallin vorher um Erlaubnis zu fragen. Es wäre allerdings nicht sehr taktvoll gewesen, wenn sie protestiert hätte, und sie hatte sich auch wohl gehütet. Nach seiner Rückkehr gab Ludwig seine Absicht bekannt, sich mit Konstanze, der Tochter des Königs von Kastilien, zu vermählen.

Nach zweijähriger Ehe war ein Thronerbe in Aussicht; er wurde am französischen Hofe mit großen Hoffnungen erwartet, da Ludwig bisher als Nachfolgerinnnen nur seine zwei Töchter von Eleonore hatte, Marie und Alix. – Aber der Himmel schickte ihm wieder eine Tochter, Margarete. Heute kann man es nicht mehr so verstehen, daß einmal ein solcher Wert auf einen männlichen Thronerben gelegt wurde. Heutzutage regiert allerdings auch eine Königin fast nur noch vom Schreibtisch aus. Das war damals anders: Die Verwaltung eines Lehens oder eines Königreiches setzte voraus, daß man überall persönlich Recht zu sprechen und die notwendigen Polizeimaßnahmen zu ergreifen hatte. Könige oder Lehnsherren mußten selbst das Schwert führen können und gewappnet an der Spitze ihrer Soldaten dem plündernden Vasallen entgegenziehen oder die Burg eines anderen, der den Lehnseid verweigerte, erstürmen. Daher die unglückliche Situation eines Lehens, das ein Mädchen erbt. Ein Beispiel dafür ist noch zu Eleonores Lebzeiten das Königreich Jerusalem: Die Laune der Thronerbin Sybille, die gegen den Willen ihrer Barone einen hübschen, aber unbedeutenden jungen Mann – Guy de Lusignan, einen Vasallen von Eleonore – heiratete, zog später den Verlust der Heiligen Stadt nach sich, deren Eroberung einstmals so viel Blut und Tränen gekostet hatte.

Ludwig VII. war also ziemlich betrübt, als er schon wieder eine Tochter bekam. Mit wieviel Bitterkeit muß der arme Mann vernommen haben, daß Eleonore nach ihrer Wiederverheiratung sehr bald einen Knaben gebar, dann noch einen zweiten und einen dritten; durch die Geburt ihres Sohnes Richard, im Jahre 1157, war der Verlust ihres ältesten Sohnes Wilhelm, der mit drei Jahren starb, gewissermaßen wieder ausgeglichen worden. Zu der Zeit, als Thomas Becket in seiner Mission in Frankreich weilte, war Eleonore wiederum schwanger. Und als der arme französische König dann im September erfahren mußte, daß Eleonore schon wieder einen Sohn, Gottfried, zur Welt gebracht hatte, mußte er, trotz aller Frömmigkeit, doch wohl bei sich denken, daß Gott die Angeviner entschieden lieber hätte!

Dem englischen Königspaar gelang aber auch wirklich alles. Zwei Jahre zuvor hatten Heinrich und Eleonore zusammen in Bordeaux Hof gehalten, wobei die traditionsgemäß aufsässigen Vasallen des Herzogtums Aquitanien diesmal ohne Schwierigkeiten die Oberherrschaft des englischen Königspaares anerkannten. Am Osterfest des Jahres 1158 fand vor den versammelten englischen und keltischen Adligen in Worcester eine zweite Königskrönung statt, die noch feierlicher war als die von Westminster vier Jahre früher. Heinrich wurde zum mächtigsten Herrscher des Abendlandes. Die letzten Anhänger des Hauses Blois lieferten einer nach dem anderen ihre Burgen aus und zahlten Tribut. Selbst der anfänglich widerspenstige König Malcolm von Schottland hatte Heinrich schließlich für seine englischen Besitzungen den Lehnseid abgelegt. Auch die keltischen Barone, unter denen leicht ein aufständischer Wind wehte, waren sehr bald zur Räson gebracht worden. Heinrich war zur Verwaltung ebenso befähigt wie zur militärischen Führung. Er ließ neue Münzen prägen; die Währung war stärker und gesünder als alle früheren und flößte auch den Kaufleuten der Londoner City Vertrauen ein. Denn jetzt konnten sie sicher sein, daß ihre Rechnungen in guter, klingender Münze bezahlt wurden. Heinrichs Ruf drang bald über die Grenzen seines Reiches hinaus: Thierry d'Alsace, der Graf von Flandern, vertraute vor seinem Aufbruch ins Heilige Land sein Reich und seinen jungen Sohn Heinrichs Obhut an.

Eleonore behauptete ihren Platz neben ihrem Gemahl; sie war Königin von England, wenn Heinrich wegen seiner festländischen Besitzungen in der Grafschaft Anjou oder in der Normandie zu tun hatte. Und sie wurde wieder Herzogin von Aquitanien und Gräfin von Poitou, wenn er nach England zurückgerufen wurde. Das war genau das Leben, das sie sich gewünscht hatte: aktiv, ergiebig und voller Triumphe. Der Sommer des Jahres 1158, der mit einem diplomatischen Sieg begonnen hatte, sollte noch einen weiteren Erfolg bringen. Heinrichs Bruder Gottfried, der ewig Unbotmäßige, hatte endlich für seinen Ehrgeiz ein Ziel gefunden. Die Einwohner der Bretagne hatten ihren Lehnsherrn vertrieben und sich an Gottfried gewandt, der alsbald das Herzogtum Bretagne in Besitz nahm. Kaum hatte er sich jedoch nach Nantes begeben und begonnen, eine Macht auszuüben, die der Traum seines Lebens gewesen war, als er am 26. Juli 1158 starb. Sein Tod gab Heinrich Gelegenheit, beim König von Frankreich den Titel Seneschall der Bretagne zu beanspruchen, den, wie er behauptete, schon seine Ahnen getragen hätten. Ludwig verlieh ihm den Titel, etwas resigniert. Was hätte er anderes tun sollen? Die Länder seines mächtigsten Vasallen lagen zwischen ihm und jener fernen, wenig bekannten Gegend, wo alles, Gebräuche, Sprache, Vergangenheit, dem französischen Hof fremd war. Von jetzt an waren Heinrich und Eleonore unumschränkte Herrscher im ganzen Westen seines Königreiches.

Der weitere Verlauf der Ereignisse befestigte die von Thomas Becket bei seiner Mission in Paris eröffneten Perspektiven. Man kann sich vorstellen, wie Heinrich und Eleonore nur verständnisinnig lächelten, wenn sie miteinander über Frankreich sprachen. Es war doch durchaus denkbar, daß eines Tages die beiden Kronen von Frankreich und von England auf dem Haupt des jungen Heinrich, des Verlobten der französischen Prinzessin Margarete, vereint sein würden. Dies scheint Eleonores höchster Ehrgeiz gewesen zu sein. Die Krone, auf die sie einst verzichtete, hat sie noch keineswegs gänzlich aufgegeben. Sechs Jahre nach der Trennung von Beaugency ist sie soweit, daß sie mit ihrem Gemahl zusammen eine Politik auf längere Sicht entwerfen kann. Es geht dabei um nichts Geringeres als um das französische Königreich.

Durch die Verbindung der Kinder Heinrich und Margarete

scheint die Vereinigung der beiden Kronen schon im voraus gesichert. Damit wäre Eleonore, als sie den Plantagenet heiratete, die Gründerin eines neuen großen Reiches geworden; der gesamte europäische Westen wäre in der Hand einer zukunftsreichen Dynastie, die, von Aquitanien ausgehend, die Capetinger abgelöst hätte.

Was stand eigentlich diesen grandiosen Plänen noch im Wege? Doch nur Eleonores eigene beide Töchter Marie und Alix, die durch ihr Alter vor der kleinen Margarete rangierten. Marie wurde 1147, als sie zwei Jahre alt war, beim Aufbruch ihrer Eltern ins Heilige Land, mit dem Grafen Heinrich von Champagne verlobt, dem Sohn jenes Thibaud, mit dem Eleonore einst aneinandergeraten war. Später verlobte man auch Alix mit einem Prinzen aus dem Hause Champagne; es war Thibaud von Blois, der Bruder des Grafen Heinrich und derselbe, der den kühnen Plan gefaßt hatte, Eleonore auf dem Weg nach Poitiers zu entführen. Anscheinend hoffte der König von Frankreich, er könne durch die enge Bindung an das Haus Blois-Champagne die Ambitionen des Hauses Anjou in Schach halten. Es wäre nicht das erste Mal gewesen, daß capetingische Klugheit den Frieden zwischen den beiden mächtigen Rivalen erhalten hätte. Aber dieses Mal hing sogar das Schicksal des französischen Königreiches davon ab: Sollte es dem Grafen von Champagne in die Hände fallen oder dem Grafen von Anjou, der zugleich Herr über England und einen guten Teil von Frankreich war? Würde der zukünftige Herr über Paris aus dem Osten oder dem Westen des Reiches kommen?

Für Heinrich und Eleonore gab es nur eine Antwort. Zu zweit können sie in der großen Schachpartie den Gegner Champagne matt setzen; es kommt nur darauf an, vorher sorgfältig die Bauern zu verteilen. Die wichtigste Figur in ihrem Spiel ist natürlich die kleine Margarete, die mit Heinrich dem Jüngeren verlobt ist. Nach der Sitte der Zeit muß sie im Schoß ihrer künftigen Familie aufwachsen. Einige Zeit nach Thomas Bekkets Besuch empfing der König von Frankreich daher den Besuch des Königs von England, der persönlich kam, um die kleine Braut, die noch in den Windeln lag, abzuholen. Ludwig stellte zur Bedingung, sie solle nicht von Eleonore erzogen werden. Das hatte Eleonore vorausgesehen und war schon von vornherein zu jeglichem Zugeständnis bereit gewesen. Man wählte also einen Ritter, der beiden Parteien recht sein konnte, den Herrn Robert von Neuburg, einen Mann, dessen Leben ebenso vorbildlich war wie seine Frömmigkeit, und der schon davon sprach, in ein Kloster gehen zu wollen. Er willigte ein, das Kind zu übernehmen, und verschob seinen Plan auf später. Tatsächlich führte er ihn im folgenden Jahr aus und wurde Mönch in der Abtei du Bec.

Ein paar Wochen darauf erklärte Ludwig, er habe die Absicht, eine Pilgerfahrt zum Mont Saint-Michel zu unternehmen. Selbstverständlich gestattete ihm Heinrich die Durchreise durch seine normannischen Lande; mehr noch, er empfing seinen obersten Lehnsherrn mit äußerster Zuvorkommenheit, und dieser hatte bei seiner Durchreise Muße genug festzustellen, ob seine Tochter auch gut versorgt wurde. Da nun schon so viel Eintracht herrschte, willigte Heinrich, auf Ludwigs Bitten, auch noch ein, sich mit seinen alten Feinden, den Grafen Blois-Champagne, zu versöhnen. Nach dem Austausch einiger Schlösser auf der Grenzlinie wurde der Friede geschlossen: Thibaud von Blois gab Amboise zurück, Heinrich Bellême.

So war 1158 also das Jahr, in dem alte Zwistigkeiten begraben wurden und eine neue, konstruktive Politik sich ankündigte. Als Heinrich und Eleonore zu Weihnachten in Cherbourg ihr Hoflager abhielten, konnten sie mit Befriedigung auf den Weg der letzten vier Jahre zurückblicken. Er hatte mit dem Tag begonnen, als sie in Barfleur gemeinsam den entfesselten Elementen getrotzt hatten, um ihr neues Königreich in Besitz zu nehmen. Jetzt waren ihre Länder zu beiden Seiten des Kanals gesichert; sie waren umgeben von ihren Vasallen, denen in England und denen in Poitou, und hatten vier Kinder, die ebenso viele Hoffnungen für die Zukunft bedeuteten. Der Älteste, Heinrich, würde König von England werden – und vielleicht auch König von Frankreich. Auf Richard setzte Eleonore die Hoffnungen, die sie seinerzeit für ihren Erstgeborenen, Wilhelm, gehegt hatte; man sah schon jetzt in ihm den künftigen Grafen von Poitiers. Und warum sollte Gottfried nicht eines Tages das bretonische Lehen erhalten, als Erbe seines Oheims, dessen Namen er trug? Selbstverständlich konnte nur ein sehr hoher Herr später einmal um die Hand der kleinen Mathilde anhalten.

Bei allen Unternehmungen und Plänen des königlichen Paares in jenen glanzvollen Jahren scheint Eleonore ihren Willen durchzusetzen; bei allem, was sie gemeinsam versuchen oder vollenden, dringt immer Eleonore mit ihren persönlichen Zielen durch. Nachdem in England Ruhe eingezogen ist, wenden sie ihre Aufmerksamkeit auf Eleonores eigenes Gebiet. Noch 1158, im Jahre der Spekulationen auf die französische Krone, unternimmt Heinrich einen Feldzug ins Limousin, um den Vicomte Guy des Thouars zur Räson zu bringen. Allzu lange und allzu frech hatte dieser den Grafen von Poitiers gegenüber auf seine Unabhängigkeit gepocht. Obgleich er sehr großspurig auftrat, sich wie ein König mit einem Hofstaat von Vasallen umgab und stolz mit seinen Jagdkutschen herumfuhr, mußte er sich jetzt doch unterwerfen; sein für uneinnehmbar geltendes Schloß wurde binnen drei Tagen genommen.

Wie in den ersten Jahren ihrer Ehe mit dem König von Frankreich richtet Eleonore wieder ihre Blicke nach Toulouse. Sie hat ja nie auf die von ihrer Großmutter Philippa ererbten Rechte auf Toulouse verzichtet. Der Zeitpunkt scheint gekommen, sie zu fordern; denn nach der Einigung mit dem Hause Blois-Champagne hat Heinrich an den Grenzen von Anjou und der Normandie Ruhe. Graf Raimund V. von Toulouse ist ein ziemlich übler Bursche, der skrupellos sein Gebiet auf Kosten der Provence zu vergrößern trachtet. Wenn man ihn zwingen könnte, die Lehnshoheit der Herzöge von Aquitanien anzuerkennen, so wäre der Weg zu den Städten des Languedoc, zum Mittelmeer und damit der Zugang in den Orient offen, den Eleonore so lieben gelernt hat. Da ist nur ein heikler Punkt: Raimund ist mit der Schwester des Königs von Frankreich verheiratet. Man sollte eigentlich ein Bündnis, das dem jungen englischen Thronerben so glänzende Aussichten eröffnete, nicht gleich von Anfang an belasten. Nun weiß aber jedes Kind, wie schnöde Raimund seine Frau, die unglückliche Konstanze von Frankreich, behandelt, und es ist noch sehr die Frage, ob Ludwig VII. großen Wert darauf legen würde, seinen unsympathischen Vasallen und Schwager zu verteidigen. Inzwischen hat sich gegen Raimund eine richtige Liga zusammengeschlossen: Sowohl der Graf von Barcelona wie der Graf von Montpellier und die Vizegräfin von Narbonne – Ermengarde, eine berühmte Schönheit, die von den Troubadouren um die Wette besungen wurde – trachten danach, eine ihnen schon lange lästig gewordene Lehnshoheit abzuschütteln. Der Augenblick ist also günstig.

Bereits im Januar 1159 verlassen Heinrich und Eleonore gemeinsam die Normandie, um eine Reise durch Aquitanien zu unternehmen.

England ist so weit befriedet, daß der oberste Friedensrichter,

Robert Graf Leicester, als Aufsicht genügt. In Blaye traf das Herrscherpaar mit dem Grafen Raimund Berengar V. von Barcelona zusammen, und es wurde abgesprochen, daß seine Tochter Berengaria mit dem jungen Prinzen Richard verlobt werden sollte. Jedenfalls war es sicher, daß das Haus Barcelona gegen das Haus Toulouse, über das es zu klagen hatte, Waffenhilfe leisten würde. Man konnte auch mit der Unterstützung von Raimund Trencavel, dem Vizegrafen von Carcassonne, rechnen, der sich ebenfalls gegen den Toulousaner erhoben hatte.

Alle diese Umstände begünstigten Eleonores Pläne. Zunächst erhob also Heinrich in England und in der Normandie eine Kriegssteuer; in der Normandie verlangte er von jedem Ritter sechzig Sous, während der Beitrag in England sich auf zwei Mark belief. Dabei konnte der König stolz sein, wie schnell die Beträge erhoben und einkassiert waren; sein gut durchorganisiertes Verwaltungssystem klappte offenbar vorzüglich. Die eingegangenen Geldsummen erlaubten es ihm, eine starke Söldnertruppe anzuwerben. Inzwischen hatte Heinrich nämlich genügend Kriegserfahrung, um sich nicht allein auf die Truppen seiner Vasallen zu verlassen. Sie hatten ja nur vierzig Tage im Jahr Dienst zu leisten, und so konnte es passieren, daß sie mitten in einer kriegerischen Operation ausfielen. Toulouse war weit, und die Belagerung konnte lange dauern.

Nach Poitiers zurückgekehrt, ließ Heinrich an alle seine größeren Vasallen Befehl ergehen, am Johannistag, dem 24. Juni, in Waffen vor ihm zu erscheinen. Bevor er jedoch den Feldzug eröffnete, hielt er es doch für angebracht, den König von Frankreich um eine Zusammenkunft zu bitten. Zweimal trafen sie zu Besprechungen zusammen, zunächst in Tours und später in Heudicourt in der Normandie. Jedesmal mußte Heinrich zu seiner Überraschung feststellen, welche Zähigkeit dieser Mann aufzubringen vermochte, den er für einen schüchternen Schwächling hielt. Ludwig VII. ließ ihn wissen, er würde den Grafen von Toulouse gegen jeden ungerechtfertigten Angriff verteidigen, nicht weil er sein Schwager wäre, sondern weil er als sein Vasall einen Anspruch auf seinen Schutz hätte. Keine Macht der Welt würde den König daran hindern, daß er alle seine Kräfte daransetze, in seinem Königreich das Recht zu wahren.

Heinrich lernte Ludwig von einer ganz neuen Seite kennen. Bisher war es für ihn der frühere Gemahl von Eleonore gewesen – ein leicht zu gängelnder Mann, ohne Selbstvertrauen, der schnell den Mut verlor. Ihm gegenüber fühlte sich Heinrich immer als der jugendliche Held, der erste Sieger im Turnier. Nun auf einmal sprach Ludwig zu ihm als König und oberster Lehnsherr, der entschlossen war, das Feudalrecht zu achten und den Schutz seines Vasallen zu übernehmen.

Heinrich war selbst König und hatte keinerlei Interesse daran, durch Verletzung der Feudalgesetze ein böses Beispiel zu geben. Vielleicht hätte er bei seiner Rückkehr nach Poitiers liebend gern die Kriegsvorbereitungen abgeblasen. Aber da erreichte ihn die Nachricht, daß König Malcolm von Schottland, sein früher so aufsässiger Vasall, mit einer Flotte von vierzig Schiffen in See gestochen sei, um an dem Feldzug teilzunehmen. Zudem hatte sein Kanzler Thomas Becket siebenhundert Ritter ausgerüstet, die sich gerade anschickten, den Kanal zu überqueren. Sogar der Sohn Stephans von Blois, Wilhelm der Bastard, wollte sich Heinrich anschließen. Jetzt war es entschieden zu spät zur Umkehr.

Über den Ausgang des Feldzuges herrschte allgemeine Betroffenheit. Vor Toulouse erklärte Heinrich, er könne keine befestigte Stadt belagern, in der sich sein oberster Lehnsherr befände, und zog sich kampflos zurück. Tatsächlich war Ludwig am 24. Juni mit einer Handvoll Leuten nach Toulouse gezogen, und der Anmarsch des sonst so schnellen englischen Königs war diesmal außergewöhnlich langsam vonstatten gegangen. In Périgueux zog er seine Streitkräfte zusammen und hielt eine glänzende Truppenparade ab. Vielleicht hoffte er, damit den König von Frankreich einzuschüchtern! Zwei Armeen warteten auf seine Befehle: das Lehnsheer, mit flatternden Standarten, starrend vor fähnleingeschmückten Lanzen, kampfesmutig auf ungeduldig tänzelnden Pferden. Daneben die Reihen der Söldner aus Brabant, ein solides Fußvolk in wohlgeordneten Formationen. Im Angesicht dieser imponierenden Streitmacht hatte Heinrich König Malcolm feierlich in den Ritterstand erhoben, der seinerseits alsbald dreißig junge Edelleute, Söhne seiner Vasallen, zu Rittern schlug. Gerade da kam die Nachricht, Cahors habe sich zugunsten des Königs von England erhoben, und der Graf von Barcelona, der seine Truppen mit denen des Raimund Trencavel vereinigt hatte, sei im Anmarsch. Das Spiel schien bereits gewonnen.

Und dennoch fand die Belagerung nicht statt. Der Graf von Barcelona hatte sich vergebens in Unkosten gestürzt, und der Graf von Toulouse umsonst gezittert. Als Heinrich schon in

Sichtweite von Toulouse war, gab er seiner Armee Befehl, umzukehren. Die Treue zum Lehnseid verbiete ihm, einen Ort zu belagern, in dem sein Lehnsherr weile.

Was war nun wirklich vorgefallen? Die Historiker können es sich nicht recht erklären. Die einen suchen nach strategischen Gründen: Heinrich hätte sich nicht zu weit von seiner Heimatbasis entfernen wollen. Vergleicht man aber den Feldzug gegen Toulouse mit der Eroberung von Irland einige Jahre später, so erscheint diese Erklärung doch unzureichend. Andere haben Verrat für möglich gehalten und darüber allerlei Vermutungen angestellt. Die Zeitgenossen halten sich bei ihren Berichten an die Erklärung, die Heinrich selbst gegeben hat und die ja auch wirklich zu den Lehnssitten paßt. Natürlich urteilt ein heutiger Historiker nach seiner eigenen Mentalität und will möglichst nur militärische oder ökonomische Motive gelten lassen. Hatte Heinrich übrigens nicht oft genug bewiesen, daß ihm der Lehnseid nicht viel bedeutete?

Aber hier möchten wir uns doch erlauben, den Historiker naiv zu finden, der nicht zugeben will, daß ein Mensch in den verschiedenen Perioden seines Lebens verschieden reagieren kann. Die meisten Menschen sind heute merkwürdigerweise von den Antinomien »gut – böse«, »Schaf – Wolf«, »Indianer – Cowboy« besessen. Das ist der Grund für viele Irrtümer, die wahrscheinlich zu vermeiden wären, wenn man sich mehr an das Alltagsleben, an die Beobachtung seiner Mitmenschen und seiner eigenen Reaktionen hielte. Kommt es nicht häufig vor, daß jemand in der einen Situation »gut«, in der anderen »schlecht« handelt?

Jedenfalls steht außer Zweifel, daß Heinrich im vorliegenden Fall seine schöne, wohlvorbereitete Armee unter Hinweis auf seinen Lehnseid zurückgezogen hat. Wenn man mit aller Gewalt dahinter auch ein eigennütziges Motiv suchen will, so mag es eben der Gedanke sein, daß er, als Lehnsherr und König, eben selbst kein schlechtes Beispiel geben wollte. Warum sollen Ludwigs eindringliche Vorstellungen nicht Eindruck auf ihn gemacht haben? Heinrich hatte, wie gesagt, wirklich alles Interesse daran, seinen zahlreichen Vasallen in einem noch nicht gefestigten Königreich ein Beispiel der Treue zu den Feudalsitten zu geben. Im übrigen muß man blind sein, wollte man in Heinrich einen Menschen »aus einem Stück« ohne Widersprüche sehen. Er bestand nur aus Widersprüchen. In der Affäre von Toulouse hat dieser plötzliche Umschwung sicherlich die französische Krone gerettet. Aber Heinrich wußte nur allzu gut, besser als jeder andere, welche üblen Folgen es hätte haben können, wenn er sich der Person des Königs von Frankreich bemächtigt hätte.

Heinrich betraute seinen Kanzler damit, die Armee nach Cahors zu führen, und begab sich zunächst nach Limoges, dann in die Normandie, wo inzwischen Robert de Dreux, der Bruder des Königs von Frankreich, ein hastiges Ablenkungsmanöver begonnen hatte. Diesmal schlug der König von England kräftig zu. Er wünschte nicht, daß die Normandie angetastet würde, und wollte zugleich zeigen, daß er auf militärischem Gebiet nichts von seinen Fähigkeiten verloren hatte, wenn er sie auch lange nicht einsetzen konnte. Für den Fall, daß durch die unglückselige Angelegenheit von Toulouse sein Prestige gelitten hätte, bemühte er sich, so schnell wie möglich den schlechten Eindruck zu verwischen. Nacheinander unternahm er einen Einfall ins Beauvaisis, zerstörte die Festung Gerberoy und zwang den Grafen von Evreux, ihm zu huldigen. Vor aller Augen wurde damit demonstriert, daß der König von Frankreich nicht einmal mehr sicher von Paris bis in sein altes, ihm von seinen Vorfahren überkommenes Lehen Etampes gelangen konnte. Ludwig VII. verlangte deshalb einen Waffenstillstand, der ihm sogleich gewährt wurde.

Eleonore war vermutlich über das gescheiterte Unternehmen verärgert; daß aber Raimund von Toulouse seitdem einen handfesten Zorn gegen sie hegte, ist wohl mit Gewißheit anzunehmen. Die Ereignisse der Folgezeit sollten es noch zeigen.

Jedenfalls wurde die Episode in den Annalen der Plantagenets nicht besonders verzeichnet. Bereits in den ersten Januartagen 1160 kehrte Eleonore nach England zurück. Dort sollte sie ihren Gatten vertreten, der in der Normandie die Verwaltungsreform durchführen wollte, die er in seinen Inselstaaten bereits mit Erfolg beendet hatte. Jetzt geht das Hin- und Herreisen von neuem los: Aus den Abrechnungsrollen und den von Eleonore unterzeichneten Urkunden sieht man, daß sie dauernd von einer Residenz zur anderen unterwegs ist – immer sehr darauf bedacht, daß ihr dort auch der Wein für ihre Tafel und das Öl für ihre Lampen geliefert werden. Die Straßen in England sind jetzt sicher. Die Sheriffs verwalten das Recht und erheben gewissenhaft die Steuern. Auf den grünen englischen Hügeln weiden die Schafherden. Dank der rationellen Zuchtmethoden der Zisterziensermönche werden es jedes Jahr mehr. Die Schafwolle türmt sich zu immer größeren Ballen im Hafen von London, wo flandrische Händler sie übernehmen. Jetzt stehen auch in den Häfen an der Kanalküste die zu gleichmäßigen Pyramiden aufgebauten Weinfässer aus der Guyenne, während dort unten die Weinbauern jedes Jahr mehr Land roden, um mehr Weinberge zu bekommen. Der Wein aus Bordeaux dringt in die Tavernen ein und macht dem englischen Bier ernsthafte Konkurrenz.

Man kann heute überall in England an Landstraßen, deren Verlauf sich seit Eleonores Zeiten kaum geändert hat, noch die Landschaften, die Burgen und Städte sehen, durch die Eleonore bei ihren Ritten zur Zeit des englischen Frühlings gekommen sein muß – wenn die Vögel sangen und das frische Gras duftete. Man sieht sie Bermondsey verlassen, die Themse überqueren und in den Flecken Westminster einreiten, wo die Mauern des ganz neuen Palastes noch hell schimmern, während rechts auf dem andern Flußufer – dem Strand – die noch jetzt in Londons Topographie erkennbaren Mauern der City verlaufen. Weiter nach Westen zu, hinter Oxford, wo damals schon berühmte Professoren lehrten, residiert sie des öfteren in Woodstock, in einer von vielen Tälern durchfurchten, von ausgedehnten Wäldern umrahmten Landschaft, wo Pferde und Schweine weiden. Sie taucht auch in Sherborne auf, wo das ockerfarbene Gestein an den Dächern und Hausmauern wirkungsvoll mit den strengen Farben Cornwalls oder mit dem roten Mauerwerk der Schlösser in Devon kontrastiert. An den Wiesenrändern und Wasserläufen stehen kleine weißgekalkte Hütten, wie man sie heute noch in England oder Irland hier und da hinter einer Wegbiegung antrifft. Die Klöster sind sehr zahlreich: Einige, wie zum Beispiel Saint-Albans oder Tewkesbury, zeigen mit ihren hohen Rundbögen und mächtigen Pfeilern heute noch Spuren aus Eleonores Zeit.

Der König und die Königin kümmern sich viel um die Klöster; sie schaffen oder bestätigen Neugründungen, unterstützen Reformen. Auf ihre Anregung hin breitet sich der von Eleonore bevorzugte Orden von Fontevrault auch in England aus. Die geistigen Töchter von Robert d'Arbrissel tauchen zum Beispiel in Eaton und Westwood auf. An sie wendet sich auch das Herrscherpaar, als auf Grund von skandalösen Vorgängen im Kloster von Amesbury die dortigen Nonnen ersetzt werden müssen, die unter die kirchlichen Sanktionen gefallen sind. Aus der Zeit gibt es auch noch manche alten Burgfriede, so zum Beispiel den Tower in London, das Schloß von Dover sowie Portchester, Farnham oder Carisbrooke auf der Insel Wight. Dorthin fuhr Eleonore öfter mit ihren Kindern, vielleicht wie man heute in den Ferien ans Meer geht.

Aber auch auf dem Festland geht alles voran. Heinrich ist ein bauliebender Fürst; auch dies ist eine Eigenschaft, die gewiß nach Eleonores Geschmack war. Gemeinsam gehen sie daran, in Poitiers eine neue Residenz zu erbauen. Dort entsteht vor allem der große Saal des Schlosses. Das Schloß von Angers wird erweitert, ebenso das von Rouen, während in der Umgebung der Stadt, in Quévilly, in einem großen Park mit vielen Singvögeln, eine Art Landhaus entsteht. Dazu kommen noch viele Festungsbauten, die in erster Linie strategischen Zwecken dienten – an der Grenze zwischen Normandie und Maine, in Amboise und Fréteval. In Bures läßt das Königspaar ein richtiges Palais erbauen, wofür nahezu tausend Eichen gefällt werden müssen. Schließlich gründen sie, wie es damals üblich war, zahlreiche Hospitäler in Frankreich und in England, darunter die Leprastation in Caen. Aus alledem sieht man, daß das westliche Königreich ein blühendes Land war, das unter den gemeinsamen ehrgeizigen Plänen seines Herrscherpaares wachsen und gedeihen konnte.

13
Thomas der Märtyrer

Dieu prie, et le martyr que j'ai servi maint jour,
Qu'il mette paix au règne, et tienne en bonne amour
Et le père et le fils, et la bru et l'oisour (l'épouse).

Guernes du Pont-Sainte-Maxence

Eine warme Augustnacht des Jahres 1165. Im Quartier Latin in Paris, beim Clos Garlande, der heutigen Rue Garlande, hat der junge Engländer Giraud de Barri in seiner kleinen Studentenbude gerade seine Kerze ausgeblasen. Er hat bis spät in die Nacht hinein gelesen und schläft sofort auf seiner Lagerstatt ein. Jedoch bis in seinen Schlummer hinein vernimmt er immer stärker werdende Geräusche. Wie laut diese Franzosen sind! Der Lärm wächst an, dringt durch die weit geöffneten Fenster bis in den kleinen Raum, wo der Student schläft. Halb erwacht, hört er Glockengeläute, sieht Lichter hin- und herhuschen und glaubt, eine Feuersbrunst sei ausgebrochen – der große Schrekken jener Zeit. Bei diesem Gedanken wird er endgültig wach und stürzt ans Fenster. Draußen ist die Straße schwarz von wild gestikulierenden Menschen, und alle Glocken der zwölf Gemeinden der Cité – nicht zu vergessen die der alten Kathedrale, die gerade umgebaut wird – läuten auf einmal. Das ist kein Feueralarm, das ist Freudenlärm.

»Was ist denn los? Warum dieser Lärm?« ruft er zwei alten Weibern zu, die auf der anderen Straßenseite laufen und dabei mit den Händen die brennenden Kerzen schützen, mit denen sie ihren Weg beleuchten.

»Sieh da, ein Engländer!« versetzt die eine, und die andere ruft ihm triumphierend zu: »Uns ist ein König geboren worden. Gott hat dem Reich einen Erben geschenkt. Jetzt hat Euer König das Nachsehen!« Was sie noch sagt, geht im Jubel und Straßenlärm unter.

Einige Stunden zuvor war Ludwig VII. von einem seiner Knappen mit der glücklichen Nachricht geweckt worden, die Königin, die sich in Gonesse befand, habe soeben einem Knaben das Leben geschenkt. Närrisch vor Freude befahl der König, daß die Nachricht in den Straßen von Paris bekanntgegeben werde. Dann diktierte er eine Urkunde, durch die er dem Überbringer der freudigen Nachricht für seine Mühe alljährlich drei Scheffel Korn aus den königlichen Scheuern gewährte. Darauf eilte er selbst nach Gonesse, um den Thronerben zu sehen, den er nicht mehr erwartet hatte, Philipp »Dieudonné« – den von Gott Geschenkten.

Im Widerspruch zu der Voraussage, die eine unbekannte alte Frau Giraud von Barri gegenüber getan hatte, zerstörte das Ereignis alle Hoffnungen von Heinrich und Eleonore, dereinst die beiden Kronen von Frankreich und England auf dem Haupt ihres ältesten Sohnes vereint zu sehen. Sie mußten es ja schon seit längerer Zeit befürchten: seitdem sich Ludwig VII. mit Adele von Champagne verheiratet hatte. Im Jahre 1160 hatte der vom Pech verfolgte König von Frankreich nämlich auch seine zweite Frau, Konstanze, nach der Geburt einer Tochter verloren. Aber schon vierzehn Tage später wurde die erstaunliche Nachricht bekannt, daß er sich entschlossen habe, zum drittenmal zu heiraten. Und seine Wahl war diesmal auf Adele von Champagne gefallen. Dadurch waren für das königliche Haus von Frankreich kuriose verwandtschaftliche Verwicklungen entstanden, denn Adele war die Schwester der beiden Grafen Heinrich von Champagne und Thibaut von Blois, die Ludwig zu seinen Schwiegersöhnen machen wollte. Seine neue Heirat war ein schwerer Schlag für das Haus Anjou; denn nun war das französische Königreich buchstäblich dem Hause Champagne ausgeliefert.

Heinrich und Eleonore holten alsbald zum Gegenschlag aus; sie ließen in Rouen den kleinen Prinzen Heinrich Plantagenet (fünf Jahre alt) mit der kleinen Prinzessin Margarete von Frankreich (zwei Jahre alt) trauen. Daraufhin ergriffen sie Besitz von der den königlichen Kindern versprochenen Mitgift: dem durch die Festung Gisors geschützten normannischen Vexin, das schon immer ein Zankapfel zwischen Frankreich und der Normandie gewesen war. Zehn Jahre vorher hatte es Geoffroy Plantagenet spontan dem König von Frankreich zurückgegeben, um ihm seinen Friedenswillen zu beweisen. Die Festung Gisors war bei der Verlobung von Heinrich und Margarete den Tempelrittern in Obhut gegeben worden. Da inzwischen nun die Hochzeit gefeiert worden war, hatten sie keine Veranlassung, die Festung weiter besetzt zu halten, und übergaben dem

König von England die Schlüssel. Ludwig VII. fühlte sich geprellt und vertrieb zuerst einmal die Tempelritter aus ihrem Haus in Paris. An den Grenzen des Vexin fanden danach einige Scharmützel statt. Aber schließlich mußte Ludwig, wie immer, klein beigeben und die vollzogenen Tatsachen hinnehmen.

Nun schenkte ihm seine dritte Gemahlin endlich den ersehnten Thronerben. Und zwar gerade in dem Augenblick, wo Heinrich Plantagenets Ehrgeiz über das französische Königreich hinausgriff und er seine Fühler nach dem Kaiserreich ausstreckte. Im Frühjahr 1165 war nämlich seine älteste Tochter Mathilde mit dem Herzog von Sachsen, Heinrich dem Löwen, verlobt worden. Diese Verbindung mußte besonders seiner Mutter, der Exkaiserin Mathilde, gefallen. Sie lebte immer noch in Rouen und erließ weiterhin Akte, bei denen allerdings der am häufigsten genannte Zeuge ihr Arzt Hugo war.

Eleonore war zu der Zeit, als der junge Philipp von Frankreich, der spätere Philipp-August, geboren wurde, wieder in anderen Umständen. Im September gebar sie eine Tochter, Johanna, die dritte Tochter von ihr und Heinrich, denn in der Zwischenzeit war 1161 noch ein kleines Mädchen gekommen, dem sie ihren eigenen Namen gegeben hatte. Im folgenden Jahr kommt ihr letztes Kind, Johannes, zur Welt, der in der Geschichte Johann ohne Land genannt wird.

Aber schon in dieser Zeit vollzog sich ein unheilbarer Bruch zwischen den beiden Ehegatten: Ein anderes Gesicht hatte sich zwischen sie geschoben, das der »schönen Rosamunde«, die Heinrich zu seiner Mätresse erhoben hatte. Das war auch das Ende aller ihrer Hoffnungen und ehrgeizigen Pläne, die sie bisher immer gemeinsam betrieben hatten. Durch seinen Verrat machte Heinrich aus der Frau, die in allen Wechselfällen des Lebens immer seine Verbündete gewesen war, immer an seiner Seite gestanden hatte, eine erbitterte Feindin, die ihm von jetzt an ebenso zu schaden trachtete, wie sie ihm früher geholfen hatte.

Die schöne Rosamunde ist später in England in unzähligen Balladen und Versdramen gefeiert worden. Viele Sagen ranken sich um ihren Namen, und Eleonore spielt darin unweigerlich eine böse Rolle; sie wird nicht allein als betrogene Ehefrau, sondern als rachsüchtige, haßerfüllte Königin dargestellt, die ihre Rivalin schließlich umbringt. Dichter und Dramatiker haben schon sehr früh den Schauplatz der Liebesaffären Heinrichs II. mit der schönen Rosamunde, *Fair Rosamund,* nach

Woodstock verlegt. Dort treffen sie sich heimlich, manchmal in einer grünbewachsenen Laube, manchmal auch in einem mit Gardinen verhängten Pavillon. Um seine Geliebte vor der Rache der Königin zu schützen, hat Heinrich ein Labyrinth bauen lassen, dessen Zugang nur er und ein treuer Diener kennen. Aber während er durch den Aufstand seiner Söhne auf dem Festland zurückgehalten wird, dringt Eleonore in das Labyrinth ein, gelangt bis in Rosamundes Versteck und zwingt sie, sich vor ihren Augen den Tod zu geben. Sie läßt ihr nur die Wahl zwischen einem Dolch und Gift. Die schöne Rosamunde trinkt das Gift. Sie stirbt, und ihre Leiche wird von Nonnen, die Tränen des Mitleids über sie weinen, im Kloster Godstow beigesetzt.

Die historischen Tatsachen, um die alle diese sagenhaften Geschichten kreisen, sind von den Gelehrten unschwer aufgeklärt worden. Wie immer ist die Wirklichkeit weitaus dramatischer als die Dichtung. Rosamunde, Tochter des normannischen Ritters Walter von Clifford, taucht in der Geschichte und im Leben Heinrich Plantagenets etwa in dem gleichen Jahr 1166 auf, in dem der zukünftige Johann ohne Land geboren wurde. Vielleicht hat Eleonore zum erstenmal von den königlichen Seitensprüngen Wind bekommen, als sie zum Weihnachtsfest und zur Entbindung nach England herüberkam. Bis dahin war Heinrich, trotz allem, was man behauptet hat, ein relativ treuer Ehemann gewesen. Es scheint doch, daß das Gerücht von seinem angeblichen Lotterleben stark übertrieben ist und daß Heinrich sich im ganzen anständig benahm, wenn er sich auch hie und da kleine Seitensprünge erlaubte. Die einzige Anekdote, auf die man Bezug nimmt, um das Gegenteil zu behaupten, spricht von einer Mätresse, die er in Stafford hatte, einer gewissen Avise. Soll man annehmen, daß diese Dame die Mutter seiner beiden Bastarde Gottfried und Wilhelm gewesen ist, die ihm vor der Ehe geboren wurden? Jedenfalls war er ihrer müde geworden. Eines Tages, als der Kanzler Thomas Becket sich auf der Durchreise in Stafford aufhielt, ließ sie ihm verschiedene Geschenke bringen. Worauf der Gastgeber des Kanzlers Verdacht schöpfte und in der Nacht leise an dessen Tür horchte, in dem Glauben, dort Thomas mit der ehemaligen Mätresse des Königs vorzufinden. Als er nichts hörte, öffnete er die Tür, fand aber nur Thomas allein, auf den Boden gesunken, wo er über seinen Gebeten eingeschlafen war.

Wie dem auch sei, Eleonore selbst scheint im Laufe ihrer

bisher vierzehnjährigen Ehe nicht viel Anlaß gehabt zu haben, sich über ihren Gemahl zu beklagen. Aber das ändert sich grundlegend, als jene berühmte Rosamunde in sein Leben tritt – die der unnachsichtige Satiriker Giraud de Barri die ›Rose Immonde‹, die ›Unreine Rose‹ nennt. Von dem Zeitpunkt an ist der Bruch zwischen den Ehegatten vollzogen. Seitdem hält sich Eleonore auch nur noch kurz in England auf und kehrt erst später, unfreiwillig, wieder dahin zurück.

In der Überlieferung wird Rosamunde immer mit dem Schloß Woodstock in Verbindung gebracht; man spricht von einem Irrgarten und einem prächtig dekorierten Zimmer oder Pavillon. In der Tat ist es durchaus möglich, daß in der von Heinrich und Eleonore so liebevoll verschönerten königlichen Residenz von Woodstock, die einen herrlichen Park gehabt haben soll, auch ein Irrgarten angelegt war. In jener Zeit liebte man solche Spielereien; man braucht nur an die Labyrinthmuster auf den Fußböden der Kathedralen zu denken oder an die verschlungenen Ornamente, mit denen das ›Livre de Kells‹ und viele andere Manuskripte der Zeit illustriert sind, besonders in den keltischen Ländern. Die sentimentale Legende hat dann aus dem Irrgarten ein Versteck für die schöne Rosamunde gemacht. Soviel kann man daraus entnehmen, daß Heinrich sich nicht gescheut hat, die Dame nach Woodstock mitzubringen. Und man begreift, daß Eleonore sich daraufhin gekränkt von England abwendet und wieder die Herzogin von Aquitanien wird.

Von nun an residiert sie fast ständig in Poitiers; nur ab und zu macht sie Rundreisen durch ihre Provinzen. Die Herrschaft über ihre Vasallen und ihre Kinder nimmt sie allein in die Hand. Langsam kommt es dazu, daß sich sowohl die einen wie die anderen ihrem Willen beugen. Heinrich wird bald ermessen können, was es heißt, dieser Frau untreu gewesen zu sein, den Ehevertrag gebrochen zu haben, der sie in gemeinsamem Willen handeln ließ. Der Historiker E. R. Labande schreibt darüber in einer ausgezeichneten Studie: »Eleonore hat sich nicht dadurch gerächt, daß sie Rosamunde umbrachte. Sie hat etwas viel Besseres getan: Sie hat das Poitou aufgewiegelt.«

Aber alle diese Dinge sind für die Zeitgenossen und für die Geschichte in den Schatten gestellt durch den großen Streit des Königs von England mit dem Mann, der nach seinem eigenen Ausspruch »sein einziger Ratgeber« war, sein treuer Kanzler, sein unzertrennlicher Freund: Thomas Becket.

Heinrich glaubte ein Meisterwerk zu vollbringen, als er den Mann, der ihn in seiner Politik und in der Verwaltung seines Königreiches so großartig unterstützt hatte, auf den Bischofssitz von Canterbury manövrierte. Die geistliche und die weltliche Macht sollten auf diese Weise in einer Hand vereint sein, und die letztere würde nicht mehr durch kirchliche Vorschriften eingeengt sein. Als es seinerzeit darum ging, vom Klerus die Steuer zu erheben, womit die Söldner für den Feldzug nach Toulouse bezahlt werden sollten, war Thomas Heinrichs bester Agent gewesen. Und Heinrich stolperte bei seiner immer autoritärer werdenden Politik auf Schritt und Tritt über kirchliche Privilegien. Er rechnete also darauf, in Thomas einen Verbündeten zu haben, der diese Vorrechte nach und nach abbauen und dafür die Macht des Königs um so mehr stärken würde. – Ein Jahr nach dem Tode des Erzbischofs Thibaud wurde Thomas zum Priester geweiht; bis dahin war er nur Diakon gewesen. Am Pfingstsonntag des Jahres 1162 empfing er, im Beisein Heinrichs des Jüngeren, der ihm ja seit seinem siebenten Lebensjahr zur Erziehung anvertraut war, die Weihe zum Erzbischof.

Man konnte erwarten, daß der neue Erzbischof gleich nach seiner Inthronisation seinem König gegenüber eine feierliche Geste der Huldigung vollziehen werde. Doch Thomas verwendete die ganze Pracht, die er zu entfalten verstand, darauf, in seiner Diözese das Fest der Hl. Dreifaltigkeit einzusetzen.

Von einem Tag zum anderen änderte er seine Lebensweise vollständig. Der früher so prunkliebende Kanzler verteilte seinen persönlichen Besitz unter die Armen; er, der von jeher offene Tafel gehalten hatte, bei dem die hohen Herren immer köstliche Gerichte und erlesene Weine vorfanden, fastete jetzt, sooft er konnte. In seinem Hause drängten sich die Ärmsten und Zerlumptesten aus der Stadt; sie waren seine ständigen Gäste. Er hatte auch seine Kleidung geändert; nach der Erhebung zum Erzbischof legte er die Tracht der Augustinermönche von Merton an, aus deren Mitte er immer schon seinen Beichtiger gewählt hatte. Jetzt trug er eine schwarze, bis zur Erde reichende Kutte aus grobem Stoff, mit Schafwolle gefüttert, darüber ein kurzes weißes Chorhemd und die Stola. Erst nach seinem Tode entdeckte man, daß er unter seiner Kutte ein härenes Büßerhemd trug.

Thomas war ein Mensch, der alles, was er tat, voll und ganz tat. Nachdem er einmal aus dem Dienst des Königs in den

Dienst des Herrn übergewechselt war, widmete er sich wie immer völlig seiner Aufgabe. Heinrich muß diese Verwandlung, die er selbst bewirkt hatte, mit wachsender Verblüffung beobachtet haben. Seine Pläne wurden jetzt vereitelt; er sollte es sehr bald merken. Ein knappes Jahr nach der Verleihung der erzbischöflichen Würde an den Kanzler traten, anläßlich eines Prozesses gegen einen Kleriker, der vor ein königliches Gericht gestellt wurde, die ersten Unstimmigkeiten auf. Thomas verlangte, daß der Angeklagte, wie es damals üblich war, von einem kirchlichen Gericht abgeurteilt würde. – Solche Reibereien wiederholten sich noch mehrmals, bis schließlich im Jahre 1164 der König und sein ehemaliger Kanzler erklärte Feinde geworden waren. Im Oktober versuchte Heinrich, mit der Proklamierung der berühmten ›Constitutions‹ von Clarendon seinen Willen durchzusetzen; sie zielten auf nichts Geringeres als auf eine Staatskirche, wodurch die Rechtsprechung der Bischöfe und die Anrufung des Papstes nichtig geworden wären. Nach heftigen Szenen bei einer Zusammenkunft der beiden Widersacher in Northampton suchte Thomas heimlich das Kloster Eastry an der Kanalküste auf und schiffte sich am Tage nach Allerheiligen bei Sonnenaufgang in Sandwich ein, um nach Frankreich zu fliehen. Er sollte nur noch zum Sterben nach England zurückkehren.

Die Einzelheiten dieses dramatischen Streites interessieren uns hier nur, soweit sie mit der Geschichte von Eleonore zu tun haben; und sie hat sich aus dieser ganzen Angelegenheit ganz bewußt herausgehalten. Wir haben schon früher gesehen, daß sie auf Thomas in gewissem Sinne eifersüchtig war. Dennoch hat sie, wie man aus einem Brief des Johann von Salisbury erfährt, zu Thomas' Gunsten interveniert – ebenso wie übrigens auch Kaiserin Mathilde. Allerdings unterrichtete ein anderer, Ende Mai 1165 von Bischof Jean de Bellesmains geschriebener Brief den Erzbischof von Canterbury davon, daß er von seiten der Königin Eleonore weder Rat noch Hilfe erwarten dürfe, »um so weniger«, fährt er fort, »da sie ihr ganzes Vertrauen dem Raoul de Faye schenkt, der Euch noch immer so feindlich gesonnen ist wie früher«. Raoul de Faye hatte in der Tat persönliche Auseinandersetzungen mit dem Prälaten gehabt und spielte andererseits eine große Rolle bei der Königin und den Aktionen, die sie später gegen ihren Gatten unternahm.

Nichtsdestoweniger sollte Thomas Beckets Verhalten entscheidenden Einfluß auch auf Eleonore und ihre Kinder haben.

Er findet Asyl am französischen Hof. Bei dieser Gelegenheit erhält Heinrich Plantagenet wieder, wie in der Affäre von Toulouse, eine Lektion von jenem Ludwig VII., den er immer verachtet und oft so schnöde behandelt hat. Am Tage nach der Unterredung in Northampton ließ der König von England, sobald er erfuhr, daß Thomas heimlich abgereist war, alle Häfen schließen. Außerdem untersagte er dem Grafen von Flandern, dem geflüchteten Erzbischof Obdach zu gewähren, falls es diesem gelingen sollte, die Insel zu verlassen. Da er vermutete, Thomas werde sich zum König von Frankreich begeben, sandte er auch sogleich Boten dorthin. Durch einen sonderbaren Zufall fuhren diese Boten in der gleichen Nacht, vom 1. zum 2. November 1164, über den Kanal wie Thomas bei seiner heimlichen Flucht. Sie trafen den französischen König in seinem Schloß in Compiègne an und überbrachten ihm Heinrichs Ansinnen: Er möge den Erzbischof von Canterbury, der ohne Erlaubnis seines Königs seine Diözese verlassen habe und daher abgesetzt sei, nicht empfangen. »Was?« versetzte Ludwig VII. in gespieltem Erstaunen, »ein Prälat vom König verurteilt und abgesetzt? Wie ist so etwas möglich? Auch ich bin König – König in meinem Reich wie der König von England in dem seinen. Jedoch steht es ganz und gar außerhalb meiner Macht, den geringsten Geistlichen meines Königreiches abzusetzen!«

Nun erinnerten die Gesandten den König etwas hinterhältig daran, wie oft Thomas, als er noch Kanzler war, gegen ihn gearbeitet hätte, insbesondere bei der geplanten Belagerung von Toulouse. Darauf erwiderte Ludwig, er könne es dem Kanzler des Königs von England nicht übelnehmen, wenn er die Interessen seines Herrn wahrnehme. Es blieb den Gesandten nichts anderes übrig, als ihr Bündel zu schnüren und sich schleunigst auf den Weg nach Sens zu machen, wo zur Zeit auch Papst Alexander III. weilte, der sich in offenem Kampf mit dem deutschen Kaiser befand und ebenfalls Asyl in Frankreich gefunden hatte. Einige Zeit später wurde Herbert von Bosham, ein ergebener Freund von Thomas Becket, seinerseits von König Ludwig empfangen, der ihm versicherte, er werde den königlichen Brauch auch diesmal nicht brechen: alle Verbannten, insbesondere die Männer der Kirche, würden in Frankreich Asyl und Schutz finden. Und er hielt sein Wort. – In der Folgezeit spielen sich die verschiedenen Phasen des Kampfes zwischen dem König und dem Erzbischof in Frankreich ab. Thomas verbringt die sonnigste Zeit seines Lebens in dem vom hl. Bernhard gegründeten Kloster Pontigny, das auch später noch häufig ein bevorzugtes Asyl war: Noch im folgenden Jahrhundert nahm ein anderer englischer Verbannter, der hl. Edme, dorthin seine Zuflucht.

Der König von Frankreich übernahm also die Rolle eines Schiedsrichters zwischen dem Erzbischof, den sein Eifer für die Kirche zum Märtyrer machen sollte, und dem mächtigsten König des Abendlandes, dem gleichen Manne, der schon die Hände nach der französischen Krone ausgestreckt hatte. Im weiteren Verlauf der Geschichte werden wir noch sehen, wie viele andere so wie Thomas den Weg nach Paris fanden und den französischen König um seinen Schutz baten.

Inzwischen befindet sich Eleonore wieder in Poitiers. Sie scheint nunmehr fest entschlossen, nicht nach England zurückzukehren, wo sie womöglich ihre Rivalin, die schöne Rosamunde, trifft. Von nun an handelt Eleonore als Mutter und nicht mehr als Gattin. Sie betreibt in ihren aquitanischen Erblanden ihre eigene Politik, von der man bald merken wird, in welchem Grade sie Heinrichs Politik zuwiderläuft.

Heinrich hatte geglaubt, er könne den Aquitaniern ebenso seinen Willen aufzwingen wie den Engländern und den Normannen. Aber die Barone jenseits der Loire, vor allem die im Poitou, wachten eifersüchtig über ihre Unabhängigkeit und sahen nicht ein, daß sie einem Fremden gehorchen sollten. Als Heinrich im Januar 1168 nach England zurückkehrte, nachdem er zu Weihnachten mit Eleonore in Argentan Hof gehalten hatte, hielt er es für das klügste, der Königin seine Vertretung in Aquitanien zu übertragen. Dort hatte nämlich eine Revolte nach der anderen stattgefunden. Er hatte gemeint, dem ein Ende machen zu können, indem er die Festung Lusignan schleifen ließ. Aber er nahm nicht zu Unrecht an, daß Eleonore in ihren eigenen Landen mehr Entgegenkommen finden würde als er selbst, und die Königin wird der Gewaltenteilung um so lieber zugestimmt haben, als sie ja ihre eigenen Absichten begünstigte. Ob Heinrich ihr in dieser Beziehung mißtraute und ihr deswegen einen zuverlässigen Mann, den Grafen Patrick von Salisbury, beigab? Man weiß es nicht genau. Auf alle Fälle erforderte die ungewisse Lage in Aquitanien, daß die Königin sichere und treue Leute um sich hatte. Die weiteren Ereignisse bestätigten das. Schon im April entkam Eleonore mit knapper Not einem Hinterhalt, der ihr natürlich von den Lusignans gelegt worden war und bei dem der Graf von Salisbury sein Leben lassen mußte.

Es war in der Osterwoche. Eleonore war mit dem Grafen und einem kleinen Gefolge unterwegs; es muß gar nicht mehr weit von Poitiers oder einem von den Chronisten nicht näher bezeichneten Schloß gewesen sein – man hatte die schweren Pferde schon dorthin zurückgeschickt –, als Eleonore sich plötzlich einem bewaffneten Trupp gegenübersah, der das Banner der Lusignans trug. Der unerschrockene Graf von Salisbury wollte nicht fliehen. Er ließ die Königin das schnellste Pferd besteigen, und während sie in gestrecktem Galopp, fast allein, die schützenden Mauern erreichte, hinter denen sie in Sicherheit war, hielt er dem Angriff stand. Die Eskorte der Königin war von vornherein unterlegen, denn der Graf und seine Gefährten waren unbewaffnet, und er ritt nur einen leichten Zelter. Sein Streitroß, das in aller Eile herbeigeholt wurde, kam zu spät an, um ihm noch zu nützen. Gerade hatte es der Graf bestiegen, umgeben von seinen Leuten, die sich in aller Eile bewaffneten, das Kettenhemd überstreiften und den Helm festbanden, als ihn von hinten einer der Männer Lusignans mit einem Spieß traf und tödlich verletzte.

In dem darauffolgenden Gefecht verdiente sich ein junger Mann die ersten Sporen, der in der Folgezeit noch sehr eng in die Geschichte von Eleonore und ihren Kindern verwickelt sein sollte. Es war der Neffe des Grafen von Salisbury, Guillaume le Maréchal. Er war bei dem Herrn von Tancarville aufgewachsen – der auch Guillaume hieß und später Nachfolger Patricks von Salisbury als Gouverneur von Poitou wurde –, war damals vierundzwanzig Jahre alt und zwei Jahre vorher zum Ritter geschlagen worden. Einer seiner Nachkommen verfaßte viel später einen gereimten Bericht von seinen Heldentaten. Sein ganzes Leben war das eines vollendeten Ritters seiner Zeit, mit galanten Abenteuern voll romantischem Charme und mit vielen Episoden, die seinen aufrechten und loyalen Charakter zeigen.

Beim Kampf mit den Lusignans schlug er sich, so berichtet die Chronik, »wie ein hungriger Löwe«. Sein Pferd wurde unter ihm getötet; er sprang ab, lehnte sich mit dem Rücken an eine Hecke, um sich nur von vorn schützen zu müssen, und rief: »Wer seine Kräfte erproben will, möge herankommen!« Wenn man der Chronik glauben will, so waren es mehr als sechzig gegen ihn. Aber er wehrte sich gegen sie »wie der Eber gegen die Hunde«. Schließlich sprang einer der Angreifer von hinten über die Hecke und traf ihn mit dem Spieß in den Schenkel. Er wurde gefangengenommen und von den Entführern fortgeschleppt, teils auf Karren (für einen Ritter der furchtbarste Schimpf!), teils auf einem Esel oder einer alten Schindmähre, und niemand kümmerte sich um seine Wunde, die er sich selbst mit Fetzen seiner Kleidung verbunden hatte. Eines Abends, als der Trupp in einem Schloß haltmachte, bemerkte eine Dame den großen, bleichen Jüngling, der das Bein nachzog. Sie begriff, was da los war, und sandte ihm in einem Brot, aus dem die Krume entfernt war, etwas Werg, womit er seinen Verband erneuern konnte. Mittlerweile hatte Eleonore, die über das Schicksal ihrer Beschützer sehr in Sorge gewesen war, für ihn das Lösegeld gezahlt. Als er wieder in Poitiers war, ließ sie ihm Waffen und ein Pferd geben und ihn neu einkleiden, denn er war ein jüngerer Sohn seines Hauses und hatte selbst kein Vermögen. In Saint-Hilaire stiftete Eleonore eine jährliche Messe für den Seelenfrieden des Grafen Patrick von Salisbury; dabei wurden die Mönche des Klosters von ihr reich beschenkt.

Guillaume le Maréchal wurde später den königlichen Kindern beigegeben und sollte bald der unzertrennliche Turniergefährte Heinrichs des Jüngeren werden. – Der Zwischenfall hatte übrigens weiter keine Folgen, außer daß die Königin Gelegenheit hatte, den hervorstechendsten Charakterzug des jungen Mannes, seine unbedingte Treue, kennenzulernen.

Eleonore hatte nunmehr die Hände frei, um wieder ihre eigenen Lande zu übernehmen und ihre unbotmäßigen Vasallen einen nach dem andern an sich zu binden. Heinrich war mehr und mehr in seinen Streit mit dem Erzbischof von Canterbury und die damit zusammenhängenden Komplikationen verwikkelt. – Um ihn herum wurde es leer; seine Mutter Mathilde war gestorben, und mit ihr verschwanden die Ermahnungen zur Vorsicht und Vernunft. Beim Papst, der zuerst sehr für ihn eingenommen war, stand seine Sache bald schlecht, weil er, bei Gelegenheit der Hochzeit seiner Tochter, mit dem abtrünnigen Bischof von Köln, Rainald von Dassel, verhandelt hatte. Dieser war auf Anstiften von Friedrich Barbarossa Anhänger eines Gegenpapstes geworden. Im Jahre 1167 heiratete nämlich Heinrichs Tochter Mathilde den Herzog von Sachsen, Heinrich den Löwen, und bei dieser Gelegenheit war Eleonore sogar wieder einmal zu einem kurzen Aufenthalt in England. Sie hatte Wert darauf gelegt, ihrer Tochter das Geleit zu geben, und sich mit ihr in Dover eingeschifft, nachdem sie die Aussteuer der Prinzessin hatte anfertigen lassen. Drei Boote begleiteten das große Transportschiff, auf dem Mathilde reiste – mit ihren vierzig Koffern, ebenso vielen Ledersäcken voller Kleider, ihren Juwelen, den Geschenken für ihren Gatten und seine Familie. Auch das Geschenk des Königspaares war dabei: achtundzwanzig Pfund Gold, um das Tafelgeschirr zu vergolden. Eleonore begleitete ihre Tochter bis in die Normandie; dort wurde Mathilde dem Schutz der Eskorte anvertraut, die ihr von ihrem künftigen Gatten zur Reise nach Sachsen entgegengeschickt worden war. Eleonore selbst begab sich zurück nach Poitou.

Ihre ganze Hoffnung und ihr ganzer Ehrgeiz konzentrierten sich nun auf ihren zweiten Sohn Richard. Eleonore war wieder Herzogin von Aquitanien, aber jetzt stand ihr Sohn an ihrer Seite und nicht mehr der unwürdige Gatte, gegen den sie die Rechte ihrer Kinder verteidigte. Allerdings wurde sie dadurch wieder in den Bannkreis Frankreichs gezogen; denn als Herzogin von Aquitanien war sie ja Vasallin Ludwigs VII.

So traf Heinrich an jeder Kreuzung seines Lebensweges auf den verhinderten Mönch, den früher so mißachteten kleinen König. Ohne es zu merken – weil er ja die geheimen Ambitionen seiner Frau nicht kannte –, machte er selber den König von Frankreich zum Schiedsrichter in seinen persönlichen Angelegenheiten. Je mehr er seine Macht beweisen wollte, je autoritärer und despotischer er wurde, je energischer er seine königliche und eheliche Gewalt ausübte, desto größer wurde das Prestige des Capetingers, der Recht und Gerechtigkeit walten ließ. Mochte Heinrich so viel Pracht entfalten, wie er wollte – er hatte bei der Hochzeit seiner Tochter mit einem der mächtigsten Fürsten des deutschen Kaiserreiches imperialistische Pläne durchblicken lassen –, so blieb er doch in den Augen seiner eigenen Untertanen dem Richtspruch dieses kleinen Königs unterworfen, den er so oft besiegt und gedemütigt hatte und der seinem stolzen Vasallen immer nur mit seiner lächelnden Einfalt begegnete.

Es muß um diese Zeit gewesen sein, daß Ludwig VII. im Gespräch mit Walter Mapes, dem Erzdechanten von Oxford, jene berühmten, uns überlieferten Worte sagte: »Sehr verschiedenartig sind die Reichtümer der Herrscher ... Die der indischen Fürsten sind kostbare Edelsteine, Löwen, Leoparden, Elefanten; der Kaiser von Byzanz und der König von Sizilien rühmen sich ihres Goldes und ihrer seidenen Stoffe, aber sie haben keine Männer, die anderes tun können als reden, und sind unfähig, Kriege zu führen. Der Römische Kaiser Deutscher Nation hat zwar Männer zum Kriegführen und auch Streitrösser, aber er hat weder Gold noch Seide, noch andere Reichtümer ... Deinem Herrn, dem König von England, mangelt es an nichts: Er hat Männer, Pferde, Gold, Seide, Edelsteine, die Früchte der Erde und die Herden, einfach alles. Wir in Frankreich haben nichts außer dem täglichen Brot, dem Wein und unserer Heiterkeit.«

Sicher wollte Heinrich dieser so ganz anders gearteten Macht die Stirn bieten, als er zu Beginn des Jahres 1169 ein großes Schauspiel veranstaltete. Für den Tag der Heiligen Drei Könige wurde auf Schloß Montmirail, an der Grenze der Provinzen Maine und Chartres, ein feierliches Treffen der Könige von Frankreich und England vereinbart. Heinrich brachte seine drei Söhne mit, deren jeder für die ihm zugedachte Provinz des Festlandes Ludwig VII. huldigen sollte: Heinrich der Jüngere für die Normandie, Maine und Anjou, Richard für Poitou und Aquitanien, Gottfried für die Bretagne.

»Herr«, begann der Plantagenet seine Rede, »an diesem Tag, an dem die Heiligen Drei Könige dem König der Könige ihre Geschenke darbrachten, empfehle ich meine drei Söhne und meine Ländereien Eurem Schutz.«

»Da der König, der die Gaben der Weisen aus dem Morgenland entgegennahm, Euch Eure Worte eingegeben zu haben scheint«, erwiderte Ludwig, »mögen Eure Söhne ihre Länder unter den Augen Gottes in Besitz nehmen.«

Wieder einmal hatte der König von Frankreich dem König von England eine Lehre erteilt. Deutlicher hätte er ihn nicht an die Pflichten erinnern können, die man dem Obersten Lehnsherrn schuldet.

Bei der gleichen Zusammenkunft war auch eine Aussöhnung mit Thomas Becket angebahnt worden, wobei dieser sich zwar dem König von England unterwarf, jedoch den berühmten Vorbehalt machte, worin er das Recht Gottes gegenüber dem der Könige betonte: »In Gegenwart des Königs von Frankreich, der Sendboten des Papstes und der Prinzen, Eurer Söhne, unterbreite ich den gesamten Streitfall und alle Verwicklungen, die daraus entstanden sind, Eurem königlichen Urteil ... mit Ausnahme der Ehre Gottes.«

Eleonore nahm an den Gesprächen von Montmirail nicht teil. Aber sie wird sich darüber gefreut haben, bedeuteten sie doch einen ersten Schritt auf das Ziel zu, das sie seit langem so hartnäckig verfolgte: nämlich die Macht ihres Gatten ihren Söhnen in die Hände zu spielen. Daher erschien sie auch wieder an Heinrichs Seite bei dem prächtigen Hoflager, das dieses Jahr zu Weihnachten in Nantes abgehalten wurde. Vor den versammelten Baronen und Prälaten der Bretagne wurde dabei die Heirat des jungen Gottfried – er war damals neun Jahre alt – mit Konstanze, der Erbin der Bretagne, Tochter des gerade verstorbenen Herzogs Conan, verkündet. Alle gelobten dem Kind die Treue. Heinrich konnte dabei feststellen, daß in dieser fernen westlichen Provinz seine Oberherrschaft kein leeres Wort war. Aber Eleonore sollte bald auch erproben, wie weit ihre eigene Macht ging. Heinrich war nach England zurückgekehrt und heftiger denn je vom kirchlichen Bannstrahl bedroht. Währenddem nährte Eleonore den Plan, zu Ostern 1170 Richard feierlich in sein Erbe einzusetzen.

Der neue Herzog von Aquitanien und Graf von Poitou wurde seinen Vasallen bei einer Versammlung in Niort vorgestellt und empfing ihren Lehnseid. Eleonore unternahm mit ihm zusammen eine Rundreise, auf der er von allen seinen Erblanden zwischen der Loire und Poitou Besitz ergriff. Nach Poitiers zurückgekehrt, empfing Richard nach alter Sitte ehrenhalber den Titel des Abtes von Saint-Hilaire. In dieser ehrwürdigen alten Abtei, die für die Grafen von Poitiers etwa das gleiche bedeutete wie Saint-Denis für die Könige von Frankreich und Westminster für die Könige von England, wurden ihm von Bischof Johannes von Poitiers und Erzbischof Bertram von Bordeaux die Lanze und das Banner, die Zeichen seiner neuen Würde, überreicht.

Die typischste Zeremonie, womit südlich der Loire damals ein neuer Lehnsherr eingeführt wurde, fand aber erst in Limoges statt. Dazu benutzte Eleonore diesmal geschickt eine Entdeckung, die die Mönche von Saint-Martial gerade gemacht hatten: Aus den Archiven ihres Klosters hatten sie eine uralte Lebensbeschreibung der Schutzherrin der Stadt, der hl. Valerie, ausgegraben, deren Reliquie, ein Ring, dort verehrt wurde. Dies wurde zum Anlaß genommen, ein altes, in Vergessenheit geratenes Zeremoniell wiederaufleben zu lassen, das in früheren Zeiten der Einsetzung der Herzöge von Aquitanien vorangegangen war. Eine lange Prozession von Priestern in Chorhemden und seidenen Chorröcken nahm Richard am Portal der Kathedrale von Saint-Etienne in Empfang. Nachdem der Bischof ihn gesegnet und mit einer seidenen Tunika bekleidet hatte, streifte er ihm den Ring der hl. Valerie auf den Finger. Auf diese Weise ging Richard eine symbolische Ehe mit der Stadt Limoges und mit ganz Aquitanien ein, unter den Augen der triumphierenden Eleonore. An der Spitze des Priesterzuges schritt der junge Herzog mit einer goldenen Krone auf dem Haupt und dem Banner in der Hand zum Altar und empfing das Schwert und die Sporen, nach dem zu jener Zeit gültigen Ehrenkodex der Ritterschaft. Er leistete einen Eid auf die Bibel und hörte die Messe. Dann folgten Bankette und Turniere, von einer Pracht wie bei einer Königskrönung.

Gemeinsam legten alsdann Eleonore und Richard den Grundstein zu einem Kloster in der Stadt, das dem hl. Augustin gewidmet sein sollte. – Vor aller Augen, vor dem Klerus, dem Volk und dem limousinischen Adel, war nun Richard als legitimer Erbe Wilhelms des Troubadours und seiner Vorfahren etabliert. Es war auch kein Zufall, daß Eleonore seine Anwesenheit in Limoges gewünscht hatte; gerade in dieser Stadt hatte sich Heinrich einst außergewöhnlich tyrannisch gezeigt. Zweimal befahl er, nach Auseinandersetzungen mit dem Abt von Saint-Martial, die Stadtmauern niederzureißen, und forderte Bußgelder von den Einwohnern. Aber nun war das gute Einvernehmen zwischen den Limousinern und dem Prinzen hergestellt, den Eleonore zum Erben ihres Herzens und ihrer Länder gemacht hatte.

Sie zieht Richard auch zu einer der Schenkungen zugunsten von Fontevrault heran, die sich bei jedem entscheidenden Abschnitt ihres Lebens wiederholen. Diesmal, im Jahre 1170, schenkt Eleonore dem Kloster in ihrem eigenen Namen, im Namen des Königs und seiner Söhne, aber auch im Namen ihres Vaters und ihrer Vorfahren und für deren Seelenheil einige Felder und das Recht, in einem ihrer Wälder Brenn- und Bauholz zu schlagen. Bei diesem Akt sind ihre engsten Vertrauten Zeugen: der Konnetabel Saldebreuil, Raoul de Faye, ihr Kaplan Pierre – dahinter verbirgt sich vielleicht der Schriftsteller Pierre von Blois, von dem später noch die Rede sein wird – und schließlich ihr Schreiber Jordan, auch er immer noch einer der treuesten Diener der Königin.

Mit Freuden nahm sie zur Kenntnis, wie aus den zeitgenössischen Berichten hervorgeht, daß Heinrich Plantagenet aus eigenem Antrieb beschlossen hatte, im Juni 1170 in London seinen ältesten Sohn, Heinrich den Jüngeren, krönen zu lassen. Von Heinrich war das allerdings in erster Linie als Affront gegen den

Erzbischof von Canterbury gedacht, weil das Recht, die Könige von England zu weihen, eigentlich ihm zustand, so wie nur der Erzbischof von Reims die Könige von Frankreich krönen konnte. Aber Eleonore sah darin einen weiteren Schritt zur Verwirklichung ihrer geheimsten Pläne: Aus eigenem Antrieb verzichtete Heinrich auf die Macht zugunsten seiner Söhne. Von nun an hatten sie das Recht, ihn bei seinem Wort zu nehmen und auch tatsächlich die Herrschergewalt zu beanspruchen, die er ihnen selbst übergeben hatte.

Heinrich der Jüngere war durchaus dafür geschaffen, diese Rolle zu spielen. Sein Vater hatte dafür gesorgt, daß die Krönungsfeierlichkeiten groß aufgezogen wurden; für das Gold der Krone übergab er seinem Goldschmied William Cade achtunddreißig Pfund und sechs Sous, eine große Summe. Während des Banketts saß der junge König am Ehrenplatz der Tafel; sein Vater ließ es sich nicht nehmen, ihm selbst vorzulegen, um damit die Würde, zu der er ihn erhoben hatte, besonders zu unterstreichen. Allerdings unterließ er es nicht, eigens darauf hinzuweisen, und sagte scherzhaft zu seinem Sohn: »Es ist kaum üblich, daß ein König bei Tisch bedient.«

»Es ist aber nichts Ungewöhnliches«, versetzte da der junge Heinrich, »daß der Sohn eines Grafen den Sohn eines Königs bedient.« Auf diese Antwort hin herrschte betretenes Schweigen unter den Herren des Gefolges.

Es sollte noch einige Zeit vergehen, bevor Heinrich II. die Tragweite des von ihm vollzogenen Aktes und den Nutzen, den Eleonore daraus zog, ermessen konnte. Aber sehr bald mußte er erleben, daß durch den Gewaltstreich, mit dem er dem Erzbischof von Canterbury hatte zeigen wollen, wie wenig er ihn und seine Drohungen ernst nahm, seine eigene Stellung innerhalb der Christenheit nur noch schwankender geworden war. Tatsächlich hatte der Erzbischof von York, schon immer ein Feind von Becket, die Krönung entgegen dem ausdrücklichen Verbot des Papstes vorgenommen. Er hatte »gegen den Wunsch und die Meinung fast der gesamten Bevölkerung des Königreiches« gehandelt, schreibt ein Zeitgenosse.

Unmittelbar nach der Krönung traf Heinrich II. bei seiner Rückkehr in die Normandie mit einem der Bischöfe zusammen, von denen er Unterstützung erhoffte; es war sein Vetter, der Bischof von Worcester. Die Begegnung spielte sich in Falaise in der Normandie ab, wo der Prälat zurückgeblieben war, obwohl Heinrich allen Bischöfen seines Reiches befohlen hatte, der

Krönung beizuwohnen. Jetzt machte er dem Bischof heftige Vorwürfe, er habe ihn als Prälat und als Verwandter im Stich gelassen. Darauf erklärte der Bischof, daß ihm, als er nach England aufbrechen wollte, durch ein königliches Dekret die Abreise untersagt worden wäre.

»Wie?« rief der Plantagenet aus, »die Königin befindet sich zur Zeit in Falaise, und mein Konnetabel, Richard de Hommet, ist bei ihr. Wollt Ihr behaupten, daß einer von beiden Euch, entgegen meinem Befehl, die Überfahrt verboten habe?«

»Tadelt die Königin nicht«, erwiderte der Bischof, »wenn sie Euch aus Respekt oder aus Furcht die Wahrheit verbirgt – auch wenn Euer Zorn gegen mich dadurch wächst. Wenn sie die Wahrheit gesteht, wird Eure Empörung auf sie fallen. Und ich will lieber ein Bein brechen, als daß meinetwegen die edle Dame von Euch auch nur ein einziges hartes Wort hören muß.« Und er fügte hinzu: »Mir ist es lieber, daß es so gekommen ist, als daß ich an einer Krönung teilgenommen hätte, die gegen jedes Recht und gegen Gottes Befehl vollzogen wurde – und zwar nicht wegen des Mannes, der gekrönt wurde, sondern wegen der Kühnheit desjenigen, der ihn gekrönt hat.«

Der Verlauf des Gesprächs zeigt recht deutlich die seelische Verwirrung und die Ratlosigkeit aller derer, die Zeugen des tragischen Duells zwischen dem König und seinem ehemaligen Kanzler waren. Es geht aber auch daraus hervor, daß Eleonore keineswegs die Ansichten ihres Gemahls teilte, wenn sie auch glücklich darüber war, ihren Sohn gekrönt zu sehen.

Heinrich hatte ihr inzwischen die Obhut der jungen Margarete von Frankreich anvertraut. Nun war ja Margaretes Vater, Ludwig VII., von dem Affront gegen den Erzbischof auch in Mitleidenschaft gezogen; denn seine Tochter hätte eigentlich mit Heinrich dem Jüngeren, dessen Gemahlin sie war, zusammen gekrönt werden müssen. Also sah sich Heinrich gezwungen, dem König von Frankreich Reuepfänder zu geben; er mußte insbesondere versprechen, daß Margarete die Krone bekäme, sobald der Erzbischof von Canterbury wieder eingesetzt wäre. Das war der Zweck der letzten, wieder von Ludwig arrangierten Zusammenkunft zwischen dem König und dem Prälaten, die am 22. Juli 1170 in Fréteval stattfand. Diesmal zeigte Heinrich alle erdenklichen Zeichen der Reue und der Freundschaft; er hielt selbst den Steigbügel, damit Thomas zu Pferde steigen konnte, versprach, daß durch Thomas' Hand eine zweite Krönung stattfinden solle, und schien bereit, mit seinem

Exkanzler wieder die gleichen freundschaftlichen Beziehungen aufzunehmen, wie sie früher bestanden hatten.

Aber diesen tröstlichen Worten mußte auch eine Tat folgen; um sie in der üblichen Weise zu besiegeln, mußte er dem Erzbischof den Friedenskuß gewähren. Dies lehnte Heinrich ab. Über die Bedeutung dieser Weigerung konnten weder Ludwig noch Thomas im unklaren sein.

»Mein hoher Herr, ich habe das Gefühl, daß wir uns hienieden niemals wiedersehen« – mit diesen Worten nahm Thomas Abschied von Heinrich. Ludwig hingegen beschwor den Erzbischof, sich nicht auf das Wort des Königs zu verlassen, sondern in Frankreich zu bleiben, wo man ihm ein sicheres Asyl geboten hatte.

Es kostet einige Mühe, die Reaktion des Königs von England zu begreifen, der doch gerade erst so viel Reue bezeigt und so viele Friedensversprechungen von sich gegeben hatte. In der Mentalität jener Zeit bedeutet aber der Bruderkuß mehr als alle Worte, selbst auch mehr als alles Geschriebene, was bei der Gelegenheit ausgetauscht wurde. In diesen durch die Liturgie geprägten Zeiten kam es auf die Geste an. Seine Treue zum Lehnsherrn bekundete der Vasall dadurch, daß er bei der Huldigung seine Hände in die seines Herrn legte. Durch diese Geste verpflichtete er sich, ebenso wie sich der Lehnsherr durch den nachfolgenden Kuß verpflichtete, den Vasallen in seinen Schutz zu nehmen. Heinrich mochte so viele Freundschaftsschwüre ablegen, wie er wollte; solange er den Kuß, das Sakrament des Friedens, verweigerte, wußte jeder, daß seine Worte nur Schall und Rauch waren.

Am 1. Dezember 1170, sechs Jahre nach seiner heimlichen Flucht, landete Thomas in Sandwich. Eine riesige Menschenmenge, niederes Volk und arme Leute, begleitete ihn bis nach Canterbury. Die gesamte Bevölkerung seiner Stadt erwartete ihn am Portal der festlich geschmückten Kathedrale.

Auf Heinrichs Befehl kam Eleonore zu den Weihnachtstagen nach Bures, in die Normandie. Dort erfuhr sie, daß am 29. Dezember der Erzbischof in seinem Dom ermordet worden war.

14
Die Königin der Troubadoure

Pel doutz chan que.l rossinhols fai
La noit can me sui adormitz,
Revelh de joi totz esbaitz,
D'amor pensius e cossirans;
C'aisso es mos melher mesters,
Que tostems ai joi volunters,
Et ab joi comensa mos chans.
Bernart de Ventadorn

Von allen Städten, die Eleonore in ihrem bewegten Leben besucht hat, ist Poitiers die Stadt, zu der sie sich am meisten hingezogen fühlte. Diese Lieblingsstadt der Herzöge von Aquitanien, der glückliche Ort, wo die Dichtung der Troubadoure zum erstenmal erblühte, hat durch alle Zeiten hindurch das Gepränge seiner romanischen Vergangenheit bewahrt. Ein Teil der Stadtmauern ist noch so erhalten wie zur Zeit, als sie die Königin von England gegen die eventuellen Angriffe ihrer aufrührerischen Vasallen schützten. Noch heute sieht man das Baptisterium Saint-Jean, die Kirche Saint-Hilaire und wenigstens teilweise noch Sainte-Radegonde fast so, wie Eleonore sie sah; die herrliche romanische Fassade von Notre-Dame-la-Grande ist noch dieselbe wie zu ihrer Zeit. Sie hat auch, Stein um Stein, den großen Saal des Herzogspalastes und die Kathedrale von Saint-Pierre entstehen sehen, in der eins der Kirchenfenster ihr Bildnis enthalten soll. Unverändert sind auch die überraschenden Durchblicke in den Gassen der Altstadt geblieben, mit dem Glockenturm von Saint-Porchaire zum Beispiel oder den Arkaden des Klosters, wenn man einen zufälligen Blick in den Hof der Fakultät wirft, wo früher das Hôtel-Dieu, das Armenspital, war. All dies gehörte zu Eleonores Welt, der Welt der romanischen Baukunst in ihrer schönsten Blütezeit.

Auch die Stadt Poitiers stand in den Jahren, da Eleonores Stellung als Herzogin von Aquitanien sich festigte, mehr in Blüte als zu irgendeiner anderen Epoche. In diesem Rahmen kann man sie sich so vorstellen wie sie auf ihrem Siegel dargestellt ist: in der rechten Hand eine Blume, auf der linken Faust einen Jagdfalken haltend.

In diesen Jahren wird der Hof von Poitiers eine Heimstätte

der Dichtung, der Mittelpunkt des höfischen und ritterlichen Lebens. Hier ist Eleonore Königin, mehr noch als je in Frankreich oder England. Sie regiert durch ihre Kinder, die Träger der Hoffnung auf künftige Geschlechter. Sie herrscht über einen Hofstaat von ergebenen Vasallen und Dichtern, die sie verehren. Und sie überragt ihre Umgebung durch ihre glänzenden Geistesgaben, ihre Liebe zur Literatur und zur gepflegten Sprache. Chrestien de Troyes war sicher zu dieser Zeit häufiger Gast am Hofe zu Poitiers und empfing hier die zwiefachen Eindrücke, die sein Werk formen halfen: durch die keltischen Sagen und die höfische Poesie. Es ist nicht ausgeschlossen, daß das Thema seines ersten Romans, ›Erec und Enide‹, ihm von Eleonore selbst gegeben wurde. Der Roman preist die Seelengröße eines liebenden Paares, aber nicht in der Zeit, wo die Liebenden, ganz in ihr Glück versponnen, ihre Liebe genießen. Erst als sie ein gemeinsames Ziel verfolgen, sind sie ganz der Ritter und die Dame und bilden durch ihre Hingabe an die Sache und dadurch, daß sie gemeinsam die Abenteuer bestehen, die »Freude des Hofes«. So ähnlich war auch fünfzehn Jahre lang das Leben von Heinrich und Eleonore verlaufen, als sie sich gemeinsam der Aufgabe widmeten, ihr großes Reich in eine ruhmreiche Zukunft zu führen. Aber Heinrich hatte den Pakt gebrochen; er zog die Hurerei der schöpferischen Liebe vor, und aus war es mit der »Freude des Hofes«. Eleonore wird ihren Abenteuern allein nachjagen – wie in der »Jagd nach dem weißen Hirsch« in der Artussage. Sie tut es, als leidenschaftliche Mutter, für ihre Söhne, da sie nun einmal um ihre Rechte als Gattin betrogen war.

Während der Jahre in Poitiers betrachtet sie es als ihre Aufgabe, gegen die immer stärker werdende Tyrannenmacht des einsamen Heinrich II. die Rechte ihrer Kinder durchzusetzen, gegebenenfalls bis zum offenen Aufstand. Und dies auf einem Hintergrund, wie nur sie ihn zu schaffen versteht: mit Troubadourmusik und höfischer Poesie, mit Festen wie am Hofe des Königs Artus und mit leidenschaftlichen und subtilen Diskussionen in den »Liebeshöfen«. Natürlich glaubt heute niemand mehr an die Deutung, die die Literarhistoriker der Klassikerzeit mit der ihnen eigenen Plumpheit dem entzückenden Ausdruck »Liebeshof« gegeben haben. Sie wollten darin wahrhafte Gerichtshöfe sehen, deren Urteilssprüchen sich die Liebenden unterwerfen mußten ... In Wirklichkeit handelte es sich um die geistreichen Spiele einer hochgebildeten Gesellschaft, die sich dafür begeisterte, alle Nuancen der Liebe zu analysieren. Zum Scherz erließ man für erdachte Fälle Urteile, die in der Form den Schiedssprüchen der Feudalgerichte entsprachen, der »Lehnshöfe«, vor denen Streitfälle geschlichtet wurden. Das erstaunliche Werk von André le Chapelain mit dem Titel ›Traité de l'Amour‹ hat uns den Charakter dieser gesellschaftlichen Zusammenkünfte überliefert, bei denen über höfische Themen diskutiert wurde, immer unter dem Vorsitz einer edlen Dame, zum Beispiel der Vizegräfin Ermengarde von Narbonne, der Isabella von Flandern; manchmal war es auch Eleonore selbst oder ihre Tochter Marie von Champagne.

Eleonore hat nämlich ihre beiden ältesten Töchter aus der Ehe mit König Ludwig wieder an sich gezogen, die auch zu jener Zeit des öfteren in Poitiers weilen. Die eine, Alix von Blois, ist es wohl, die später in den Orden von Fontevrault eintritt; gemessen an den Schenkungen, die sie erhält, muß sie im Herzen ihrer Mutter einen bevorzugten Platz gehabt haben. Die andere, Marie von Champagne, ist zweifellos von allen ihren zehn Kindern die Tochter, in der sich Eleonore am ehesten selbst wiedererkennt. Sie ist die »fröhliche und heitere Gräfin, durch die es hell wird in der Champagne ...« nach Aussage des Troubadours Rigaud de Barbezieux, der an ihrem Hofe lebte. Von ihrer Mutter hat sie die Liebe zur Dichtkunst, die geistigen Interessen und die Gabe, Poesie um sich herum zu wecken, geerbt. Chrestien de Troyes steht ganz unter ihrem Einfluß. Auf ihre Bitten schreibt er die Erzählung von ›Lanzelot oder dem Karrenritter‹. Darin sieht man am besten von allen Ritterromanen, wie weit die Verherrlichung der Dame gehen kann: Aus Liebe zu Ginevra nimmt Lanzelot sogar die Schande auf sich, im Kampfe unterlegen zu sein und als feige zu gelten.

Vielleicht hat auch Marie de France in diesem anregenden Milieu ihre *lais* verfaßt – ihre hinreißenden Versnovellen über keltische Themen, die so ganz in die Atmosphäre von Eleonore gehören, ebensosehr wie die Dichtungen der Minnesänger. (Wir erwähnten schon, daß Marie de France eine Halbschwester von Heinrich Plantagenet gewesen sein soll.) Vor allem hat der Hof von Poitiers in jenen Jahren Bernart von Ventadorn wieder bei sich gesehen, und mit ihm andere Dichter, wie Rigaud de Barbezieux – der Eleonore unter dem Decknamen *Plus-que-Dame* feiert – und Gaucelm Faidit, der mit dem jungen Gottfried von Bretagne in einem *Jeu-parti,* einer beliebten Gedichtart mit zwei Gesprächspartnern, fröhliche Wechselrede führt.

Auch die Prinzen nehmen, wie man sieht, an der poetischen Aktivität teil. Richard ist ein bekannter Troubadour; später wird er einige seiner Werke der »Gräfin-Schwester« Marie von Champagne widmen, zu der er, scheint es, eine große Zuneigung empfand. Und es ist sicher auch kein Zufall, daß der erstgeborene Sohn von Gottfried den Namen Artus bekam.

Eleonore muß sehr glücklich gewesen sein, wenn sie ihre Kinder am Hofe von Poitiers um sich versammelt sah; waren sie doch alle so geworden, wie sie es sich erhofft hatte.

Die Zeitgenossen sind sich darin einig, den Ältesten, Heinrich, der in der Geschichte »der Junge König«, *el Jove Rey* bleibt, als den Inbegriff eines höfischen Ritters zu schildern. Er hat eine sorgfältige Erziehung genossen, zum großen Teil durch Thomas Becket, dem er seit seinem siebenten Lebensjahr anvertraut war. Er war groß, blond, schön wie ein junger Gott, drückte sich gewandt aus und war ein liebenswürdiger, gescheiter Gesprächspartner, der immer den Nagel auf den Kopf traf. Außerdem war er gutherzig, leutselig, immer bereit, zu verzeihen, und von außergewöhnlicher Großzügigkeit. Die einzelnen Charakterzüge, von denen die Zeitgenossen berichten, formen sich zu einem so anziehenden Bild, daß selbst die Fehler des jungen Prinzen dabei sympathisch wirken wie zum Beispiel seine Verschwendungssucht, die ihm sein Vater so heftig zum Vorwurf machte. Sogar Giraud de Barri, der gegen jeden bösartig ist und die Plantagenets besonders schlecht behandelt, ist entwaffnet von so viel Charme, wie ihn der Junge König besitzt: »Er war so geartet, daß er nie dem etwas verweigerte, der wert war, es zu bekommen; niemals ließ er einen Würdigen traurig oder unzufrieden von hinnen ziehen. Wie seinerzeit Titus erachtete er jeden Tag als verloren, an dem er nicht viele Leute freigebig beschenkt und sie an Leib und Seele mit einem Übermaß an Wohltaten bedacht hatte.«

Seit 1170 ist Guillaume le Maréchal bei ihm, der Mann, den Eleonore aus den Händen der Familie Lusignan freigekauft hatte. Von ihm wird 1173 der Junge König zum Ritter geschlagen. Maréchals Biographie enthält viele Berichte von Turnieren und auch zahlreiche Anekdoten, die uns die Atmosphäre bei den damaligen Festen anschaulich machen. »Fast alle vierzehn Tage gab es ein Turnier«, erzählt er, »und weit mehr als zweihundert Ritter lebten auf Kosten des Jungen Königs.« Alle überboten sich gegenseitig bei diesen Scheinkämpfen unter den Augen der Damen und Edelfräulein, die auf den Tribünen oder hinter den Schranken des Kampfplatzes saßen. Eines Tages, berichtet Maréchal, habe es in Joigny ein Turnier gegeben. Dort angekommen, legten die Ritter ihre Rüstungen an und begaben sich zum außerhalb der Stadt gelegenen Turnierplatz; dort stiegen sie ab und erwarteten ihre Gegner. Die Gräfin Aelis, die Frau des Grafen Rainaut de Joigny, gesellte sich zu ihnen. Da die Gegner lange auf sich warten ließen, schlug jemand vor, man solle tanzen. Nach der Sitte der Zeit mußte für den Tanzrhythmus ein Lied improvisiert werden. Le Maréchal als vollendeter Ritter machte den Anfang; auf ihn folgt ein junger Herold, der ein zweites Lied mit dem Refrain »Maréchal, ich brauch' ein gutes Pferd!« komponiert *(Maréchal, j'ai besoin d'un bon cheval!)*. Le Maréchal entfernt sich, ohne ein Wort zu sagen, und begibt sich zum Turnierplatz, wo inzwischen die ersten Lanzenstechen begonnen haben, Wettkämpfe, bei denen jeweils zwei Ritter aufeinander losreiten. Er fordert einen der Ritter heraus, hebt ihn im Nu aus dem Sattel, ergreift dessen Pferd, auf das er üblicherweise Anspruch hat, und bringt es dem kleinen Herold, der mit seinem Lied noch nicht einmal am Ende ist. Und der jetzt singt: »Ich habe ein Pferd! Der Maréchal hat es mir gegeben!« *(J'ai un cheval! Me le donna le Maréchal!)* – Ein andermal erobert sich le Maréchal ein Pferd, das einem Flamen namens Mathieu de Walincourt gehört. Dieser ärgert sich und bittet den Jungen König, es ihm zurückgeben zu lassen. Le Maréchal tut es; als er am gleichen Tage den Mathieu noch einmal als Gegner vor sich hat, führt er dessen Pferd wieder in seinen Stall. Am Abend, als alle Ritter sich zum gemeinsamen Bankett treffen, bittet Mathieu de Walincourt abermals den Jungen König um die Rückgabe seines Pferdes. Heinrich ist erstaunt, ruft le Maréchal zu sich und fragt ihn, warum er seinen Befehl nicht befolgt habe; und da erst erfährt man, daß er zweimal am gleichen Tag dasselbe Pferd gewonnen hat.

Andere Anekdoten schildern das fröhliche Wesen Heinrichs des Jüngeren, der immer zu allerlei Kurzweil aufgelegt war. So wie er zum Beispiel in Bures, in der Normandie, einmal beschließt, alle Leute zu Tisch zu laden, die mit Vornamen Wilhelm hießen. Das war zu jener Zeit neben Johannes der beliebteste Vorname. An jenem Abend hatte Heinrich einhundertsiebzehn Gäste.

Eleonores Liebling ist jedoch sichtlich der zweite Sohn Richard, der, den sie zum Herzog von Aquitanien gemacht hat. Er besitzt vielleicht nicht den Charme seines älteren Bruders, ist aber auch ein sehr sympathischer Jüngling. Er ist ebenfalls groß und gut gewachsen; im Gegensatz zu ihren Brüdern Gottfried und Johann sind alle beide größer als der Durchschnitt. Richard ist ein außergewöhnlich begabter Mensch und ein großer Dichter. Von seinen Werken sind nur zwei auf uns gekommen, beide sehr bewegend, insbesondere das Lied, das er in der Gefangenschaft schrieb. Er hat die grauen Augen, das flammendrote Haar und die sprichwörtlichen Zornesausbrüche der Angeviner geerbt. Dagegen erinnern sein dichterisches Talent, sein heiteres Wesen und sein unbeständiger Charakter mehr an seine aquitanischen Vorfahren. Sein Freund, der Troubadour Bertran de Born, nennt ihn den »Oc-e-No«, den »Ja- und Neinsager«. Giraud de Barri vergleicht einmal die beiden Prinzen miteinander und erklärt, Heinrich müsse man wegen seiner Milde und Richard wegen seiner Gerechtigkeit loben; der eine sei der Schild der Schlechten, der andere ihr Hammer.

So floß das Leben am Hofe von Poitiers fröhlich dahin. Feste und Turniere wechselten einander ab, Viola, Laute und Zither erklangen, und unter den Augen von Eleonore begeisterte sich die ganze junge Generation an Tanz und Poesie. Da sind die jungen Prinzen; die Frau des einen, Margarete von Frankreich, und die Braut des anderen, Adelaide, eine andere Tochter Ludwigs VII. und mit Richard verlobt; dazu die Prinzessinnen, mit Ausnahme der beiden ältesten. Mathilde ist nach Sachsen abgereist und die junge Eleonore mit Alfons von Kastilien verheiratet. Um sie herum ein Gefolge von Rittern, Damen und Edelfräulein. Hier tummelte sich die ganze *Jeunesse dorée* von Poitou und Aquitanien, in einer Atmosphäre wie in einem Ritterroman. Von Zeit zu Zeit gab es noch üppigere Feste, etwa an Ostern oder Weihnachten und beim Besuch eines Königs oder eines anderen hohen Herrn. Im Juni 1172 fand beispielsweise in Limoges ein glänzender Empfang für die Könige von Navarra und Aragon, Sancho und Alfons II., statt. Dieser letztere war ein ebenso großer Freund der Minnesänger wie die Prinzen von Aquitanien und auch selbst ein Troubadour. Er hatte immer eine offene Tafel für die Dichter; Peire Rogier, Peire Ramon von Toulouse und Elie de Barjols waren häufige Gäste an seinem Hof.

Aus diesem festlichen Bild ist Heinrich II. ausgeschlossen. Zwei Jahre lang erscheint er kaum auf dem Festland. Der düstere Vorwurf, der auf ihm lastet, bildet einen auffallenden Gegensatz zu den heiteren Farben, in denen zeitgenössische Chronisten wie Guillaume le Maréchal das Leben von Eleonore und ihren Kindern schildern.

Als Heinrich am letzten Tage des Jahres 1170 die Nachricht von der Ermordung Thomas Beckets bekam, schloß er sich in sein Zimmer ein. Dort verbrachte er mehrere Tage auf den Knien, ließ niemanden zu sich und verweigerte jede Nahrung. In seiner Umgebung begann man für sein Leben zu fürchten. Vergeblich versuchten der Bischof Arnoul von Lisieux und der Erzbischof von Rouen, ihm Trost zuzusprechen. Als Heinrich wieder in der Öffentlichkeit erschien, suchte er jedoch sichtlich die Schuld von sich abzuwälzen oder zum mindesten abzuschwächen. Er schrieb an das Domkapitel von Canterbury einen Brief, worin er erklärte, er habe diesen Mord nicht gewollt und fühle sich auch nicht dafür verantwortlich. Außerdem schickte er zwei Gesandtschaften zum Papst; die eine, um sein Gewissen von dem Meuchelmord reinzuwaschen, den die gesamte christliche Welt ihm zuschrieb, die zweite, um Absolution für die Bischöfe zu erwirken, die ihn gegen Thomas unterstützt hatten, darunter Roger von Pont-l'Evêque, der Erzbischof von York, und Gilbert Foliot, der Bischof von London. Dann reiste er nach Irland ab. Er hatte wohl das Bedürfnis, eine gewisse Entfernung zwischen sich und die Ereignisse zu legen.

Aber die Ereignisse nahmen ihren unabänderlichen Lauf. An dem Grabe in Canterbury geschahen schon wenige Tage nach Thomas' Tode die ersten Wunder – die man natürlich dem Märtyrer zuschrieb. Man verzeichnete verschiedene Heilungen: die eines Blinden, der das Augenlicht wiederbekam, und einer Lahmen, die plötzlich wieder laufen konnte ... Pilger strömten zu dem entweihten Dom, in dem fast ein Jahr lang keine Messe zelebriert werden durfte. Inzwischen wurden, etwa gegen Ostern, die Meuchelmörder und ihre Komplicen von Papst Alexander III. feierlich exkommuniziert. Über die englischen Lande wurde der Kirchenbann verhängt. Heinrich II. durfte keine Kirche betreten. Der Papst sagte, er habe in der Stunde, da der Erzbischof zu Tode getroffen wurde, eine Vision gehabt: Er habe ihn gesehen, wie er die Messe zelebrierte, und plötzlich sei sein Meßgewand mit Blut getränkt gewesen.

Heinrich erlangte die Aussöhnung mit der Kirche erst wieder, als er in Avranches in Gegenwart seines Sohnes, des Jungen Königs, vor der normannischen Geistlichkeit und einer großen Versammlung von Adligen und Leuten aus dem Volk feierlich

Buße getan hatte. Am 21. Mai 1172 schwor er auf das Evangelium, daß er den Tod des Erzbischofs weder befohlen noch gewünscht habe. Darauf kniete er auf den Stufen der Kirche nieder und bot seinen nackten Rücken den Mönchen zur Geißelung dar. Feierlich gelobte er alsdann, die Kirche von Canterbury in ihrer ganzen Würde wiederherzustellen, auf die Konstitutionen von Clarendon zu verzichten, derentwegen sich der Kampf mit seinem ehemaligen Kanzler so zugespitzt hatte, und schließlich, zu fasten, Almosen zu verteilen und als Zeichen seiner Bußfertigkeit zweihundert Ritter zur Verteidigung von Jerusalem auszurüsten.

Zu Weihnachten 1172 beschloß Heinrich, seinen Hof in Chinon abzuhalten. Eleonore erschien wieder an seiner Seite, wie sie es zwei Jahre zuvor in Bures getan hatte, bis zu dem tragischen Ausgang, den damals die Feiertage genommen hatten. Zweifellos legte ihr Gemahl Wert darauf, zu sehen, ob sein Ansehen in Aquitanien noch galt. Schließlich war er drei Jahre lang nicht mehr dort gewesen; Eleonore hatte in dieser Zeit das Land allein regiert. Nun bot sie sicher alles auf, was in ihrer Macht stand, damit er den besten Eindruck empfing. Nach den langen Jahren des Konflikts, den Thomas durch seinen zähen Widerstand heraufbeschworen hatte, konnte Heinrich jetzt wenigstens das beruhigende Gefühl haben, sein ganzes Königreich, vom nunmehr »befriedeten« Irland bis zu den Pyrenäen, wieder fest in der Hand zu haben. Durch die Buße, die er in Avranches getan hatte, war er in Gnaden wieder in die Kirche aufgenommen worden. Um dem Zerwürfnis mit dem König von Frankreich ein Ende zu machen, wurden Heinrich der Jüngere und Margarete am 27. September 1172 im Dom zu Winchester feierlich gekrönt. Schließlich machte der König, immer noch zum Zeichen seiner Reue und seiner Friedensbereitschaft, zwei religiöse Stiftungen: die Kartause von Liget in der Touraine und die Kartause von Witham in England. Überall herrschte Ruhe, in seinem Königreich, in seiner Familie und bei seinen Prälaten. Er hatte seine eigene Welt wieder gut in der Hand.

Zwei Monate später, im Februar 1173, berief Heinrich eine große Versammlung von Baronen nach Montferrand in die Auvergne. Dort empfing er den Grafen Humbert de Maurienne und trat mit ihm in Verhandlungen ein. Es ging darum, den letzten seiner Söhne, Johann, zu verheiraten. Heinrich nannte ihn Johann ohne Land, denn dieser jüngste Sohn, den er besonders liebte, war damals in Montmirail nicht dabeigewesen, als der Vater sein Reich unter seine Söhne verteilte. Die Erbteilung war im übrigen fiktiv, denn Heinrich der Jüngere hatte, obwohl zum König gekrönt, bisher noch keinen Anteil an der Macht.

Heinrich beschloß also, seinen Sohn Johann, der damals sieben Jahre alt war, mit Alix, der Erbin von Maurienne, zu verheiraten. Dadurch sicherte er ihm die Aussicht auf eine größere Erbschaft: das weite Land rings um den Genfer See, Savoyen mit den Übergängen nach Italien und die Provence. Als Unterpfand seines guten Willens händigte Heinrich dem Grafen Humbert de Maurienne fünftausend Mark in Silber aus. Überdies versprach er, Johann werde außer dem ihm schon zugesagten Irland mehrere günstig gelegene Schlösser in Mittelengland sowie aus Heinrichs kontinentalem Herrschaftsbereich drei strategisch wichtige Plätze an den Angelpunkten zwischen dem Poitou und der Bretagne, Chinon, Loudon und Mirebeau, erhalten. Damit wurde Johann sehr großzügig ausgestattet; diese Schlösser waren nämlich wichtige Relaisstationen eines Staates, der von West nach Ost die Erblande der Plantagenets in zwei Teile teilte. Und daß Heinrich so offensichtlich danach strebte, sich Zugänge nach Italien zu verschaffen, zeigt doch wohl, daß seine weiteren Pläne auf das Kaiserreich abzielten.

Eine zweite, noch feierlichere Versammlung wurde nach Limoges einberufen. Hier gedachte Heinrich, seinen höchsten Baronen seine Entschlüsse kundzutun. Im Glanze seiner Macht wollte er vor ihnen erscheinen, ihnen von dem Heiratsprojekt für Johann Mitteilung machen und desgleichen von einer weiteren Verbindung, der seiner letzten noch zu verheiratenden Tochter Johanna, um deren Hand König Wilhelm von Sizilien angehalten hatte. Durch seine Kinder würde Heinrich nunmehr ganz Europa beherrschen. Auch im Süden festigte sich seine Macht; denn Graf Raimund V. von Toulouse hatte eingewilligt, ihm für seine Länder zu huldigen. Das war auch einer der Gründe, weshalb Heinrich die Versammlung nach Limoges einberufen hatte. So erhielt Heinrich endlich auch die Oberherrschaft über Toulouse, die Eleonore immer schon angestrebt hatte, die aber durch den Gewaltstreich des Jahres 1159 nicht zu erlangen gewesen war. Raimund V. hatte sehr bald, nachdem er durch das Dazwischentreten des Königs von Frankreich gerettet worden war, seinen Wohltäter verraten. Er hatte seine Frau Konstanze von Frankreich verstoßen, um Richilde, die Witwe des Grafen der Provence, zu heiraten. Die Aufgabe, seine Streitigkeiten mit dem König von Aragon zu regeln, übertrug er später auf Heinrich.

Zur allgemeinen Bestürzung endete die Versammlung in Limoges mit einem Mißton. Dabei war sie als Triumph für die persönliche Tatkraft des Plantagenet gedacht; es sollten die Pläne, die er für seine Person und sein Reich entworfen hatte, enthüllt werden.

Die Huldigungszeremonie war mit der gewünschten Feierlichkeit vonstatten gegangen. Dann hatte Heinrich zu den versammelten Baronen von seinen Plänen gesprochen. Auf einmal erhob sich Heinrich der Jüngere und protestierte laut gegen die für seinen Bruder getroffenen Dispositionen. Die Schlösser, die seinen älteren Brüdern dadurch weggenommen würden, seien wichtige Schlüsselstellungen. Außerdem verlangte Heinrich der Jüngere, auf die Rechte, die ihm sein Königstitel gab, pochend, daß ihm die tatsächliche Herrschaft übergeben werde. Die Zeit dazu sei jetzt gekommen. Sonst wäre seine zweifache Krönung ja nur eine Komödie gewesen.

Das war ein harter Schlag für Heinrich Plantagenet. Seit dem Tode von Thomas Becket hatte niemand mehr gewagt, sich seinem Willen zu widersetzen. Nur der päpstliche Bannstrahl war ein Hindernis auf seinem Weg gewesen; er kam aber von einer Autorität, der er sich wohl oder übel beugen mußte.

Als die Versammlung sich auflöste, ersuchte Graf Raimund V. von Toulouse den König von England um eine private Unterredung. Dabei bekam Heinrich allerhand zu hören. Ob der König denn taub und blind gegen alles sei, was um ihn herum geschehe? Sähe er denn gar nicht, welchen verderblichen Einfluß Eleonore im Lauf der letzten Jahre auf ihre Kinder gewonnen habe? Daß, Masche für Masche, ein ganzes Netz von Verschwörungen geknüpft werde und daß jeder einzelne von den poitevinischen und aquitanischen Herren bereit wäre, ihn zu verraten.

Heinrich war offenbar nicht ganz überzeugt. Er kannte den Grafen von Toulouse besser als jeder andere und wußte, was er von solchen Anschuldigungen zu halten hatte. In Verrat war Raimund selbst Meister. Heinrich erinnerte sich auch daran, welchen Groll der Mann gegen Eleonore hegte. Es ging Heinrich bei der ganzen Sache wohl so wie vielen autoritären Menschen. Ihre eigenen Wünsche und Ziele beschäftigen sie so sehr, daß sie nicht merken, was um sie herum vorgeht. Schon die Zeitgenossen erklärten, Heinrich sei ein Despot gewesen, »Despot in seiner Familie ebenso wie in seinen Staaten«. Ein Despot ist selten scharfsichtig.

Immerhin war der Streich, den sein ältester Sohn ihm gespielt hatte, bitter genug, um ihm wenigstens in einem Punkt die Augen zu öffnen: Heinrich entglitt ihm. Vielleicht war es der mütterliche Einfluß, vielleicht hatte den jungen Mann auch die öffentliche Buße in Avranches so beeindruckt, der sich sein Vater hatte unterwerfen müssen. Jedenfalls war es ein Schlag gegen Heinrichs persönliches Prestige. Man darf auch nicht vergessen, daß der junge Prinz von jeher für Thomas Becket, der seine ersten Studien geleitet hatte, große Anhänglichkeit empfunden hatte.

Heinrich beschloß also, bei der Abreise aus Limoges seinen Sohn mit sich zu nehmen. Er mußte herausfinden, was für Gedanken, und gegebenenfalls Hintergedanken, den jungen Mann bewegten und welche Einflüsse ihn nun wirklich bewogen hatten, gegen seinen Vater zu rebellieren. Er mußte sich auch einmal die Umgebung und die Gefährten seines Sohnes näher ansehen und außerdem endlich Schluß machen mit der Verschwendung, über die sich seine Schatzkämmerer so oft beschwerten.

Mehrere Tage verbrachten die beiden Könige reitend und jagend im Tal des Aveyron. Dann aber verlangte es Heinrich Plantagenet zurück in die Normandie; sie wandten sich nach Norden und hielten am Abend des 7. März vor dem Schloß Chinon. Wie schon seit ihrer Abreise aus Limoges schliefen Vater und Sohn auch hier in demselben Raum.

Als Heinrich am anderen Morgen erwachte, war sein Sohn fort. Er war auch nicht mehr im Schloß. Eine rasche Untersuchung ergab, daß die Zugbrücke vor Sonnenaufgang herabgelassen worden war. Er mußte also Komplicen gehabt haben. Heinrich verschob es auf später, dem nachzugehen, und sandte zuerst einmal nach allen Himmelsrichtungen Boten aus. Durch sie erfuhr er, sein Sohn sei an einer Furt durch die Loire geritten und habe sich nach Norden gewandt. Jetzt sandte der König Befehl an alle Kastellane, den Jüngling aufzuhalten, wo er durchkäme, und machte sich dann selbst an die Verfolgung. Offensichtlich hatte der Junge König seine Flucht sorgfältig vorbereitet, so daß er bei jeder Etappe schnelle Pferde vorfand. Seine Ankunft in Alençon wurde schon gemeldet, als Heinrich noch nicht einmal in Le Mans war. Es gab eine wilde Verfolgungsjagd quer durch Maine und die Randgebiete der Normandie. Schließlich mußte Heinrich erfahren, daß sein Sohn bereits

Mortagne im Herrschaftsgebiet des Grafen von Dreux, Bruder des Königs von Frankreich, erreicht hatte. Nun befand er sich außerhalb der Reichweite seines Vaters und konnte in aller Ruhe nach Paris weiterziehen.

Demnach hatte sich Heinrich der Jüngere in dem Augenblick, als sich sein Vater auf dem Gipfel seiner Macht wähnte, bereits in offener Rebellion befunden. Denn den Schutz des Königs von Frankreich mußte er schon vorher erbeten haben. Wie seinerzeit Thomas Becket suchte jetzt Heinrich der Jüngere bei Ludwig Schutz und Zuflucht. Sollte die Geschichte sich wiederholen?

Die Geschichte wiederholte sich. Heinrich sandte Eilboten nach Paris und bat den König von Frankreich, seinen Sohn und Erben in die Normandie zurückzuschicken. Wenn er sich über irgendein Unrecht zu beklagen hätte, würde man es wiedergutmachen. Jetzt hatte Ludwig eine neue Gelegenheit, die ihm eigene milde Ironie zu beweisen: »Von wem kommt dieses Anliegen?« fragt er die Sendboten höflich.

»Vom König von England.«

»Vom König von England?« Ludwig tut sehr erstaunt. »Der ist doch hier bei mir und hat mich um nichts gebeten, besonders nicht durch Euch.«

Dann fährt er zu den etwas perplexen Gesandten fort: »Vielleicht nennt Ihr immer noch seinen Vater ›König‹, den, der früher König von England war. Wißt, dieser König ist tot. Er täte besser daran, sich nicht länger für den König zu halten, nachdem er vor aller Welt sein Königreich an seinen Sohn abgetreten hat.«

Zu der Zeit, als man ihm diese sarkastische Botschaft überbrachte, wußte Heinrich Plantagenet inzwischen selbst, was gespielt wurde. Nicht nur sein ältester Sohn war ihm entglitten. Auch Richard und Gottfried waren auf dem Wege nach Paris, und wie ein Waldbrand breitete sich in ganz Aquitanien der Aufstand aus. Die Kastellane, Schatzmeister und übrigen Beamten, die Heinrich in die Provinzen geschickt hatte, wurden verjagt. Die Grafen von Lusignan, Rancon und Larchevéque kündigten dem König die Lehnstreue. Und es geschah noch mehr: Nach dem Beispiel der Barone von Poitou und Aquitanien erklärten sich die drei Grafen von Sainte-Maure – Hugues, Guillaume und Jocelyn, die alle drei dem Hofe von Poitiers nahestanden – offen für den Jungen König. Es folgten noch weitere Katastrophenmeldungen: Der Aufstand griff bereits auf die Besitzungen in England über. Die englischen Feudalherren benutzten die Gelegenheit, gegen die Steuerforderungen ihres Lehnsherrn zu protestieren. Die Grafen von Leicester und von Norfolk sowie der Bischof von Durham schlossen sich dem Aufstand an. Im Norden des Reiches erklärte sich der König von Schottland offen für Heinrich den Jüngeren.

Ein eigenartiger Vorfall spielte sich in Canterbury ab. Ein Jahr lang war die Kathedrale mit dem Bann belegt gewesen; jetzt wurde der Bann aufgehoben, die Kirche wieder zum Gottesdienst freigegeben, und man erwartete den neuen Erzbischof. Am 3. Juni 1173 war er rechtmäßig gewählt worden. Es war Richard von Dover. Am Tage seiner Inthronisation erschienen jedoch Abgesandte des Jungen Königs, um gegen eine Wahl zu protestieren, die ohne seine Einwilligung geschehen sei. Die feierliche Handlung mußte unterbrochen werden. Man wandte sich an den Papst, der selbstverständlich die Wahl bestätigte – zumal in der Zwischenzeit bekannt wurde, daß der Junge König, auf Anstiften seiner Mutter, diese Scheinopposition ja nur gemacht hatte, um damit zu unterstreichen, daß jetzt er anstelle seines Vaters der König sei.

Heinrich II. stand nun völlig allein; nur die Normandie war ihm treu geblieben. In seiner näheren Umgebung fürchtete man für sein Leben. In dieser Lage schrieb er einen Brief an den Papst, in einem wahrhaft pathetischen Ton. Er beklagt sich darin über die »Bosheit seiner Söhne, die der Geist der Sittenverderbnis derart gegen ihren Vater aufgestachelt hat, daß sie es für ruhmvoll und ehrenhaft halten, ihn zu verfolgen«. Er fährt dann fort: »Meine Freunde haben mich verlassen, meine Vertrauten trachten mir nach dem Leben ...«

Ludwig VII. hat, wie man sich denken kann, die Situation weidlich ausgenutzt. Er setzte alle Hebel in Bewegung, um die rebellierenden jungen Prinzen zu begünstigen und für sie einzutreten; wie zum Beispiel bei der Sache mit dem Siegel Heinrichs des Jüngeren. Dieses Siegel war in einer Zeit, wo man noch nicht unterschrieb, von außerordentlicher Bedeutung als Kennzeichen einer Person. Wenn eine hochgestellte Persönlichkeit starb, wurde ihr Siegel zerbrochen oder dem Toten mit ins Grab gegeben. Niemand außer ihm durfte das Siegel verwenden, denn erst mit dem Siegel wurden seine Akte authentisch. In aller Eile läßt Ludwig VII. für Heinrich den Jüngeren ein neues Siegel anfertigen. Um es den Baronen von Frankreich und England vorzuführen, beruft er eine glänzende Versammlung nach Paris.

Alle aufständischen Vasallen, die an den französischen Hof gelangt sind, schwören dem Jungen König die Treue. Andere erklären sich zu einem Bündnis bereit, um ihm bei der Sicherung seines Königreiches zu helfen. Dazu gehören unter anderen der mächtige Philipp von Flandern und sein Bruder, der Graf von Boulogne. Zur Belohnung verteilt Heinrich der Jüngere freigebig Schenkungsurkunden, die alle mit seinem neuen Siegel gesiegelt sind. Philipp erhält die Grafschaft Kent und das Schloß Dover. König Wilhelm von Schottland darf seine Grenze im Norden von England begradigen. Sein Bruder David bekommt die Grafschaft Huntingdon. Der Graf von Blois läßt sich Lehen in der Touraine übertragen. Auch der Graf von Champagne verspricht militärische Hilfe. Alle erklären einstimmig, daß »der, welcher früher König von England gewesen ist, von nun an nicht mehr König ist«.

Die Feindseligkeiten beginnen in der Normandie. Am 29. Juni 1173 eröffnet Philipp von Flandern die Belagerung von Aumale, während Ludwig, Seite an Seite mit dem Jungen König, Verneuil angreift. Im Norden von England fallen reihenweise die Burgen; und in der Bretagne, an der Grenze zur Normandie, bemächtigen sich aufständische Barone der Festung Dol.

Anfänglich schien Heinrich durch den Umfang der Ereignisse aus der Fassung gebracht. Aber dann sah er ein, daß er vor allem erst einmal Söldner anwerben mußte, da er nur auf wenige ihm treu gebliebene Vasallen zählen konnte. Die Mentalität der Zeit mißbilligte diesen Brauch, und zwar in wachsendem Maße; im dreizehnten Jahrhundert gibt es nur noch Lehnsheere, überhaupt keine Söldner mehr. Erst Philipp der Schöne bedient sich ihrer wieder. Doch seine Initiative auf diesem Gebiet lastete schwer auf Frankreich; die verheerende Form, die die französisch-englischen Kriege im vierzehnten und fünfzehnten Jahrhundert annahmen, ist in erster Linie auf die Verwendung von Söldnern zurückzuführen. Übrigens zeigt es sich noch öfter, daß Heinrich eher die Mentalität eines Monarchen als die eines Lehnskönigs hat. – Im Augenblick waren die Söldner allerdings seine Rettung. Er rekrutierte zwanzigtausend Männer aus Brabant, ohne am Solde zu knausern. Da die Zeit knapp war und es derzeit auch nicht angebracht schien, in England eine neue Steuer zu erheben, mußte er alles, was er besaß, verpfänden – sogar das bei seiner Krönung benutzte diamantengeschmückte Prunkschwert –, um sich die notwendigen Geldmittel zu beschaffen.

Dann handelte er mit der Schnelligkeit und dem strategischen Geschick, die ihm eigen waren. Innerhalb von sieben Tagen, vom 12. bis zum 19. August, schaffte er seine Armee von Brabantern von Rouen nach Saint-James de Beuvron, wobei oft Tagesmärsche von dreißig Kilometern gemacht wurden. Schon bei Drincourt, Verneuil und Dol bewies er seine militärische Überlegenheit.

Durch den weiteren Verlauf der Dinge erwiesen sich die Behauptungen Raimunds V. von Toulouse als nur zu wahr; einzig Eleonore konnte eine Verschwörung dieses Ausmaßes angezettelt haben. Offensichtlich war sie es gewesen, die in dem glänzenden Rahmen des Hofes von Poitiers allmählich die Söhne gegen ihren Vater, die Vasallen gegen ihren Lehnsherrn aufgestachelt hatte. Alles klagte sie an: sowohl die Aussagen von Gefangenen, die dem König in die Hände fielen, wie der Jubel seiner abtrünnigen poitevinischen Vasallen. Ein Chronist, Richard le Poitevin, schrieb damals: »Freue dich, o Aquitanien, juble, o Poitou, denn das Zepter des Königs der Nordwinde entfernt sich von dir ...!«

Bei einem der ihm treu gebliebenen Prälaten, dem Erzbischof von Rouen, Rotrou von Warwick, erreichte es Heinrich, daß er der Königin eine feierliche Strafpredigt sandte: »Wir bedauern alle, in einer gemeinsamen Klage, daß Du, eine so kluge Frau vor allen anderen, Dich von Deinem Gatten getrennt hast ... Getrennt vom Kopf sind die einzelnen Gliedmaßen unnütz. Was noch schlimmer ist, Du hast die Frucht Eurer Leiber, Deines und des Herrn Königs, gegen ihren Vater aufgestachelt ... Wir wissen, daß Du die Ursache eines allgemeinen Zusammenbruchs werden wirst, wenn Du nicht zu Deinem Gatten zurückkehrst ... Kehre doch zurück, o hochberühmte Königin, zu Deinem Gemahl und unserm Herrn ... Bevor uns die Ereignisse zu einem schrecklichen Ende führen, komm mit Deinen Söhnen zu Deinem Gatten zurück, dem Du gehorchen und bei dem Du leben sollst ... Entweder Du kommst zu Deinem Gatten zurück, oder wir sehen uns gezwungen, nach kanonischem Recht gegen Dich eine Kirchenstrafe auszusprechen. Wir sagen das mit großem Bedauern und werden es, falls Du nicht bereust, auch nur mit Tränen und mit Schmerzen tun ...«

Zu dem Zeitpunkt, als diese Botschaft abgefaßt wurde – man schreibt die Redaktion dem Sekretär des Königs, Pierre von Blois, zu, der einige Jahre später auf seiten der Königin zu finden ist –, dachte Eleonore, die sich in Poitou verschanzt hatte, nicht im entferntesten daran, zu einem Gatten zurückzukehren, der sie verhöhnt und verlassen hatte.

In militärischer Hinsicht nahmen die Dinge für sie eine ungünstige Wendung; man sprach bereits vom Waffenstillstand. Nachdem Heinrich einmal die Hände in der Normandie frei hatte, führte er seine Truppen nach Poitou und fing an, das Land zwischen Tours und Poitiers zu verwüsten. Er hatte wohl gemerkt, daß der Vertraute und die rechte Hand der Königin nur Raoul de Faye sein konnte; daher belagerte er Faye-la-Vineuse, das alsbald in seine Hände fiel. Vielleicht hatte sich Eleonore vorher sogar dort aufgehalten; aber sie war nicht mehr da, ebensowenig wie Raoul selbst, der sich gerade auf dem Weg nach Paris befand. Vermutlich wollte er für die Königin dort um Asyl nachsuchen. Was für eine dramatische Rückkehr zu dem ersten, so verachteten Gatten, dem »gekrönten Mönch«, bahnte sich da an!

Im Norden von Poitiers, auf der Straße nach Chartres, ganz nahe dem Hoheitsgebiet des Königs von Frankreich, stießen eines Abends Männer, die im Solde des Plantagenet standen, auf einen kleinen Reitertrupp, den sie auf alle Fälle gefangennahmen, denn es waren Poiteviner. Zu ihrem maßlosen Erstaunen erkannten sie unter den Reitern, in Männerkleidung, die Königin Eleonore.

15

Die gefangene Königin

Piegz a de mort selh que viu cossiros,
E non a joy, mas dolor e temensa,
Pueys ve la ren que.l poira far joios,
On non troba socors ni mantenensa.
Aimeric de Pegulhan

»Sag mir, Adler mit den zwei Köpfen, sag mir: Wo warst Du, als Deine Jungen aus dem Nest flogen und es wagten, ihre Krallen gegen den König des Nordwindes zu richten? Du warst es – wir haben es vernommen –, der sie angetrieben hat, sich gegen ihren Vater zu erheben. Deshalb bist Du aus Deiner Heimat fortgeschleppt und in fremdes Land gebracht worden. Durch ihre friedfertigen Reden haben Deine Barone Dich listig getäuscht. Deine Zither schlägt jetzt Trauerklänge an, und Deine Flöte tönt von Betrübnis. Früher führtest Du ein üppiges und verwöhntes Leben, Du genossest Deine königliche Freiheit, Du hattest Reichtümer im Überfluß, und Deine jungen Gefährtinnen sangen ihre sanften Lieder zu Tamburin- und Zitherklängen. Du entzücktest Dich am Gesang der Flöte, Du jubeltest bei den Akkorden Deiner Musikanten. Ich flehe Dich an, Königin mit den zwei Kronen, höre auf, ständig zu trauern; warum willst Du Dich im Kummer verzehren, warum jeden Tag Dein Herz mit Tränen betrüben? Kehre zurück, o Gefangene, kehre zurück in Deine Länder, wenn Du kannst. Wenn Du es nicht kannst, so sei Deine Klage die des Königs von Jerusalem: O weh, mein Exil ist länger geworden, ich habe mit unwissendem und ungebildetem Volk zusammen gelebt. Komm zurück auf Deine Klage und sage: Die Tränen waren Tag und Nacht mein Brot, während man täglich zu mir sagte: Wo sind sie alle von Deiner Familie, wo sind Deine jungen Hofdamen, wo sind Deine Ratgeber! Die einen sind plötzlich aus ihrer Heimat gerissen und zu einem schändlichen Tode verurteilt worden, die andern wurden geblendet, die dritten irren in vielerlei Gegenden umher und werden als Flüchtlinge behandelt. Du, Adler des gebrochenen Bündnisses, wie lange wirst Du noch flehen, bis Du erhört wirst? Der König der Nordwinde hält Dich belagert. Rufe mit dem Propheten, werde nicht müde, erhebe die Stimme wie eine Trompete, damit Deine Kinder sie hören. Der Tag wird kommen, wo Du durch Deine Söhne befreit wirst und in Deine Heimat zurückkehrst.«

Diese pathetische Ermahnung stammt von dem gleichen Cluniazensermönch Richard le Poitevin, der die Drohungen an den »König der Nordwinde« richtete. In seinem heftigen Stil, der so recht zu Eleonores Charakter paßt, drückt er genau die Empfindungen des poitevinischen Volkes aus, das an seiner Dynastie hängt, und sicher auch die Gefühle der Hofleute von Poitiers. »Die Königin ist für die Dichter das, was die Morgenröte für die Vögel ist«, rief einmal einer von ihnen aus. Aber jetzt war dieses glanzvolle Leben erloschen, der gastliche Hof geschlossen. Die Königin war eine Gefangene.

Eleonore war in ihrer Verkleidung als Schildknappe erkannt und in die Burg von Chinon geschleppt worden. Sehr wahrscheinlich verbrachte sie dort die sechs Monate zwischen dem Tag ihrer Gefangennahme und dem ihrer Einschiffung in der ersten Julihälfte 1174.

Die äußeren Umstände mußten für Eleonore schmerzliche Erinnerungen an eine andere Schiffsreise wachrufen, die vor zwanzig Jahren in demselben Hafen Barfleur begann. Damals hatten Heinrich und sie gegen Wind und Sturmfluten gemeinsam den Kanal überquert, um in Westminster ihre Krone in Empfang zu nehmen. Und jetzt, zwanzig Jahre danach, war sie eine Gefangene, eingesperrt von dem gleichen Mann, den schließlich die Verantwortung für die ganzen derzeitigen Verwicklungen traf. Er war es, der den Pakt gebrochen hatte; wenn sie sich jetzt gegenseitig Verrat vorwarfen, so hatte er ja als erster verraten.

Das Meer war bewegt wie vor zwanzig Jahren, und ein Sturm zog herauf, einer von den sommerlichen Stürmen, die gefährlich sind, weil sie so plötzlich ausbrechen. Man zögerte, die Segel zu setzen. Alles war unsicher: das Wetter und die politische Lage. Denn auch Heinrich konnte sich noch lange nicht als Sieger fühlen. Zwar hatte er Richard die Städte Le Mans, Poitiers und Saintes abgenommen, aber vor der Festung Taillebourg, wo sich der treue Gefolgsmann der Herzöge von Aquitanien, Geoffroy de Rancon, verschanzt hatte, mußte er zurückweichen. In England breitete sich der Kampf aus, geführt von dem König von Schottland, dem Erzbischof von Durham und mehreren Rittern. Einer davon, Hugo Bigot, war bis dato ein treuer Diener der Krone gewesen, hatte aber jetzt für Heinrich den Jüngeren

Partei ergriffen. Der Großkämmerer der Normandie, Wilhelm von Tancarville, der vorher in England gewesen war, hatte um die Erlaubnis ersucht, über den Kanal setzen zu dürfen. Als er sie erhielt, begab er sich jedoch nicht nach Rouen, sondern zum Jungen König. Dieser war in Flandern und sammelte Truppen, die in Kürze die Rebellenarmee in England verstärken sollten. So dauerte der Aufstand an. Heinrich war nur teilweise Sieger; aber durch die Gefangennahme von Eleonore hatte er den Lebensnerv der Verschwörung getroffen. Und die Königin, die ihn besser kannte als jeder andere, mußte wissen, daß er auch jetzt wieder dem Sturm trotzen würde.

Tatsächlich gab Heinrich, wie vor zwanzig Jahren, Befehl zum Auslaufen. Danach sprach er, auf dem Deck des Hauptschiffes mit entblößtem Haupt stehend, öffentlich folgendes Gebet: »Herr, wenn ich Friedenspläne für die Kirche und für das Volk in meinem Herzen trage, wenn der König des Himmels in seiner Gnade beschlossen hat, daß nach meiner Ankunft in England wieder Frieden einkehren soll, so möge Er geben, daß ich wohlbehalten im Hafen lande. Wenn Er dagegen ist und beschlossen hat, mein Königreich zu züchtigen, so sei es mir niemals vergönnt, seine Küsten zu erreichen.«

Im Munde von Heinrich Plantagenet klang das Gebet fast wie eine Verwünschung.

Am gleichen Abend langte die Flotte, nach einer stürmischen Überfahrt, in Southampton an.

Jeder dachte, die erste Regung des Königs würde sein, nach Mittelengland gegen Hugo Bigot oder nach Norden gegen den König von Schottland zu Felde zu ziehen. Aber er tat etwas ganz anderes. Bei seiner Ankunft wies er das vorbereitete Mahl zurück, nahm nur ein Stück Brot und einen Schluck Wasser zu sich und erklärte dann, er werde sich am anderen Morgen in der Frühe nach Canterbury begeben.

In Wirklichkeit hatte dieser Mann, der trotz seines despotischen Wesens nicht unsensibel war, einen Augenblick den Mut verloren. Schließlich stand er allein gegen seine ganze aufrührerische Familie und fühlte, wie das Königreich ihm zu entgleiten drohte. Und es sieht so aus, als wäre jetzt die wahre Reue bei ihm durchgebrochen. Als er damals in Avranches Buße tat, kam es ihm vor allem darauf an, sich vor dem Volk und der Kirche von einem Fehler reinzuwaschen: Es war eine offizielle Geste, ohne die keine Versöhnung zustande gekommen wäre. Aber als Heinrich jetzt am 12. Juli 1174 in die Stadt einzog, in der zehn

Jahre vorher seine Unstimmigkeiten mit dem Erzbischof begonnen hatten, mußte man das Gefühl haben, daß es nun nicht mehr darum ging, eine äußerliche Forderung zu erfüllen: Diesmal schien er einem Ruf seines Gewissens zu folgen. Einige Tage vor seiner Abreise hatte Heinrich sich dem Erzbischof von Rouen anvertraut, der, gerührt von der Einsamkeit dieses Mannes, ihm nahegelegt hatte, als »niederer Pilger« zum Grabe von Thomas Becket zu ziehen. »Wenn du mit mir ziehen willst, gehe ich hin«, hatte der König geantwortet.

Und darum befand er sich heute barfuß und im Büßergewand – einer schlichten härenen Kutte, mit einem Strick gegürtet – auf dem Wege nach Canterbury. Dort angekommen, begab er sich, ohne Nahrung zu sich zu nehmen, zum Grabe des Erzbischofs und verbrachte die Nacht mit Gebeten. Seit einem Jahr war der Märtyrer Thomas heiliggesprochen. Die Pilgerfahrten nach Canterbury, die unmittelbar nach Thomas' Ermordung begonnen hatten, wurden jetzt immer zahlreicher. Der Weg der Pilgerzüge taucht sogar in der Topographie von London und Umgebung in den verschiedenen *Pilgrim's Road* und *Thomas Street* auf. Später wurde Chaucer dadurch zu seinen ›Canterbury Tales‹ angeregt.

Man kann sich vorstellen, was für Heinrich diese Nachtwache am Grabe dessen, der sein liebster Freund gewesen war, bedeuten mußte, noch dazu genau an dem Ort des Dramas; er hatte ihn bisher nicht zu betreten gewagt. Da war der Klosterhof, wo eines Abends vier schattenhafte Reitergestalten aufgetaucht waren; die Tür, die unter ihren Schlägen erbebte, als sie riefen: »Wo ist Thomas Becket, der Verräter?« Der Erzbischof hatte befohlen, die Tür zu öffnen. Dann die Kapelle in der Apsis, wo Thomas seine schmale Gestalt den Dolchstößen dargeboten hatte, während die Mönche mit Ausnahme eines einzigen, des jungen Edward Grim, entsetzt flüchteten. Schließlich war er, den Kopf nach Norden gewendet, vor dem Altar Johannes des Täufers zusammengebrochen, niedergeschlagen, doch nicht besiegt. Das war jetzt bald vier Jahre her.

Heinrich hörte am Morgen die Messe, dann zog er, wie in Avranches, die Kutte aus, um seinen nackten Rücken den Geißeln der Mönche darzubieten. Darauf begab er sich in das Leprahospital nach Harbledown, dem er, dem hl. Thomas zuliebe, eine jährliche Rente vermachte. Diese Rente von zwanzig Mark wird noch heute, im zwanzigsten Jahrhundert, von der englischen Krone an das Krankenhaus des Ortes ausgezahlt!

Nachdem Heinrich sich gestärkt und einige Nahrung zu sich genommen hatte, begab er sich nach London. In der Nacht kam ein Bote an: Er brachte die Nachricht von der Niederlage des schottischen Königs, der in die Hände des Renouf von Glanville, des königlichen Friedensrichters, gefallen war. Der Kampf sollte sich noch eine Zeitlang hinziehen; doch Ende September unterwarfen sich Heinrichs Söhne.

Eleonore sah ihr Werk zusammenbrechen. Sie verlor alles auf einmal: die Macht, die Ehre und auch ihre Kinder, von denen sie nun getrennt war. Sie war etwa dreiundfünfzig Jahre alt; ihr Leben als Frau hörte in der gleichen Zeit auf wie ihr Leben als Königin. Nun war sie allein mit ihren getäuschten Hoffnungen, gedemütigt in ihrem Ehrgeiz und ihrer Liebe.

Bei seiner Ankunft in England hatte Heinrich Order gegeben, sie zuerst nach Winchester, dann in den Turm von Salisbury zu bringen, wo sie auch sonst residierte. Dies ist aber nicht die heutige Stadt Salisbury, mit der Kathedrale, deren hoher Glokkenturm erst im folgenden Jahrhundert erbaut wurde, sondern die Burg Old Sarum. Man sieht noch die Grundmauern des Turmes, wo Eleonore gewohnt hat, in dem breiten grasbewachsenen Krater, den heute die kreisrunde Burgmauer umschließt. Dort verlebte sie nun die düstersten Stunden ihres Lebens. Es blieb ihr keine Kränkung ihres Selbstgefühls erspart. Heinrich zeigte sich öffentlich mit der schönen Rosamunde; er versuchte 1175 sogar, die Scheidung zu erlangen. Er hatte sich einige Hoffnung gemacht, als Kardinal Uguccione vom Vatikan in England eintraf. Heinrich empfing ihn mit großer Zuvorkommenheit, schenkte ihm prächtige Pferde und ließ für ihn und sein Gefolge im Schloß Westminster luxuriöse Gemächer einrichten. Aber der Aufwand war umsonst. Der Legat reiste wieder ab, ohne die dringenden Vorstellungen anzuhören, daß Heinrichs Ehe unbedingt annulliert werden müßte.

Wie sich die Königin in diesen für sie geschichtslosen Jahren verhalten hat, ist nicht bekannt. Sie war vom Leben ausgeschlossen, von den Vorgängen auf dem Festland abgeschnitten. Eine Gefangene in unserem heutigen Sinne war sie eigentlich nicht; vielmehr wechselt sie mehrfach ihren Aufenthaltsort, begibt sich einmal in ein Schloß nach Berkshire, ein andermal nach Nottinghamshire. Sie wird aber immer von einem der ergebenen Diener des Königs bewacht, von Renouf de Glanville oder Ralph Fitz-Stephen. Es waren sicherlich Vorkehrungen getroffen, um ihr jede Lust an einem Fluchtversuch zu nehmen –

wozu sie Richard le Poitevin immer wieder beschwor. Solange Heinrich sie in England festhielt, war ihr jede Möglichkeit, mit ihren Söhnen in Verbindung zu treten, genommen. Seine Politik wird von jetzt an darin bestehen, sie alle zu trennen. Einmal gelingt es ihm sogar, zwischen Eleonore und Richard vorübergehend ein Mißverständnis wegen Aquitanien aufkommen zu lassen, über das immer noch Mutter und Sohn gemeinsam die Oberherrschaft ausüben.

Wir wissen von Eleonores Leben während dieser langen Haftzeit so gut wie gar nichts. Man kann sich natürlich vorstellen, daß sie Augenblicke der Verzweiflung hatte, daß sie manchmal mit ihren Kräften am Ende war, besonders während der düsteren nebligen Wintertage, wenn das Gekrächz der Raben in den kahlen Bäumen ihr die Flöten- und Zithermusik ersetzen mußte, von der Richard le Poitevin in seiner Klage spricht. Aber das ist doch wohl nicht der Haupteindruck, wenn man diese geschichtslose Zeit nach der Zeit davor und vor allem nach der nachfolgenden Zeit beurteilt. Es gehörte nicht zum Wesen von Eleonore, lange niedergeschlagen zu bleiben. Ebensowenig lag es ihr, Vergangenes zu bedauern. Die Zukunft war allerdings völlig ungewiß, aber zweifellos wird sie die Gegenwart genutzt haben. Das werden wir bestätigt sehen, wenn sie später wieder in Freiheit ist: Noch nie war sie von so bewundernswerter Energie und von solcher Tatkraft, noch nie so sehr Frau und so sehr Königin. So mußte man doch wohl annehmen, daß die Jahre der Zurückgezogenheit und des Schweigens für Eleonore keine verlorenen Jahre waren. Man sieht dies an allen ihren Handlungen. Ihre glühende Liebe zur Dichtkunst, ihr wacher Geist und ihre Beobachtungsgabe sind genauso lebendig wie immer. Das beweisen ihre letzten Lebensjahre. Nachdem diese lange Zeit der Untätigkeit einmal vorbei war, ist sie wieder zum Handeln bereit und entschlossen, auf allen Gebieten das anzuwenden, was sie in den langen einsamen Stunden im Laufe der Jahre gelernt hat – als sie unter dem englischen Himmel lebte, der manchmal so mit Nebel verhangen war, daß das Tal am Fuße der Burg Old Sarum darin verschwand, und manchmal voller würziger Luft, wenn der Küstenwind bis an die Türme von Winchester wehte.

Mehrere Ereignisse störten aber den Seelenfrieden, den sich Eleonore während der erzwungenen Abgeschiedenheit erworben haben mochte. Zunächst wird sie gewiß den Tod der schönen Rosamunde erfahren haben, die sich 1176 krank gefühlt und in das Kloster Godstow zurückgezogen hatte. Dort starb sie am Ende des gleichen Jahres. Diese Daten genügen eigentlich, um die Legende zu zerstören, daß Eleonore ihr die Wahl zwischen Dolch oder Gift angeboten habe. Die Königin war ja zu der Zeit selbst in Gefangenschaft. Man möchte doch eigentlich annehmen, daß sie in ihrem Herzen der Rivalin, der ersten Ursache allen ihres Unglücks, verziehen hatte. Später beschenkte Heinrich jedes Jahr das Kloster, in dem Rosamunde begraben worden war. Es wird erzählt, daß die Nonnen ihr Grab verehrten, bis der fromme Bischof Hugo von Lincoln dahinterkam und entrüstet das Mausoleum über ihrer Grabstätte verlegen ließ. Übrigens gibt es ähnliche Geschichten auch von manchen anderen königlichen Favoritinnen, besonders von Agnes Sorel. Es steckt wohl nicht mehr darin als eine bigotte Sentimentalität.

Übrigens scheint Heinrich seinen Lebensstil nicht einen Deut geändert zu haben. Schon im Jahre 1177 lief eine schwere Anschuldigung gegen ihn um, die auch dem König von Frankreich, Ludwig VII., zu Ohren kam. Dieser war höchst beunruhigt und richtete einen Appell an den Papst, daß die seit langem geplante Heirat seiner Tochter Adelaide mit dem Grafen Richard, dem Erben von Poitou und Aquitanien, endlich vollzogen werden solle. Aber die Angelegenheit blieb in der Schwebe und war eine Quelle ständig sich erneuernder Konflikte zwischen den Höfen von Frankreich und England. Das sollte noch zwanzig Jahre so bleiben. In Wirklichkeit konnte nämlich die unglückliche Adelaide den Grafen Richard nicht heiraten, weil sie von Heinrich verführt worden war. Sie lebte die ganze Zeit über fast wie eine Gefangene und war eine Art Geisel in den Händen der Könige von England. Als sie endlich frei war, heiratete sie ziemlich spät noch einen einfachen Edelmann, Guillaume de Ponthieu.

Zu der gleichen Zeit, im Todesjahr von Rosamunde, reiste Johanna, die vorletzte Tochter Eleonores, nach Sizilien ab. Dort wurde sie von ihrem Verlobten Wilhelm II. erwartet, dem die Geschichte den Beinamen »der Gute« verliehen hat. Eine prächtige Eskorte gab der jungen Königin das Geleit: hohe kirchliche Würdenträger wie die Erzbischöfe von Winchester und Norwich und die beiden Brüder der jungen Prinzessin, Heinrich der Jüngere, der sie durch sein Erbland von Rouen bis Poitiers geleitete und dann von Richard abgelöst wurde, der sie von Poitiers bis Saint-Gilles brachte. Johanna war elf Jahre alt, als in Palermo ihre Hochzeit gefeiert wurde. Dort kam sie an einen Hof mit einer sehr ähnlichen Atmosphäre wie in Poitiers. Ihr Gatte war sehr gebildet, er hatte eine Zeitlang Pierre von Blois als Erzieher gehabt (der später der Kanzler Heinrichs II. wurde) und war ein vollendeter Kavalier. Er bewies das einige Jahre später, als er die Tochter des Königs von Marokko höflich aufnahm, deren Schiff an der Küste von Sizilien gestrandet war. Er behielt die sarazenische Prinzessin nicht als Geisel, wie ihm geraten wurde, sondern ließ sie in seinem eigenen Palast pflegen und später, begleitet von einer auf seine Kosten angeheuerten Flotte, zu ihrem Vater zurückbringen. Daraufhin beeilte sich der sarazenische König, dem König Wilhelm von Sizilien zwei Städte zurückzugeben, die die Sarazenen ihm weggenommen hatten.

Während ihrer Gefangenschaft erfuhr Eleonore auch den Tod ihres ersten Gatten, des Königs Ludwig VII. von Frankreich.

Ein Vorfall, der tragisch hätte enden können, hatte seine letzten Lebensmonate überschattet. Die Geschichte passierte seinem einzigen Sohn, jenem Philipp, den er Dieudonné genannt hatte und der in der Geschichte Philipp August heißt. Als sich Ludwig krank fühlte, hatte er beschlossen, den Thronerben krönen zu lassen, der im übrigen mit seinen vierzehn Jahren bereits für volljährig galt. In Reims war schon alles für die Feier vorbereitet, die am 15. August 1179 stattfinden sollte. Auf dem Wege dahin beschloß Philipp zwei Tage vorher, im Walde von Cuise-la-Motte, in der Nähe von Compiègne, zu jagen. In seinem Jagdeifer entfernte er sich von seinen Gefährten und wurde plötzlich mitten im Wald vom Einbruch der Nacht überrascht. Allein und verängstigt, weil er nicht mehr wußte, wo er war, irrte der Arme die ganze Nacht im Walde umher. Bei Tagesanbruch entdeckten Köhler den verstörten, an allen Gliedern zitternden Jungen und brachten ihn nach Compiègne. Ludwig eilte sofort an sein Krankenlager. Wochenlang schwebte der Jüngling zwischen Leben und Tod. Der erlittene Schock war so groß, daß er sich nicht davon zu erholen schien. Da erbat und erhielt Ludwig VII. die Erlaubnis, eine Wallfahrt zum Grabmal des hl. Thomas von Canterbury zu machen. Der König von England ließ es sich angelegen sein, ihn persönlich in Dover in Empfang zu nehmen und in die Domstadt zu geleiten. Dort verbrachten sie zwei Tage zusammen und verweilten lange am Grabe des Erzbischofs. Welch seltsame Begegnung der zwei feindlichen Könige am Grabe des Mannes, der vor aller Welt die

Grenzen der königlichen Macht gegenüber der Kirche abgesteckt hatte!

Vor seiner Abreise schenkte Ludwig dem Kloster seinen eigenen Goldpokal und stiftete den Mönchen eine jährliche Gabe von hundert Faß französischen Weines.

Gern möchte man wissen, welchen Eindruck auf Eleonore diese gemeinsame Wallfahrt der beiden Könige gemacht hat, die beide ihre Ehegatten gewesen waren, an deren Seite sie nacheinander die Krone getragen hatte. Der eine war für sie in Liebe entbrannt, den anderen hatte sie geliebt. Und jetzt söhnten sich die beiden Männer, die sie auseinandergebracht hatte, im Angesicht des Herrn wieder aus.

Auch bei ihr selbst war eine unmerkliche Änderung eingetreten. Langsam hatte sie sich von dem Mann gelöst, der für sie Leidenschaft und Ehrgeiz bedeutete, und hatte Asyl und Sicherheit bei dem gesucht, den sie früher verachtet hatte. Aber auch das war jetzt alles vorbei und vergangen. Sicher hatte sie nun so viel Gewalt über sich selbst, daß sie im Geist diese mystische Lösung des alten Konflikts mitvollziehen konnte.

Ludwig hat diese Wallfahrt nicht lange überlebt. Sein Sohn war inzwischen wiederhergestellt und konnte am 1. November gekrönt werden. Die angebahnte Versöhnung befestigte sich dadurch, daß Heinrich der Jüngere, der englische Thronerbe, diesmal mit Erlaubnis seines Vaters an den Krönungsfeierlichkeiten für Philipp, seinen obersten Lehnsherrn und Schwager, teilnahm. Großzügig wie er war, teilte er Gold, Silber, Jagdbeute und andere fürstliche Geschenke mit vollen Händen aus; die Minnesänger feierten einmütig seine Freigebigkeit. Bei der Krönungsfeier war ihm die Ehre zugefallen, in dem langen Festzug auf einem Samtkissen die Krone Frankreichs zu tragen. Zum Dank erhielt er, allerdings nur ehrenhalber, den Titel eines Seneschalls des französischen Königreiches.

Ein paar Monate darauf, am 18. September 1180, starb König Ludwig VII. ruhig im Zisterzienserkloster Saint-Port. Einer der Chronisten, die über seine letzten Augenblicke berichten, Geoffroy le Vigeois, erklärt, man könne ihm nichts Schlechtes nachsagen, außer daß er die Juden zu sehr begünstigt und an die Städte seines Reiches zu viele Privilegien verteilt habe. In jedem Zeitalter hat es reaktionäre Geschichtsschreiber gegeben; dieser ahnte sicherlich nicht, welches Lob er mit seiner Bemerkung in den Augen der Nachwelt ausgesprochen hatte.

Seitdem Eleonore gefangen war, gab es in der poitevinischen Hauptstadt kein höfisches Leben mehr. Bernart von Ventadorn hatte sich in die Zisterzienserabtei Dalon zurückgezogen. Die Höfe der Champagne und von Flandern hatten das Erbe von Aquitanien angetreten, die Troubadoure, die höfische Dichtung und die Ritterromane an sich gezogen. Aber die südländische Dichtergabe war deshalb noch lange nicht versiegt. In der Umgebung des Jungen Königs zeichnete sich der schlichte Burgherr von Hautefort, Bertran de Born, durch seine *Sirventes* (»Dienstgedichte«) aus. Doch in ihnen nimmt jetzt der Krieg den Raum ein, den ein Bernart von Ventadorn der Liebe gewidmet hat. Die Kämpfe waren ja erneut aufgeflammt, wieder standen die Söhne gegen ihren Vater auf.

Eleonore war seit neun Jahren in Gefangenschaft, als sie im Juni 1183 einen aufregenden Traum hatte: Ihr Sohn Heinrich, der Junge König, lag mit gefalteten Händen ausgestreckt auf seinem Lager wie auf einem Totenbett. Er trug einen Ring mit einem kostbaren Saphir am Finger. Über seinem edlen, lächelnden, aber sehr bleichen Gesicht schwebten zwei Kronen. Die eine war die Krone, die er am Tage seiner Krönung zum König von England getragen hatte. Die andere hingegen schien aus überirdischem Stoff, aus reinem Licht geschaffen, wie der Heilige Gral.

Als der Königin kurze Zeit darauf gemeldet wurde, der Erzdechant von Wells verlange sie im Auftrag ihres Gemahls zu sprechen, da begriff Eleonore sehr rasch, worum es sich handelte. Sie erzählte ihm den Traum, der ihr seit Tagen nicht aus dem Kopf ging. Der Geistliche, ein gewisser Thomas Agnell, hat uns darüber einen Bericht hinterlassen. Dieser Bericht wirft auf die Mentalität der damaligen Zeit und auf Eleonores Innenleben ein so erstaunliches Licht, daß man ihn wiedergeben muß. Der Erzdechant war sichtlich selbst überrascht, als er hörte, wie die Königin ihren Traum deutete – der frömmste Priester hätte diese Deutung gebilligt: »Was soll man sich unter einer Krone ohne Anfang und Ende vorstellen, wenn nicht die ewige Seligkeit? Und was kann die reine, strahlende Helle anderes bedeuten als den Glorienschein der ewigen Glückseligkeit? Die zweite Krone war schöner als alles, was auf Erden unsern Sinnen erscheinen kann: Ist das nicht der Sinn des Bibelverses: ›Kein Auge hat es gesehen, kein Ohr es gehört, das Menschenherz hat nicht erfaßt, was Gott für die, die ihn lieben, bereithält‹?«

Mehr als einmal wird Thomas Agnell später in Wells an diesen Traum der Königin zurückgedacht haben; besonders wenn er die berühmte lichtumflutete Treppe im nördlichen Querschiff des herrlichen Doms erklomm, der damals schon fast fertig war und eine der schönsten Kirchen von England ist. Thomas vertraut uns an, daß die edle Dame »als Frau von großer Urteilsfähigkeit den mystischen Charakter dieser Vision begriffen habe und mit großer Selbstbeherrschung die Nachricht vom Tode ihres Sohnes aufnahm«.

Der Junge König war innerhalb von wenigen Tagen gestorben, an einer Krankheit, von der ihn seine Ärzte nicht zu heilen vermochten. Seine letzten Stunden im Schloß Martel an den Ufern der Dordogne verbrachte er in erbaulicher Seelenruhe. Schon in den ersten Tagen seiner Krankheit hatte Heinrich in Vorahnung seines Todes den Bischof von Agen zu seinem Vater geschickt und ihn um Verzeihung bitten lassen. Die Krankheit hatte ihn mitten im Kampf, mitten im Aufruhr gegen des Vaters Autorität erfaßt. Voll von Mißtrauen, das sich bei ihm im Laufe der Jahre immer mehr verstärkte, wollte Heinrich Plantagenet den Worten des Boten zunächst keinen Glauben schenken. Immerhin, als der Bote ihn anflehte, ihm doch wenigstens ein Unterpfand zum Beweis seiner Verzeihung mitzugeben, da holte der König aus seiner Schatzkammer einen kostbaren, mit einem Saphir geschmückten Ring. Er übergab ihn dem Bischof und bedeutete ihm, dies sei für den Prinzen der Beweis dafür, wie sehr ihm der Vater Besserung seines Gesundheitszustandes wünsche und daß er ihm Verzeihung gewähre.

Als der Bischof zurückkam, ergriff Heinrich den Ring, steckte ihn an den Finger und drückte ihn an die Lippen. Dann bat er sein Gefolge, seinen letzten Willen entgegenzunehmen. Zuerst wandte er sich an Guillaume le Maréchal und bat ihn, als seinen treuesten Gefährten, nach seinem Tode das Kreuzfahrerhemd anzulegen, das er, Heinrich, selbst getragen hatte, und für ihn die Wallfahrt nach Jerusalem zu übernehmen. Alle Anwesenden bat er, bei seinem Vater dafür einzutreten, daß er Eleonore aus ihrer Gefangenschaft befreien möge. Darauf beichtete er und empfing in großer Demut das Heilige Abendmahl und die Letzte Ölung. Dann befahl er, daß man Asche auf den Boden streuen solle, und ließ sich in einem einfachen Büßergewand mit einem Strick um den Hals auf die Erde legen. Er wünschte zu sterben wie ein Dieb, der die bösen Taten seines Lebens bereut. Und als er so auf den aschenbestreuten Fliesen lag, verschenkte er seinen irdischen Besitz, sogar seine königlichen Gewänder. Schon atmete er nur noch mit Mühe, als ein Mönch ihn darauf aufmerksam machte, er habe ja noch immer den kostbaren Ring seines Vaters am Finger, und zu ihm sagte: »Wollt Ihr Euch nicht auch noch des Ringes entledigen, um zu vollständiger Armut zu gelangen?« Darauf antwortete der Prinz: »Ich behalte ihn nicht aus Besitzgier, sondern um vor meinem Obersten Richter zu beweisen, daß mein Vater ihn mir als Pfand für seine Verzeihung geschickt hat.«

Er erlaubte jedoch, daß man den Ring nach seinem Tode abnehme. Aber als gegen Abend der Junge König für immer die Augen schloß, stellte sich heraus, daß der Ring nicht mehr abzuziehen war.

Man sah darin ein Zeichen, daß Gott die Verzeihung des Vaters für den Sohn gutgeheißen habe. So starb Heinrich der Jüngere am 11. Juni 1183 im Alter von achtundzwanzig Jahren.

16
Die Wilde Jagd

Bela m'es pressa de blezos,
Cobertz de teintz vermelhs e blaus,
D'entresenhs e de gonfanos
De diversas colors tretaus,
Tendas e traps e rics pavilhos tendre,
Lanzas frassar, escutz, traucar, e fendre
Elmes brunitz, e colps donar e prendre.
Bertran de Born

Die strenge Bewachung, unter der Eleonore stand, wurde nach dem Tode des Jungen Königs etwas gelockert. Ob es geschah, um den letzten Wunsch des Sterbenden zu erfüllen? Die Trauer um ihn war groß, nicht nur bei den Rittern, die von seiner Freigebigkeit gelebt hatten. Auch das Volk betrauerte ihn aufrichtig. Die Schilderung seines erbaulichen Endes ging von Mund zu Mund:

»Le roi qui de tous chrétiens
était la beauté et la fleur
et la franchise et la valeur
et la fontaine de largesse.«

»Der König, der, vor allen Christen,
Schönheit, Jugendblüte,
Freimut, Tapferkeit
und ein Quell der Großherzigkeit war.«

Vor allem beweinten ihn die Troubadoure. Bertran de Born, sein Waffenkamerad, komponierte ihm zu Ehren zwei schöne *planhs*, Totenklagen voller Wehmut. Mit der ihm eigenen Heftigkeit hatte sich der Burgherr von Hautefort Heinrichs des Jüngeren Aufstand angeschlossen. Man warf Bertran sogar vor, er sei des Jungen Königs böser Geist gewesen. Nach dem Tode des *Jove Rei engles,* so berichten Bertrans Biographen, sei er geschlagen und reumütig vor Heinrich Plantagenet erschienen, gegen den er zuvor gekämpft hatte. Dabei entspann sich folgender Dialog:

»Herr, ich bin arm geworden.«

»Wieso?« fragte der König.

»Ach, Majestät, am Tage, da Euer tapferer Sohn, der Junge König, starb, verlor ich Verstand, Wissen und Kenntnisse.« Als der König diese Worte Bertrans über seinen Sohn vernommen hatte, so heißt es in dem Bericht weiter, wurde sein Herz bewegt, seine Augen füllten sich mit Tränen, und vor Schmerz schwanden ihm die Sinne. Als er wieder zu sich kam, sagte er weinend zu Bertran: »Nicht zu Unrecht und nicht ohne Grund habt Ihr wegen meines Sohnes den Verstand verloren. Er wollte Euch wohl, mehr als irgend jemandem auf der Welt. Ihm zuliebe gebe ich Euch die Freiheit wieder, Eure Güter und Euer Schloß, meine Gunst und meine Liebe.«

Diese Geschichte ist wahrscheinlich ebenso erfunden wie die meisten in den Biographien der Minnesänger; sie wurden oft erst im dreizehnten Jahrhundert auf Grund ziemlich phantasievoller Quellen zusammengeschrieben. Wahr ist sie insoweit, als sie den echten Schmerz widerspiegelt, den alle beim Tode des Jungen Königs empfanden. Selbst der Vater war davon ergriffen, der doch früher, in Verfolg seiner politischen Zwecke, ziemlich rücksichtslos über seinen ältesten Sohn verfügt hatte – wodurch er ja erst dessen ständige Revolten heraufbeschwor. Sein Kanzler Pierre von Blois schrieb ihm kurz nach dem Todesfall einen Brief, aus dem man entnehmen kann, daß Heinrich II. »seinen ältesten Sohn ungeachtet der königlichen Majestät« beweinte. Pierre versucht, den König zu trösten: »Es ist zwar fromm, daß Ihr wegen Eures Sohnes weint; aber fromm wäre es auch, sich zu freuen, denn er ist demütig und bußfertig dahingegangen. Es möge Euch eine große Freude sein, daß ein solcher Sohn Euren Lenden entsprossen ist, ein Sohn, in dem alle Gaben der Natur zusammenkamen ...«

Einige Monate nach dem Tode ihres Sohnes empfing Eleonore in Salisbury ihre Tochter Mathilde, die die Erlaubnis bekommen hatte, sie mit ihrem Gemahl, dem Herzog von Sachsen, Heinrich dem Löwen, zu besuchen. Dieser war vom Kaiser, gegen den er sich ständig auflehnte, verbannt worden. Seine Heirat mit der ältesten Plantagenet-Tochter, die siebenundzwanzig Jahre jünger war als er, hatte die angevinische Politik in Richtung auf ein Bündnis mit den Welfen getrieben. Heinrich und Mathilde lebten eine Zeitlang in der Normandie, in Argentan, wo auch Bertran de Born zeitweilig ihr Gast war. Er hatte sogar, nach der höfischen Sitte, an Mathilde Verse gerichtet, die ihr Gatte allerdings zu glühend fand. Bertran wurde verjagt, rächte sich jedoch, indem er sich über die tödliche Langeweile am Hofe zu Argentan lustig machte.

Im folgenden Jahr, 1184, besuchte Eleonore ihrerseits ihre Tochter, die in Winchester einen Sohn, Wilhelm, zur Welt brachte. Zu Ostern hielt sich die Königin dann in Berkhampstead, nördlich von London, auf. Dies war eine der lieblichsten königlichen Residenzen, am weidenbestandenen Flusse gelegen, dessen Wasser die Schloßgräben speiste. – Eleonores Name erscheint in diesem Jahr häufiger in den königlichen Abrechnungen. Was auch seit Jahren nicht mehr vorgekommen ist: Heinrich schenkt ihr ein prächtiges, scharlachrotes, pelzverbrämtes Gewand sowie einen goldenen, ebenfalls mit Pelz geschmückten Sattel. Schließlich kündigt er an, er gedenke am Sankt-Andreas-Tag, dem 30. November 1184, die ganze königliche Familie im Westminsterpalast um sich zu versammeln. Die Weihnachtsfeierlichkeiten im folgenden Monat vereinen die gesamte Familie dann noch einmal in Windsor. Bei dieser Gelegenheit, einer Art »öffentlicher Versöhnung« mit den Ihren, vermacht Eleonore dem Kloster Fontevrault wiederum eine Schenkung: hundert Pfund Rente als ständiges Almosen von der Propstei von Poitiers, dazu den Weinberg Benon (Charente-Maritime). Die Nonnen mußten jedes Jahr am Martinstag die Hälfte dieser Summe, tausend Sous, in Poitiers selbst abholen; die andere Hälfte in Marcilly bei Benon. Im darauffolgenden Jahr bestätigt Heinrich Plantagenet feierlich die Schenkung, die seine Gattin gemacht hat.

Man weiß nicht recht, ob diese Geschenke, gemeinsamen Empfänge und andere Beweise königlicher Milde bedeuteten, daß der König seine Haltung gegenüber seiner Gemahlin geändert hatte. Wahrscheinlicher ist, daß das alles aus politischen Gründen geschah; übrigens blieb es bei diesen Gesten.

Durch den Tod Heinrichs des Jüngeren waren die Pläne, die der Vater für die Zukunft seiner Söhne gemacht hatte, großenteils zunichte geworden. Nach der Erbfolgeordnung war es naheliegend und logisch, daß Richard das Erbe seines älteren Bruders zufallen mußte. Aber Richard genoß nicht im gleichen Maße wie Heinrich der Jüngere die Zuneigung seines Vaters. Vielleicht trug zu dieser Entfremdung zwischen Heinrich II. und Richard die Tatsache bei, daß Eleonore diesen Sohn immer vorgezogen hatte. Jedem Eingeweihten war klar, daß die besondere Vorliebe des Vaters jetzt ganz auf seinen letztgeborenen Sohn Johann übergehen würde, der fern von seiner Mutter erzogen worden war. Heinrichs erste Handlung nach dem Tode seines ältesten Sohnes war denn auch, daß er Richard aufforderte, Poitou und Aquitanien an Johann abzutreten: nicht an Gottfried, den Nächstgeborenen, sondern an Johann, den letzten Sohn.

Nun war Richard allerdings der letzte, der sich einer solchen Aufforderung gefügt hätte; er war noch viel mehr Poiteviner als sein älterer Bruder. Außerdem hatte man ihn ja einst feierlich in das Erbe Wilhelms des Troubadours eingesetzt. Seine ganze Jugend hatte er in diesem Land verbracht, wie Eleonores Vorfahren in den Wäldern von Talmond gejagt und am liebsten in Limoges oder Poitiers residiert.

Es war doch auch so, daß die Nachfolge von Heinrich dem Jüngeren eigentlich nur in Gegenwart und mit Unterstützung von Eleonore geregelt werden konnte. Heinrich, der es gewohnt war, als autoritärer Monarch zu handeln, mußte sich bei dieser Gelegenheit doch dem Brauch der Zeit fügen und wieder Lehnskönig werden. Ein paar Jahre vorher, 1179, hatte er Eleonore gezwungen, ihre persönlichen Rechte an ihren Sohn Richard abzutreten, was nach Meinung einiger Historiker sogar eine vorübergehende Mißstimmung zwischen Mutter und Sohn hervorgerufen hatte. Dennoch waren sie jetzt wieder Verbündete in dem gemeinsamen Widerstand gegen die Wünsche des Plantagenet. Vergebens läßt Heinrich im nächsten Jahr Eleonore in die Normandie kommen und droht dann Richard damit, er werde die rechtmäßige Herzogin von Aquitanien an der Spitze einer Armee gegen die Poiteviner schicken, um Richard zum Gehorsam zu zwingen. Weder Eleonore noch Richard fallen auf diese Erpressung herein. – Damals ging eine Prophezeiung um, die von dem Zauberer Merlin ausgegangen sein soll: »Der Adler aus der zerbrochenen Allianz wird erst an seinem dritten Jungen Freude haben.« Der Adler ist Eleonore; so hat man sie von Anfang an genannt. Guernes du Pont-Sainte-Maxence nennt sie in seiner Geschichte Thomas Beckets die *Aiglesse* und spielt auf die obenerwähnte Prophezeiung an, während Guillaume le Maréchals Lebensbeschreibung den Namen der Königin sozusagen etymologisch erklärt: Ihr Name sei zusammengesetzt aus *alie* (provenzalisch »Adler«) und *or*, »Gold« (die provenzalische Form ihres Namens war *Alienor*).

Gern wüßte man mehr von den Versammlungen, bei denen Eleonore nun wieder, wie in alten Zeiten, an der Seite ihres Gemahls erscheint – in königlicher Pracht, angetan mit ihrem scharlachroten, pelzverbrämten Gewand. Im Jahre 1184 war sie etwa zweiundsechzig Jahre alt, und seit genau dreißig Jahren Königin von England. Ein Drittel dieser Zeit hatte sie allerdings in völliger Abgeschiedenheit verbringen müssen. Aber alles deutet darauf hin, daß Eleonore in dieser Zeit eine Abgeklärtheit gewann, die ihr bei zunehmendem Alter und bei ihren Erfahrungen gestattete, Menschen und Dinge tiefer zu durchschauen. Ihr mütterlicher Stolz konnte durchaus befriedigt sein, wenn sie die um sich versammelten Kinder ansah, besonders den hochgewachsenen, gutaussehenden Richard, mit seiner normannischen Statur, seinen grauen, angevinischen Augen und seinem rotblonden Haar. Die heitere, humorvolle Art und poetische Begabung hatte er mit seinem Bruder Gottfried gemein. Johann war von diesen beiden, sowohl dem Aussehen nach wie im Charakter, grundverschieden. Er war klein und untersetzt, dunkel, nervös und zeigte bereits mit sieben Jahren die typische Labilität der Plantagenets, die sich bei ihm später zu einer Neurose auswuchs.

Man wüßte auch gern, welcher der beiden Ehegatten damals eigentlich vorteilhafter aussah; Eleonore oder Heinrich, der zwar gerade erst die Fünfzig überschritten hatte, aber nach Aussagen seiner Zeitgenossen durch alle möglichen Exzesse frühzeitig gealtert schien. Auffallend ist, daß Historiker, die Eleonore erst im vorgerückten Alter gekannt haben, übereinstimmend nur Lobenswertes von ihr sagen. So nennt sie zum Beispiel Richard de Devizes, der Mönch aus Winchester, »eine Frau, die schön und keusch, imposant und bescheiden, demütig und beredt zugleich« sei.

Im Gegensatz dazu erscheint Heinrich in seinen letzten Lebensjahren bei allen in sehr ungünstigem Licht. War er früher ein stattlich aussehender Ritter gewesen, so ist er jetzt, als Fünfzigjähriger, ein fettleibiger alter Mann geworden. Er zieht ein Bein nach, das ihm ein ausschlagendes Pferd verletzt hat. Im übrigen leidet er, nach Aussage seiner Gefolgsleute, an der schlimmsten aller Krankheiten: Er kann keine Ruhe finden. Er sitzt niemals still und fuchtelt fortwährend mit den Händen herum. In seiner Kleidung war er schon immer nachlässig gewesen; jetzt im Alter sieht er geradezu ungepflegt aus, ein Abbild seiner inneren Zerfahrenheit und seines Mangels an Selbstdisziplin. Heinrich war zwar ein großartiger Verwaltungsfachmann, doch galt in seinem Reich mehr die Autorität als die Ordnung. In seinen letzten Lebensjahren wird er despotisch. Einfacher

Jagdfrevel zum Beispiel zog die härtesten Strafen nach sich, Verstümmelungen oder unbegrenzte Gefängnisstrafen. Für die Jagd hatte er immer eine hemmungslose Leidenschaft gehabt, weshalb er in England, wo es nur wenige Jagdgebiete gab und die Wälder rar waren, manchmal mit dieser barbarischen Strenge gegen Jagdfrevler vorging. Der Tod eines Hirsches, hieß es, zog den Tod eines Menschen nach sich.

Trotz seines Despotismus hatte Heinrich keinen dauerhaften Frieden schaffen können. Seine Verachtung für die Rechte anderer stürzte ihn in den grausamsten aller Kriege, den, den seine eigenen Söhne gegen ihn anzettelten. Am Ende seines Lebens ist er alles andere als das Idealbild des Jahrhunderts, nicht der höfisch gebildete Fürst, der jede Maßlosigkeit verabscheut, der Gerechtigkeit übt und großzügig ist. Sein Lebensstil und sein Hof, wie sie uns Pierre von Blois beschreibt, sind schon fast eine Karikatur: »Er hält bei seinen Mahlzeiten, bei seinen wilden Ritten und nächtlichen Gelagen weder Ordnung noch Regel, noch Maß. Priester und Hofleute müssen steinhartes, schlecht gebackenes Haferbrot essen, das nicht richtig aufgegangen ist und wie Blei im Magen liegt. Zu trinken gibt es einen gepanschten, trüben, ranzig schmeckenden Wein. Ich habe selbst gesehen, wie hochgestellten Persönlichkeiten ein solcher Wein angeboten wurde, der so sauer war, daß man ihn nur mit zusammengebissenen Zähnen und geschlossenen Augen mehr kauen als trinken und dabei entsetzlich das Gesicht verziehen mußte. Auch das Bier schmeckt abscheulich und sieht gräßlich aus ... Dem Hof werden statt gesunden auch zuweilen kranke Tiere verkauft oder vier Tage alte Fische, die schon faulen und stinken, deswegen aber nicht etwa billiger sind ...« Und dann beschreibt er weiter den fatalen Lebensstil, den der immer ruhelosere König seiner Umgebung aufzwingt. Zuweilen schlagen sich die Hofleute nach den tagelangen Ritten um Nachtquartiere, die schlimmer sind als Schweineställe. Im Gefolge des Königs befinden sich merkwürdige Gestalten: Komödianten, Freudenmädchen, Würfelspieler, Possenreißer, Mimen, Gaukler, Schankwirte, Landstreicher und Spitzbuben.

Ein anderer Zeitgenosse, Walter Mapes, vergleicht den königlichen Hof mit dem des Königs Herla, von dem die keltische Sage berichtet. König Herla besuchte, so wird erzählt, eines Tages den König der Zwerge in seinem unterirdischen Palast, um an seiner Hochzeit teilzunehmen. Danach überhäufte der Zwergenkönig ihn und sein Gefolge mit Geschenken und geleitete ihn zurück. Beim Abschied übergibt er dem König Herla ein kleines Hündchen, das er auf dem Arm tragen soll. »Gib acht«, sagt er dazu, »daß weder du noch dein Gefolge vom Pferd steigt, bevor der kleine Hund zur Erde gesprungen ist.« Herla und seine Leute reiten davon. Nachdem sie eine Zeitlang geritten sind, begegnen sie einem Schäfer. Der König fragt ihn, wie es der Königin, seiner Gemahlin, ginge, die er vor ein paar Tagen verlassen habe. Der Schäfer versteht nicht recht und antwortet, er kenne keine Königin dieses Namens. Wenn er sich recht erinnere, so habe es vor etwa zweihundert Jahren eine solche Königin gegeben, bevor die Sachsen die Bretonen besiegt hätten. Sogleich springen ein paar Höflinge vom Pferd, um den Mann wegen seiner Frechheit zu züchtigen. Aber kaum haben sie den Boden berührt, da zerfallen sie zu Staub. Der erschreckte König verbietet seinen Leuten abzusitzen, bevor der kleine Hund herunterspringt. Aber dieser tut es nicht. Seitdem irrt König Herla mit seinem Gefolge durch den Wald. Es wird berichtet, daß die Waliser König Herla und seine Männer oft durch das Tal der Wye reiten sahen. Aber seit er in Heinrich Plantagenet und seinem Hof wiedererstanden sei, ward König Herla mit seinem Gefolge nicht mehr gesehen ... Dahinter verbirgt sich wohl das berühmte Thema der Wilden Jagd aus dem keltischen Sagenkreis, bei anderen Erzählern ›La mesnie Hellequin‹ genannt. Von dort dürfte der Stoff in die internationale Folklore eingedrungen sein.

Diese und andere, ebenso unheilvolle Märchen werden in den zeitgenössischen Texten oft mit Heinrich II. in Zusammenhang gebracht. Eine erschütternde Geschichte berichtet Giraud de Barri: In einem Zimmer des Schlosses von Winchester hing ein Bild, das einen Adler mit vier Jungen darstellte. Drei von den Jungen griffen den Adler mit den Schnäbeln und Krallen am Rücken und an den Flügeln an, während der vierte auf seinem Hals saß und versuchte, ihm die Augen auszuhacken. Heinrich soll das Bild seinen Vertrauten gegenüber folgendermaßen kommentiert haben: »Diese vier jungen Adler sind meine vier Söhne, die mich bis in den Tod verfolgen werden. Der Jüngste, der, den ich am meisten liebe, wird mich am grausamsten behandeln und noch tiefer verletzen als die drei anderen.«

In Heinrichs letzten Lebensjahren sollte diese düstere Voraussage fast Wahrheit werden. Richard und Gottfried blieben ständig im Kampf gegen ihren Vater. Dabei wurden sie noch aufgehetzt von Philipp August, dem schlauen König von Frankreich, der sich schon jetzt als geschickterer Diplomat erwies als sein Vater Ludwig, wenn ihm auch sonstige Qualitäten abgingen. Gottfried starb am Hofe des französischen Königs. Er erhielt ein feierliches Begräbnis in dem neuen, erst drei Jahre vorher geweihten Chor der Kathedrale von Notre-Dame in Paris. Gräfin Marie von Champagne nahm daran teil, sehr erschüttert von dem Verlust dieses Halbbruders, den sie sehr liebte und der in der Blüte seiner Jugend nach einem einfachen Turnierunfall gestorben war.

Das Auf und Ab der Kämpfe, die Richard gegen seinen Vater führte, gehört eigentlich nur indirekt zu Eleonores Geschichte. Jedenfalls verbündet auch er sich dabei wie seine Brüder mit dem König von Frankreich. Sein Vetter, Graf Philipp von Flandern, mußte vermitteln, um freundschaftliche Beziehungen zu schaffen. Als aufmerksamer Chronist dieser düsteren Jahre erzählt der Mönch Gervais von Canterbury, daß Richard in einem Gespräch über Philipp August dem Grafen von Flandern erklärte: »Um seine Gunst zu erlangen, ginge ich barfuß bis nach Jerusalem.« Worauf der Graf von Flandern erwiderte: »Du brauchst nicht zu Fuß dorthin zu gehen, weder barfuß noch beschuht; sondern so wie du bist, zu Pferde und in deiner prächtigen Rüstung, kannst du ihn aufsuchen.« Daraufhin fand eine Zusammenkunft mit Philipp August statt, und es wurde ein Bündnis geschlossen, das praktisch gegen Heinrich Plantagenet gerichtet war. Denn auch zwischen diesem und dem König von Frankreich gab es noch manchen ungeklärten Streitfall, darunter die Frage, ob nicht die Festung Gisors und die normannische Provinz Vexin, die zur Mitgift der Margarete von Frankreich gehört hatten, nach dem Tode Heinrichs des Jüngeren an die französische Krone hätten zurückgegeben werden müssen. Margarete hatte 1186, im Todesjahr Gottfrieds, in zweiter Ehe König Bela von Ungarn geheiratet. So war von der Vereinigung der englischen mit der französischen Krone, auf die Heinrich und Eleonore vor dreißig Jahren so viel Hoffnung gesetzt hatten, nichts mehr übriggeblieben. Allerdings gehörte Gisors jetzt zur Mitgift von Adelaide; da aber von ihrer Heirat mit Richard gar nicht mehr die Rede war, hatte der französische König die Wahl, als Druckmittel entweder die Prinzessin zurückzuverlangen oder die Festung, die ihre Mitgift war. Bei solchen Gelegenheiten kam es öfter zu Scharmützeln; später folgten dann wieder Verhandlungen, die meist unter der berühmten, viele hundert Jahre alten Ulme von Gisors abgehalten wurden. Sie hatte einen so riesigen Stamm, daß neun Männer ihn kaum umfassen konnten.

Eines Tages, im August 1188, erschien Heinrich Plantagenet mit seinem Gefolge als erster zu einem solchen Friedensgespräch in Gisors. Er und seine Leute setzten sich in den Schatten der großen Ulme. Sie waren jedoch so unhöflich, den ganzen Platz einzunehmen und nicht zu weichen, als Philipp mit seinem Hofstaat erschien. Die Verhandlungen zogen sich den ganzen Tag hin; wobei der König von England im Schatten unter der Ulme saß, während der König von Frankreich und sein Hof in der Sommerhitze auf freiem Feld kampieren mußten. Gegen Abend, nachdem viele Boten von einer Gruppe zur anderen hin- und hergegangen waren, flog plötzlich aus den Reihen der waliser Söldner, Heinrichs Leibwache, ein Pfeil. Wütend über diese offensichtliche Verletzung der Bräuche und sowieso schon erbost über die ungemütliche Warterei, warfen sich die Franzosen auf die Engländer.

Im englischen Lager gab es bei dem unvermuteten Angriff ein großes Durcheinander. Es gelang aber den Engländern, sich hinter die schützenden starken Mauern von Gisors zurückzuziehen. Da Philipp Augusts Mannen sie dort nicht mehr erreichen konnten, rächten sie sich an der Ulme. Sie hieben die Äste ab und schlugen den Baum kurz und klein. Dem König von Frankreich mißfiel das allerdings: »Bin ich denn hergekommen«, fragte er, »um den Holzfäller zu spielen?«

Doch der alte Baum, das Symbol des Friedens, war nun nicht mehr da. Die Festung Gisors blieb weiterhin ein Zankapfel zwischen den Herzögen der Normandie und den Königen von Frankreich, um den auch zwischen Philipp August und seinem mächtigen Vasallen immer wieder neue Kämpfe entbrannten. Paradoxerweise hatte Philipp ja eine Zeitlang den Sohn seines eigenen Feindes zum Verbündeten, Richard, den Thronerben von England und Grafen von Poitou.

Wenige Monate nach dem Zwischenfall in Gisors spielte sich in Bonmoulins wieder eine merkwürdige Sache ab. Heinrich und Philipp hatten dort ein Treffen vereinbart und wollten noch einmal den Versuch machen, ihre Zwisitgkeiten auf friedlichem Wege zu beenden. Aber den König von England erwartete eine peinliche Überraschung: An der Seite des Königs von Frankreich erschien auch Richard zu der Zusammenkunft. Philipp August stellte nun seine Forderungen: Erstens solle endlich die Heirat seiner Schwester Adelaide mit dem englischen Thronerben vollzogen werden; zweitens solle Richard von jetzt an tatsächliche Gewalt erhalten, aber nicht nur über seine Grafschaft Poitou, sondern über sämtliche Provinzen, die ihm zukamen, Touraine, Anjou, Maine und Normandie, und die Vasallen sollten ihm als Thronerben von England huldigen.

Damit wiederholten sich für Heinrich die Schwierigkeiten, die er schon bei der Krönung König Heinrichs des Jüngeren gehabt hatte. Er war aber keineswegs gesonnen, ein zweites Mal eine vorzeitige Krönung vorzunehmen. Vielmehr war er fest entschlossen, seinem Sohn Richard nicht das kleinste Fünkchen Macht zu überlassen. »Ihr verlangt von mir etwas, womit ich nicht einverstanden sein kann«, antwortete er.

Jetzt trat, zur allgemeinen Verblüffung, Richard vor und erklärte: »Nun ist es sonnenklar geworden, was ich bisher nicht glauben wollte.« Bedächtig legte er sein Degengehenk ab, warf sich dem König von Frankreich zu Füßen, legte die Hand in dessen Hände und schwor ihm den Lehnseid für alle seine französischen Gebiete. Dann bat er den König als seinen obersten Lehnsherrn um Schutz und um Hilfe bei der Erlangung seiner Königswürde.

Das Spiel war unter den beiden Fürsten zweifellos vorher abgekartet. Für Richard war es die Kriegserklärung an seinen Vater; für Heinrich bedeutete es einen öffentlichen Affront, eine Herausforderung durch seinen eigenen Sohn und Thronerben. Richard ging noch weiter: Er machte es wie sein älterer Bruder, begab sich gleich nach der Zusammenkunft nach Paris und verbrachte das Weihnachtsfest mit Philipp August! Offensichtlich waren sie engste Freunde, aßen aus derselben Schüssel, schliefen im gleichen Bett und erschienen gemeinsam bei den traditionellen Versammlungen und Banketten dieser Jahreszeit.

Inzwischen verließen die Vasallen, einer nach dem andern, den alten, von Krankheit und Kummer zerfressenen König. Sein weihnachtliches Hoflager in Saumur war traurig und einsam, nur ein wenig belebt durch die Gegenwart seines Sohnes Johann ohne Land. Es hieß, der König gedächte ihm Richards Erbteil zu vermachen.

Im Frühjahr lebte der Krieg wieder auf, Philipp und Richard führten ihn Seite an Seite. Bei Heinrich waren nur noch die allertreuesten Ritter geblieben. Nur ein Guillaume le Maréchal konnte unter solchen Umständen so standhaft an der Seite seines Herrn ausharren und für eine verlorene Sache kämpfen. In Colombiers, in der Nähe von Azay-le-Rideau, fand zwischen den Gegnern eine letzte Aussprache statt. Heinrich war sichtlich so schwach, daß Philipp August, von Mitleid ergriffen, seinen Mantel zusammenfaltete und ihn Heinrich zum Sitzen anbot, doch der Plantagenet lehnte ab. Ein Waffenstillstand wurde beschlossen. Das Kriegsglück war bisher auf seiten der beiden Verbündeten gewesen; Tours war in ihre Hände gefallen, ebenso die Stadt Le Mans, die Heinrichs Herzen besonders nahestand: dort war er geboren, und dort ruhte auch sein Vater Gottfried (Geoffroy le Bel).

Nach Chinon zurückgekehrt, legte sich der König zu Bett, um nicht wieder aufzustehen. Er hatte seinen Kanzler Magister Roger zu Philipp nach Tours geschickt und die Liste aller jener Edelleute verlangt, die ihn verraten hatten; daß sie sich gegenseitig die Namen der Verräter mitteilen würden, war vereinbart worden. Heinrich bat Magister Roger, ihm die Liste vorzulesen. Roger stieß unwillkürlich einen Schreckenslaut aus: An der Spitze der Liste stand der Name des Johann ohne Land, des Lieblingssohnes, dessentwegen Heinrich sich nicht gescheut hatte, Zwietracht unter seine älteren Söhne zu säen. Als der Magister weiterlesen wollte, unterbrach ihn der alte König: »Ihr habt genug gesagt.« Dann drehte er das Gesicht zur Wand und schwieg. Am dritten Tag trat ihm ein wenig Blut aus Mund und Nase. Dann war er tot.

17
Wieder frei

Ar vey qu'em vengut als jorns loncs,
Que . il flors s'arenguo sobr'els troncx,
Et aug d'auzelhs chans e refrims
Pe . ls playssatz qu'a tengutz embroncx
Lo fregz, mas eras pe . ls soms sims,
Entre las flors e . ls brondelhs prims,
S'alegra quascus a son for.
Guilhem de Cabestanh

Richard schickte Guillaume le Maréchal nach England, mit dem Auftrag, seine Mutter, Königin Eleonore, aus der Gefangenschaft zu befreien. Er habe sie »schon in Freiheit, und vornehmer aussehend als je, in Winchester angetroffen«, berichtete le Maréchal.

Nach den wenigen Monaten der Jahre 1184 und 1185, wo Eleonore eine halbe Freiheit genießen durfte, war sie wieder ins Dunkel der Haft zurückgetaucht. Ihr Gemahl hatte sie erneut unter die Bewachung von Ralph Fitz-Stephen, Henri de Berneval und Renouf de Glanville gestellt. Es waren drei zuverlässige, ihrem Herrn unerschütterlich ergebene Männer. Diese letzten Jahre müssen für Eleonore besonders bitter gewesen sein; Heinrich hatte sie ja nur in die Normandie kommen lassen, um ihre Anwesenheit als Druckmittel gegen Richard zu benutzen. Durch die Drohung, seine Mutter werde die poitevinischen Erblande wieder selbst übernehmen, sollte Richard zum Gehorsam gezwungen werden. – Danach war sie wieder die Gefangene; nach der kurzen Zeit der Freiheit war diese Gefangenschaft um so schwerer zu ertragen.

Doch mit Heinrichs Tod am 6. Juli 1189 schlug für sie die Stunde der Erlösung. Sie hatte sich unverzüglich selbst befreit; die gewissenhaften Leibwächter, die die Aufgabe hatten, sie zu bewachen, waren wahrscheinlich über ihr eigenes Schicksal so besorgt, daß sie ihr nichts in den Weg legten. Und nun beginnt eine eindrucksvolle Fahrt; die gestern noch gefangene Königin zieht von Stadt zu Stadt, von Burg zu Burg; und überall befreit sie Gefangene, spricht Recht für die, die gegen die königlichen Sheriffs Klagen vorzubringen haben, und macht auf ihrem Weg viel von dem Schaden wieder gut, den ihr Gemahl durch mißbräuchliche Anwendung seiner Macht angerichtet hat.

Überall, wohin sie kommt, weht ein befreiender Wind; ein neues Regime kündigt sich an, in dem niemand mehr Gefahr läuft, wegen eines simplen Jagdfrevels eingesperrt oder sogar gehängt zu werden. Verschiedene Entscheidungen, die die Königin trifft und die dann im ganzen Reich verkündet werden, zeigen, wie sehr sie sich während ihrer langen Abgeschlossenheit mit den Problemen ihrer Zeit beschäftigt hat, anstatt sich einem egoistischen Schmerz hinzugeben. In ganz England führt sie beispielsweise ein einheitliches Hohlmaß für Korn und Flüssigkeiten, ein Längenmaß für Stoff und eine einheitliche Währung ein. Man kann nur bewundern, daß sie ihr Augenmerk auf solche rein wirtschaftlichen Dinge richtet. Denn in Poitiers war Eleonore ja vor allem die Seele jener Liebeshöfe mit ihren unerschöpflichen Diskussionen über die Feinheiten der Courtoisie gewesen. Wir sahen, wie sie damals Dichter vom Range eines Bernart von Ventadorn oder eines Chrestien de Troyes inspirierte und das Ideal der von Rittern und Poeten gleichermaßen angebeteten Dame verkörperte. Und jetzt zeigt sie auf einmal praktischen Verstand und echten Sinn für die Erfordernisse des Tages, wozu ihr Gemahl, der zwar eine große technische Begabung für Bauten und Kriegführung hatte, nie imstande war. – Bisher wurde das gleiche Stück Leinen in York anders gemessen als in London, die gleiche Menge Weizen auf zwei verschiedene Arten abgefüllt, je nachdem ob man in Cornwall oder in Surrey war. Für die Bauern und die Händler war das sehr beschwerlich. Von der Verschiedenheit der Währung profitierten in der Hauptsache nur die Wechsler. In einem Land, das sich in vollster wirtschaftlicher Blüte befand, war eine solche Vereinheitlichung dringend vonnöten. Es wird lange, sogar sehr lange dauern, bevor sich eine ähnliche Reform dann auch in Frankreich durchsetzt.

Eleonore gründet auch wieder ein Hospital. Schon ihr Gemahl hatte eine ganze Reihe von Krankenhäusern gestiftet, wie zum Beispiel die schon erwähnten Leprastationen von Caen und von Quevilly bei Rouen sowie das Hospital Saint-Jean in Angers. Auch für Eleonore ist es nicht die erste Stiftung dieser Art, vielleicht aber die rührendste. Es handelt sich um ein Krankenhaus in der gleichen Landschaft von Surrey, wo sie so lange als Gefangene leben mußte. Bemerkenswert ist, daß im Gegensatz zu anderen Stiftungen, die meist in einmaligen Zuwendungen bestehen, dieses Hospital in den Abrechnungen sehr häufig erwähnt wird. Unentwegt ist da die Rede vom Hospital der Königin, von den Armen der Königin, von den Kranken und Siechen der Königin usw. Man hat den Eindruck, daß sie sich immer von neuem mit dieser Stiftung beschäftigt, ähnlich wie mit ihren Schenkungen an das Kloster Fontevrault.

Erwähnt sei auch ihre Fürsorge für die Klöster des Reiches. Ihr Gemahl hatte es immer sehr bequem gefunden, seine Reserven an Kriegspferden in Friedenszeiten an die Klöster zu verteilen, mit der Auflage, sie durchzufüttern. Von dieser argen Belastung befreit sie nun die Königin.

Vor allem bereitet Eleonore alles für die Krönung ihres Sohnes vor, des geliebten Sohnes, der das Reich der Plantagenet übernehmen soll. Bis zu Heinrichs Tode hat sie vermutlich gezittert bei dem Gedanken, Heinrich könnte Richard zugunsten von Johann enterben. Seine ablehnende Haltung bei den Verhandlungen mit König Philipp von Frankreich war sicher auf einen solchen Hintergedanken zurückzuführen. Warum hätte er sonst – damals in Gisors, als die Ulme zerhackt wurde – dem König von Frankreich den Vorschlag gemacht, seine dem englischen Thronerben versprochene Schwester solle »entweder den einen oder den anderen« seiner Söhne heiraten?

Zwei große Hindernisse hat Richard immer noch zu überwinden, das weiß auch Eleonore. Zunächst wird er unter der Eifersucht seines Bruders zu leiden haben. Johann war immer ein neidischer Mensch gewesen; mit seiner Knauserigkeit, seiner verschlossenen, heimtückischen Wesensart steht er in auffallendem Gegensatz zu dem hochherzigen Bruder mit der gewaltigen Körperkraft und den schrecklichen Zornesausbrüchen, dem Mann, der ebenso schnell verzeiht, wie er sich hinreißen läßt, der aber Täuschung und Arglist nie durchschaut. – Ein weiteres Handicap besteht darin, daß Richard in England nahezu unbekannt ist. Er wurde zwar in Oxford geboren, hat aber seitdem nur kurze Gastrollen in England gegeben. Er versteht auch die Sprache nicht. Der Rahmen, in dem er seine Kindheit und Jugend verbrachte, seine Neigungen und Gewohnheiten, alles rechtfertigt den Beinamen »der Poiteviner«, mit dem er allgemein benannt wird. Wie ihn wohl die Bürger von London und besonders die stolzen Barone aufnehmen würden, die schon sein Vater nur mit Mühe in Schach hielt?

Eleonore ist im Todesjahr von Heinrich Plantagenet siebenundsechzig Jahre alt und immer noch großartig in Form. Wir sehen das an dem Eindruck, den sie auf Guillaume le Maréchal gemacht hat – den einer großen Dame, die weder gealtert noch gebrochen ist, sondern von einem inneren Feuer belebt, das in der Einsamkeit nur noch intensiver geworden scheint. Die Frauentracht der Zeit, so sehr sie die weiblichen Formen betont, begünstigt übrigens gerade die älteren Personen. Zu Zeiten von Eleonore taucht nämlich die Haube mit der Kinnbinde auf, allerdings nicht die lächerliche spitze Kopfbedeckung, die man sich meist darunter vorstellt (sie wurde erst im fünfzehnten Jahrhundert, das heißt dreihundert Jahre später eingeführt), sondern eine Haube mit flachem Kopf, dazu ein leichter Schleier, der das Gesicht umrahmt, wie ihn einige Nonnen heute noch tragen. Er bedeckte bei einer älteren Frau wohltätig die weißen Haare und den faltigen Hals. – Eleonore scheint übrigens während ihrer erzwungenen Abgeschiedenheit eine unwahrscheinliche Energie aufgespeichert zu haben, die sie jetzt in den Jahren, die ihr zum Leben bleiben, mit vollen Händen ausgeben kann. Sie weiß allerdings noch nicht, daß die kommenden, noch unverhofft langen Jahre für sie tatsächlich die bewegtesten und aufregendsten ihres Lebens sein werden.

Zunächst setzt sie ihre ganze Mutterliebe und alle ihre Erfahrung als Königin dafür ein, Richard die Krone zu sichern. Als Königin hatte sie zu ihrer Zeit ja nicht ihresgleichen. Nacheinander herrschte sie über die beiden westlichen Königreiche Frankreich und England, die zusammen in Europa damals die dritte Macht bildeten – wesentlich jünger als das schwer angeschlagene Oströmische Kaiserreich und wesentlich schlagkräftiger als das Heilige Römische Reich Deutscher Nation. Das erstere kann sich gegen den türkischen Ansturm nur durch ständige westliche Unterstützung halten, die es um so mehr fürchtet, je mehr es darauf angewiesen ist. Und das andere wird durch den maßlosen Ehrgeiz seiner Kaiser zugrunde gerichtet. Nirgends findet man in der damaligen Zeit so mächtige und so gut verwaltete Lehen, nirgends so blühende Städte und so gut besuchte Märkte wie in diesen beiden Reichen Frankreich und England, die, wie Eleonore gehofft hatte, einstmals unter dem Zepter ihres ältesten Sohnes vereint sein sollten. Hier im Westen entstehen auch jährlich neue Klöster und Abteien; hier unterrichten die gelehrtesten Mönche, und hier werden die kühnsten Bauten errichtet. Welche Stadt könnte sich mit Paris, London oder Oxford vergleichen? Welche Kirche kommt an den Dom von Chartres heran (wo gerade der Engländer Johann von Salisbury Bischof wurde)? Welche Märkte sind so reich beschickt wie die der Champagne, wo Eleonores Schwiegersohn Heinrich der Freigebige sich dauernd um Verbesserung der Zufahrtswege bemüht? Und man denke an die Romane von Chrestien de Troyes; kein anderes dichterisches Werk spiegelt so gut das höfische und ritterliche Idealbild der Zeit wider. Es findet Nachahmer bis an die entferntesten Grenzen des deutschen Kaiserreichs. Unvergleichlich sind auch die mit pulsierendem Leben erfüllten Kultstätten wie Fontevrault oder Saint-Victor in Paris, Rievaulx oder Canterbury in England und schließlich die beiden meerumbrandeten Mont Saint-Michel, der eine im Norden Frankreichs, der andere an der äußersten Westspitze Englands, in Cornwall, gelegen.

Über dieses doppelte Reich, das Eleonore in ihrer Person, als »Adler mit den zwei Köpfen«, *aquila bispertita*, zu einem zu verschmelzen scheint, regieren nun zwei Könige. Da ist jener Philipp August von Frankreich, dessen Geburt Eleonores Hoffnungen auf die Doppelkrone für Heinrich den Jüngeren zunichte machte – sie fiel zeitlich mit der Entfremdung zwischen ihr und ihrem Gemahl zusammen, als ob der aufgehende Stern der Capetinger den Abstieg der Plantagenets ankündigen sollte. Eleonore hat Philipp noch nie gesehen. Er scheint mit ihrem Sohn Richard in bestem Einvernehmen zu sein; aber ihr mütterlicher Instinkt warnt sie. Philipp genießt keinen besonders guten Ruf. Er gilt als rauhbeiniger, unhöflicher Mensch, der quasi im Wald aufgewachsen ist. Sein Vormund, Philipp von Flandern, hat sich eine Zeitlang bemüht, ihm etwas bessere Manieren beizubringen. Was wohl seine Frau, die sanfte, zarte, blonde Isabella vom Hennegau, von einem solchen Ehemann dachte? Seiner Mutter gegenüber betrug er sich jedenfalls höchst egoistisch und nahm nicht die geringsten Rücksichten. Adele von Champagne verließ denn auch den Hof und lebte seitdem auf ihren Gütern. Er hatte noch einen Zug, der Eleonore besonders mißfallen haben mußte: Er mochte die Minnesänger nicht. Schon vier Jahre zuvor hatte er bekanntgegeben, er gedächte an seinem Hof keine Dichter und Musiker zu unterhalten, wie es sonst hochgeborene Herren täten. Die reichlichen Geldspenden, die solchen Leuten zuflössen, wolle er für Almosen verwenden.

Es ist nicht zu bezweifeln, daß das Bündnis zwischen Philipp und Richard in erster Linie gegen die Person Heinrichs II. gerichtet war. Wie sich die beiden jungen Herrscher jetzt verhalten werden, wenn sie sich gegenüberstehen, weiß noch kein Mensch. Philipp soll als Kind schon einen bezeichnenden Ausspruch getan haben. Beim Anblick der hell in der Sonne leuchtenden Festung Gisors soll er ausgerufen haben: »Ich wünschte, diese Mauern wären aus Edelsteinen, aus Gold und Silber. Nur dürfte es niemand außer mir wissen!« Als man sich über seine Worte wunderte, sagte er: »Wundert euch nicht. Je wertvoller diese Burg wird, um so teurer wird sie mir sein, wenn sie erst in meinen Händen ist.«

Welche Bündnismöglichkeiten hat nun Richard in dem Kampf, der gewiß früher oder später einmal ausbrechen wird? Von seiten seines Bruders Johann kann er nur Verrat erwarten. Sein Bruder Gottfried, Erbe der Bretagne, ist vor drei Jahren verstorben. Er hat nur eine Tochter hinterlassen; aber seine Frau Konstanze, die damals schwanger war, gebar noch einen Sohn, der nach dem Helden der Tafelrunde Arthur genannt wurde. Diese Konstanze von Bretagne verabscheut die Plantagenets, man weiß nicht warum. Vielleicht glaubt sie, sie wären für den Tod ihres Gemahls verantwortlich. Jedenfalls wurde ihr Sohn schon in zartem Alter mit ihrer Zustimmung zu König Philipp gebracht, der ihn, auf seine Rechte als oberster Lehnsherr pochend, am französischen Hof erziehen läßt.

Da sind dann noch Eleonores Töchter, die durch ihre Heiraten nützliche Verbindungen zu den verschiedenen Höfen Europas geschaffen haben. Leider ist die ältere, Mathilde, in demselben Monat gestorben wie ihr Vater Heinrich. Aber ihr Gemahl, der Herzog von Sachsen, scheint immer noch ein treuer Verbündeter zu sein. Eleonore, die zweite Tochter, hat den König von Kastilien geheiratet. Durch sie sind Beziehungen auf der anderen Seite der Pyrenäen zu bekommen – sehr nützlich für ein Reich, das sich bis nach Bayonne erstreckt. Und Johanna schließlich, die Wilhelm von Sizilien zum Gemahl hat, kann für Richards große Pläne sogar von unschätzbarem Wert sein.

Denn es gibt im Sommer 1189 ein großes Projekt, das alle lebendigen Kräfte der Christenheit beschäftigt und bewegt. In Eleonores Herzen erweckt es die verschiedensten Empfindungen. Wie zur Zeit, als sie junge Königin von Frankreich war, spricht man auch jetzt wieder von einem Kreuzzug – von einem Kreuzzug der Könige. Genau vierzig Jahre ist es her, daß ihr Oheim Raimund von Poitiers im Kampf gegen Nureddin sein Leben lassen mußte; seit vierzig Jahren werden alljährlich die Messen gelesen, die Eleonore für seinen Seelenfrieden gestiftet hat. Seitdem ist vieles geschehen. Vor allem ist die große Katastrophe eingetreten: Jerusalem fiel wieder den Sarazenen in die Hände. Das geschah im Jahr 1187, als das Heer der fränkischen Barone, durch schlechte Ratgeber angestiftet, einen tollkühnen Zug in die Wüste Hattin wagte und von den Mameluken des Sultans Saladin niedergemacht wurde. Damals sah es so aus, als sei damit das schwache und fast schutzlose lateinische Königreich zusammengebrochen. Jedoch die Ritter der Templer- und Johanniterorden verschanzten sich, soweit sie dem Gemetzel entrinnen konnten, in ihren festen Burgen und leisteten verzweifelten Widerstand. Dann versuchte es der vertriebene König von Jerusalem, der Poiteviner Guy de Lusignan, unterstützt von einigen frisch eingetroffenen Kreuzfahrern, die Stadt Akkon zurückzuerobern.

Seitdem hatten die Barone des Heiligen Landes immer dringendere Appelle an die abendländische Christenheit gerichtet. Auch der Klerus ermahnte die christlichen Fürsten, Feindschaften und persönlichen Ehrgeiz hintanzusetzen und gemeinsam das Kreuz zu nehmen. Auf ihre Bitten hin war Heinrich Plantagenet des öfteren mit König Philipp unter der Ulme von Gisors zusammengetroffen. Allerdings für nichts. Denn Heinrich beging ein Sakrileg und benutzte den zu dem frommen Zweck erhobenen Steuerpfennig, den »Saladin-Zehnten«, dazu, Söldner für den Kampf gegen seine eigenen Söhne anzuwerben.

Richard schien aber jetzt entschlossen, um jeden Preis das von seinem Vater vernachlässigte Gelübde zu erfüllen. Eleonore mochte noch so brennend darauf bedacht sein, ihm sein Königreich zu bewahren – so weit würde sie doch nie gehen, ihn von seinem Vorhaben abbringen zu wollen. Zumal es sie so sehr an ihre eigene Jugend erinnerte.

18
König Richard

D'ardimen vail Rollan et Olivier,
E de domnei Berart de Montdesdier,
Car soi tan pros, per aco n'ai bon lau
... En totas res semble ben cavalier
Si. m soi, e sai d'amor tot son mestier
E tot aisso c'a drudari' abau.

Peire Vidal

Alle Glocken Londons läuteten. In den Straßen erschollen die Trompetensignale der Herolde, die Menge stand dichtgedrängt und machte nur widerwillig Platz für die ungeduldig tänzelnden Pferde. Hochrufe und Begeisterungsstürme, Draperien an den Häuserwänden, mit Blumen besteckt, frisches Laub auf dem Boden – wie oft hatte Eleonore im Laufe ihres Lebens diesen ganzen festlichen Auftrieb schon miterlebt! Wie oft hatte sie, seitdem sie als Fünfzehnjährige im Hochzeitskleid die Kathedrale Saint-André in Bordeaux betrat, auf die Zurufe einer jubelnden Menschenmenge geantwortet! Wieder war sie jetzt in einem prächtigen Festzug dahergekommen, wo seidene Banner rauschten, Waffen blitzten und Pferdegeschirre funkelten.

Aber noch nie wird sie eine so große Freude dabei empfunden haben wie an diesem 3. September 1189. Bei den vorangegangenen Krönungen hatte sie sich immer nur der Rolle angepaßt, die das Schicksal ihr zugeteilt hatte. Diese Krönung hingegen war ihr Werk, und während die Zeremonie vollzogen wurde, erhielt sie, als Königin und Mutter, so etwas wie eine Weihe. Zwei Monate lang waren alle ihre Gedanken, alle ihre Handlungen nur auf das einzige Ziel gerichtet: den Lieblingssohn Richard, ihren Stolz und ihre Freude, als König von England und rechtmäßigen Erben des Reiches der Plantagenets anerkannt zu sehen. Alles was sie vorher erlebt hatte, die Demütigungen, die sie hinnehmen mußte, und der Kummer, daß sie so lange ausgeschaltet war, erhöhten jetzt nur noch ihren Triumph. An diesem hohen Tag erfüllte sich die Prophezeiung Merlins beziehungsweise Gottfrieds von Monmouth: Der Adler erfreute sich an seinem dritten Jungen.

Richard hatte sich erst am 13. August in Barfleur eingeschifft.

Nach seiner Landung in Portsmouth traf er am nächsten Tag sogleich mit Eleonore in Winchester zusammen. Darauf gingen sie gemeinsam erst nach Windsor und brachen am 1. September von dort auf, um in festlicher Prozession zur St.-Pauls-Kathedrale nach London zu ziehen. Vom Klerus und dem hohen Adel wurden sie weiter nach Westminster geleitet, wo alle Vorbereitungen für die Krönung getroffen waren.

Das erste Auftreten Richards I. von England wurde mit allem erdenklichen Prunk gefeiert. Wie man aus den Rechnungen sieht, hat sich bei dieser Gelegenheit wieder einmal die traditionelle Prachtliebe der Poiteviner offenbart. Das ganze Sattel- und Zaumzeug der königlichen Pferde wurde erneuert; die enorme Summe von fünfunddreißig Pfund zum Ankauf von vielem braunem und scharlachrotem Tuch aufgewendet; dazu kamen noch Satteldecken aus Feh, Grauwerk und Zobel. Die Gewänder der Königin und ihres Gefolges haben sieben Pfund sechs Sous gekostet; der Preis ihres Mantels, aus fünfeinhalb Ellen Seide und mit Feh und Zobel verbrämt, beläuft sich allein auf vier Pfund neunzehn Sous. Weitere, ebenfalls für die Königin bestimmte Kleider erforderten an die zehn Ellen scharlachroten Stoffes mit zwei Zobelfellen und einem Fehpelz. Dazu kommt selbstverständlich noch Linnen für die Hauben und die Unterkleidung. Da Richards Freigebigkeit sich auf den gesamten Hofstaat erstreckt – was in solchem Fall üblich war –, werden Pelzmäntel »für die Schwester des Königs von Frankreich« Adelaide und für die Töchter des Grafen von Chester und von Gloucester angefertigt. Bei der letztgenannten handelt es sich um Havise, Erbin einer der reichsten englischen Grafschaften, die mit dem Bruder des Königs, Johann ohne Land, verheiratet wurde. Auch für die Neffen gibt es neue Gewänder; so zum Beispiel für Wilhelm, den Sohn des Herzogs von Sachsen – das jüngste Kind von Heinrich dem Löwen und Mathilde, das damals gerade erst vier Jahre alt war. Unter anderen wird auch die Tochter des Grafen von Striguil, die zukünftige Frau von Guillaume le Maréchal, bedacht.

Noch manch einer von denen, die am Festzug teilnehmen und feierlich in die Westminster-Kathedrale mit einziehen, wird sagen können, daß sein neuer Herr ihn mit Wohltaten überhäufte. Hinter der Gruppe der Priester im weißen Chorhemd kommt als erster Geoffroy de Lucé; er trägt den Königsmantel. Dann folgen Jean le Maréchal mit den goldenen Sporen, sein Sohn Guillaume, der das Zepter mit dem Kreuz trägt, und Guillaume

Patrick Graf von Salisbury; er hat das Zepter mit der Taube. Alle diese Männer waren bis zum Schluß der Kämpfe Richards gegen seinen Vater getreue Diener von Heinrich Plantagenet. Ihre Anwesenheit heute in Westminster beweist, daß der neue König ihnen verziehen hat.

Man muß bei dieser Gelegenheit doch die für jene Zeit so typische Geschichte erzählen, die sich zwischen Richard und Guillaume le Maréchal in Fontevrault abgespielt hat, als sie sich wenige Schritte vor der Kirche gegenüberstanden, in der Heinrich II. aufgebahrt war. Einige Tage vorher waren sie sich schon einmal unter sehr dramatischen Umständen begegnet. Guillaume deckte Heinrichs Flucht vor seinem Sohn Richard. Sie befanden sich in der brennenden Stadt Le Mans, bei der Zitadelle le Fresnay. Guillaume schwang seine Lanze, und Richard rief aus: »Maréchal, tötet mich nicht! Es wäre schändlich; ich bin nicht bewaffnet!« Er hatte tatsächlich keine Rüstung an und trug nur ein Wams und einen leichten Eisenhut.

»Der Teufel mag Euch töten; ich töte Euch nicht!« Mit diesen Worten erschlug le Maréchal Richards Pferd. Dadurch war der Rückzug des Königs gesichert, der sich die allgemeine Verwirrung zunutze machte, nach Fresnay davonsprengte und sich dort einschloß. – Als die beiden Männer sich nun wieder trafen, war der Vorfall natürlich noch frisch in ihrer Erinnerung. Wie würde sich Richard verhalten? Würde er jetzt einen seiner sagenhaften angevinischen Wutanfälle bekommen?

Nein, keineswegs. Die Szene, die sich nun abspielt, entspricht ganz und gar der Ritterzeit. »Maréchal«, sagt Richard, und sieht dabei dem Retter seines Vaters fest in die Augen, »neulich habt Ihr mich töten wollen und hättet es auch getan, wenn ich Eure Lanze nicht mit meinem Arm abgewehrt hätte.«

»Majestät«, antwortet Guillaume, »ich wollte Euch nicht töten. Ich bin geschickt genug, meine Lanze genau dorthin zu führen, wo ich sie haben will. Es wäre für mich ebenso leicht gewesen, Euern Leib zu treffen wie den Eures Pferdes. Ich habe Euer Pferd getötet. Ich glaube nicht, daß das schändlich war, und fühle kein Bedauern.«

»Ich verzeihe Euch«, versetzt darauf Richard, »und ich trage Euch nichts nach.«

Im Verfolg dieses Gesprächs befand sich Guillaume le Maréchal nun unter den Gewölben von Westminster und begleitete feierlich gemessenen Schrittes seinen Herrn, dessen Zepter er trug. Zudem hatte er Aussicht, demnächst eine der reichsten

Erbinnen von England, die junge Gräfin von Striguil, zu heiraten.

Mit den meisten Baronen, die auf der Seite seines Vaters gestanden hatten, war Richard auf diese Weise verfahren. Nur Renouf de Glanville hatte keine Gnade vor seinen Augen gefunden: Um sich vom Gefängnis loszukaufen, mußte dieser, den man »das Auge des Königs« genannt hatte, die phantastische Summe von fünfzehnhundert Silberpfund bezahlen. Ein anderer, Etienne de Marzai, Heinrichs II. Seneschall für Anjou, der für seinen Geiz bekannt war (er hatte sich nach dem Tode des Königs geweigert, den Armen die üblichen Almosen zu geben), wurde in Winchester gefangengehalten, bis er eine noch höhere Summe, dreitausend Pfund, als Lösegeld bezahlt hatte.

Hingegen hatten die drei Edelleute, die im Krönungszug die drei traditionellen Schwerter in ihren goldenen Scheiden trugen, allen Grund, sich zu freuen. Der eine war David von Huntingdon, von jeher ein Anhänger des Grafen von Poitou, der zweite Robert von Leicester, der noch vor wenigen Monaten arm, geächtet und dem Elend preisgegeben war. Eleonore hatte ihm, sogleich nach ihrer eigenen Befreiung, die Länder zurückgeben lassen, die man ihm wegen seiner Teilnahme an Richards Aufstand abgenommen hatte. Der dritte war kein Geringerer als Johann ohne Land – dessen Beiname übrigens nicht mehr stimmte, denn sein Bruder hatte ihn buchstäblich mit Gütern überhäuft. Er erhielt in der Normandie die Grafschaft Mortain, in England unter anderem die Schlösser Marlborough, Nottingham, Lancaster und Wallingford; zudem brachte seine Heirat mit Havise von Gloucester eines der schönsten Herzogtümer der britischen Insel in seinen Besitz. – Auch die beiden Bastarde seines Vaters hatte Richard reich beschenkt; Gottfried, dem älteren, der Geistlicher geworden war, versprach er das Erzbistum York; der jüngere, Wilhelm, mit dem Beinamen »Langschwert«, der später durch Heirat Graf von Salisbury wurde, erhielt ebenfalls reiche Zuwendungen. Sicher war bei dieser Freigebigkeit einige Berechnung dabei. Es kam Richard darauf an, durch Wohltaten diejenigen an sich zu fesseln, die seine Rivalen und daher seine Feinde sein konnten. Aber Richard war auch von Natur sehr großzügig.

Inzwischen war die Krönungsprozession weitergezogen: Zwölf Würdenträger – je sechs Grafen und sechs Barone aus England und der Normandie – trugen eine Art langen Tisch, auf dem die Insignien und Gewänder für die Krönung ausgebreitet waren: die golddurchwirkten Beinkleider, das leinene Tuch, eine Art Meßgewand und der hermelingefütterte Krönungsmantel. Danach kam Guillaume de Mandeville, Graf von Aumale; er trug auf einem Kissen die goldene, mit Edelsteinen besetzte Krone. Endlich erschien unter einem seidenen Baldachin, den vier Barone auf den Spitzen ihrer Lanzen trugen, Richard, der Thronerbe, flankiert von zwei Bischöfen, Regnaud von Bath und Hugo von Durham.

Wir können uns gut vorstellen, wie Eleonore mit dem wachen Auge eines Zeremonienmeisters die jahrhundertealten Riten der Königskrönung verfolgt. Zuerst wird der Eid abgelegt; vor dem Altar in der Mitte des Chors sind die Priester versammelt. Aus England sind es unter anderen Balduin, Erzbischof von Canterbury, Gilbert von Rochester, Hugo von Lincoln, der eines Tages heiliggesprochen werden wird, und Hugo von Chester. Neben ihnen stehen die normannischen Prälaten: Gautier de Coutances, der Erzbischof von Rouen, Henri von Bayeux, Jean von Evreux und eine weitere große Zahl von Äbten, Domherren und anderen Klerikern. Stehend hören alle den königlichen Eid. Richard beugt das Knie, legt die Hände auf die offene Bibel und zählt die Dinge auf, zu denen er sich verpflichtet: Alle Tage seines Lebens wird er Frieden, Ehre und Achtung Gott, der Heiligen Kirche und ihren Dienern darbringen. Er wird den ihm anvertrauten Völkern Recht und Billigkeit widerfahren lassen. Wenn es in seinem Königreich schlechte Gesetze und entartete Bräuche gibt, wird er sie abschaffen; die guten wird er bestätigen und vermehren, ohne Trug und Arglist.

Nun kommt der feierlichste Akt: die Salbung. Sie wurde damals als Sakrament angesehen und von manchen mit einer Bischofsweihe verglichen. Richard wird entkleidet; er behält nur sein auf der Brust weit offenstehendes Hemd und seine Hosen an. Nun werden ihm die goldenen Sandalen angezogen. Dann nimmt der Erzbischof von Canterbury die Salbung vor. Er war ein treuer Freund der Plantagenets: Seine erste Tat nach seiner Inthronisation war, daß er Heinrich II. bat, Eleonores Gefangenschaft zu mildern. Dreimal wird Richard gesalbt: auf dem Kopf, auf der Brust und an den Armen – für die drei Dinge, die ein König braucht: Ruhm, Weisheit und Stärke. Nun wird ihm, zum Zeichen dafür, daß er immer nur reine Absichten hegen soll, ein weißes leinenes Tuch auf den Kopf gelegt. Darüber zieht man ihm eine Art Kappe oder Mütze aus Seide, seine übliche Kopfbedeckung. Jetzt wird ihm der Königsrock aus

Goldbrokat angelegt und darüber ein Meßgewand, geschnitten wie das eines Diakons. Das bedeutet, daß er eine priesterähnliche Funktion hat. Der Erzbischof reicht ihm das Schwert, mit dem er die Feinde der Kirche vertreiben soll. An seinen Sandalen befestigt man die goldenen Sporen, Zeichen seines Rittertums. Zum Schluß wird ihm der schwere, scharlachfarbene, goldgestickte Mantel auf die Schultern gelegt.

In dieser Aufmachung sieht Richard großartig aus. Er hat den rotblonden Kopf hoch erhoben und überragt alle, die ihn geschäftig umdrängen. Festen Schrittes geht er zum Altar und bleibt auf den Stufen stehen, um die letzte feierliche Ermahnung anzuhören: »Ich beschwöre dich, im Namen des lebendigen Gottes, diese Ehre nur anzunehmen, wenn du versprichst, deinen Eid unverbrüchlich zu halten.«

»Mit Gottes Hilfe werde ich ihn halten, ohne Falsch«, antwortet Richard – mit Donnerstimme, denn bei ihm bleibt keine noch so formelle Zeremonie steif.

Mit sicherer Hand ergreift er die auf dem Altar liegende Krone, reicht sie dem Erzbischof und kniet nieder, während sie ihm aufgesetzt wird. Zwei Edelleute halten sie, teils wegen ihres Gewichts, teils um damit anzudeuten, daß der Lehnskönig nicht ohne seine Räte regieren kann. Darauf legt der Erzbischof in seine rechte Hand das königliche Zepter mit der Krone und in die linke ein anderes, leichteres Zepter, das eine Taube trägt. Damit wird angedeutet, daß der König als Richter die Hilfe des Heiligen Geistes anrufen muß. Und nun begibt sich Richard zum Thron, angetan mit dem ganzen Staat der königlichen Majestät. Vor ihm geht ein Priester mit einer Kerze und drei Adlige mit den Schwertern. Er nimmt Platz, und die Messe beginnt.

Leider endete der festliche Krönungstag mit einem Mißklang. Zunächst war die Zeremonie ruhig und großartig verlaufen. Unter den begeisterten Zurufen der Barone und der Volksmenge hatte Richard die Krone und die königlichen Gewänder auf dem Altar niedergelegt, einen einfachen Goldreif und eine leichtere seidene Tunika angelegt und sich dann in den Festsaal begeben. In der großen Halle von Westminster, die heute noch steht, versammelten sich unter den Augen von Eleonore Kleriker und Adlige. Die Bürger von London hatten sich erboten, »aus der Flasche« zu bedienen, das heißt die Getränke zu servieren, und die Bürger von Winchester, der Königsstadt, lieferten die Mahlzeit. Für die Bevölkerung gab es draußen reichlich zu essen; ein Bierfaß nach dem anderen leerte sich. Plötzlich übertönten Schreckensrufe den fröhlichen Lärm. Die Juden der Stadt hatten ausgerechnet diese Feststunden gewählt, um dem König ihre Geschenke darzubringen. Es bekam ihnen schlecht. Sie gerieten unter die schon ziemlich angeregte Menschenmenge, bei der sich mancher ihrer Schuldner befand. In London waren die Juden, ebenso wie in anderen Handelsstädten, damals meist Wechsler oder Pfandleiher. Richard de Devizes, der über den Vorfall berichtet, qualifiziert sie als *sanguisugas*, »Blutsauger«. Es kam jedenfalls zu Prügelszenen, und bald wurde eine regelrechte Menschenjagd daraus. Von den unglücklichen Juden konnten sich nur die retten, die im Palast des Erzbischofs Zuflucht fanden – ihrem traditionellen Asyl, wenn sie in Gefahr waren.

Am nächsten Tag mußte der König die Männer, die an dem Massaker teilgenommen hatten, verfolgen und bestrafen lassen. Richard de Devizes schließt seinen Bericht mit dem Hinweis, daß auch in anderen Städten die Juden belästigt wurden, nicht aber in seiner Heimatstadt Winchester, wo man sich immer zivilisiert, *civiliter*, betrage.

Die Londoner, die König Richard, dem »Poiteviner« einen so enthusiastischen Empfang bereitet hatten, mußten bald erleben, daß der Herrscher, auf den sie so stolz waren, es sehr eilig hatte, sein Königreich wieder zu verlassen. Seine Beweggründe waren allerdings ehrenhaft: Er hatte keinen anderen Gedanken mehr im Kopf als seinen Kreuzzugsplan. Seinem Beispiel folgend, war bald ganz England mit Kreuzzugsvorbereitungen beschäftigt. Dazu gehörte in erster Linie die Erhebung einer Steuer, um Mittel für die Kampftruppen zu bekommen. Trotz dem Mißerfolg mit dem Saladin-Zehnten, den Heinrich bekanntlich für seine persönlichen Zwecke verbraucht hatte, statt ihn gegen Saladin zu verwenden, ging diese neue Steuer anstandslos durch. Richard hatte immer viel Phantasie, wenn es darum ging, Geldmittel aufzutreiben. Jetzt handelte er bedenkenlos mit Lehnsämtern. Wie ein Chronist seiner Regierungszeit, Roger de Hoveden, berichtet, verkaufte er Schlösser, Städte, Domänen. »Ich würde selbst London verkaufen«, erklärte der König ohne Skrupel, »wenn ich einen Käufer dafür fände.«

Einen Kreuzzug vorbereiten hieß aber vor allem, daß in den englischen Häfen fieberhaft am Bau von Segelschiffen und großen Transportern gearbeitet werden mußte, die achtzig Pferde und über dreihundert Passagiere faßten, ohne die Diener und die Matrosen. Ebenso eifrig webte man in den Städten Segeltuch und flocht Seile. Ganze Armeen von Holzfällern schlugen Bäume für die Masten und Schiffskiele, während überall in kleinen Schmiedewerkstätten pausenlos gehämmert wurde: Allein im Wald von Dean stellte man fünfzigtausend Hufeisen her, um zwölftausendfünfhundert Pferde damit zu beschlagen! Dazu kamen Waffen, Rüstungen, Kettenhemden, die besonders fein gearbeitet sein mußten, Helme, Schilde, die mit großen Hammerschlägen auf dem Amboß geschmiedet werden mußten; Pfeile für die Armbrüste, dicke Wurfspieße, harte Holzbalken für die Kriegsmaschinen und weiches Leder für Sättel und Zaumzeuge. Alle Handwerker arbeiteten fieberhaft im Dienste des Königs. Auch die Edlen waren von der allgemeinen Begeisterung angesteckt und bereiteten sich auf ihren Gütern auf die Fahrt in den Orient vor. Bis in die kleinsten Städte breitete sich die Bewegung aus; auch hier meldeten sich viele kleine Bürger für die Teilnahme am Kreuzzug. Ein Gelehrter unserer Tage, William Ury, der als Geschichtsschreiber seiner Heimatstadt Canterbury die Namen fast aller Bewohner der Stadt, Haus für Haus, aus der Zeit von Eleonore kennt, hat allein an dem kleinen Platz, wo sich Mercery Street und High Street kreuzen, in der Nähe der Kathedrale, fünf Bürger entdeckt, die damals das Kreuz genommen haben. Da gibt es den Goldschmied Hugo und Philipp de Mardres und nicht weit davon Vivien de Wiht. Dann kommt noch ein Adam de Tolwarth, der bei der Belagerung von Akkon Richards Waffengefährte sein wird, und der Ehemann einer Margaret Cauvel, ein Londoner, der ebenfalls am Kreuzzug teilnimmt. Alle diese Leute arbeiten eifrig an ihren Reisevorbereitungen, stürzen sich in Schulden und verkaufen Land, um sich Waffen anzuschaffen. Der Kreuzzug schenkt ihnen sozusagen eine neue Haut. Die Begeisterung für Jerusalem schlägt Wellen bis in die kleinsten Bauernhütten, wo Schweine geschlachtet und Speckseiten geräuchert werden, die man zu einem guten Preis an die Kreuzfahrer verkaufen kann.

Zu beiden Seiten des Kanals, in den Ländern des Königs von England wie in denen des Königs von Frankreich, gärt es genauso wie damals, als Ludwig VII. und Eleonore das Kreuz nahmen. Nur steht diesmal unendlich viel mehr auf dem Spiel, und die Lage ist bedeutend kritischer als vor vierzig Jahren. Zwar waren damals, beim Fall von Edessa, auch an die fünfundvierzigtausend Christen niedergemetzelt oder in die Sklaverei verschleppt worden, und Nordsyrien war danach den türkischen Angriffen preisgegeben. Aber jetzt handelt es sich um mehr: Die Heilige Stadt selbst ist wieder in den Händen der Muselmanen. – Ein Jahrhundert lang hatte das gefährdete christliche Königreich von Jerusalem existiert, war von Tag zu Tag unter schweren, oft heldenhaften Opfern erhalten worden – so wird von dem jungen leprakranken König erzählt, der in den letzten Jahren seines kurzen Lebens (er starb vier Jahre vor diesem neuen Kreuzzug) sich auf einer Bahre an die Stätten des Kampfes tragen ließ. Sollte dies Reich nun untergehen? Alles schien darauf hinzudeuten.

Der Verlust von Jerusalem hatte zur Folge, daß lange Reihen christlicher Sklaven unter muselmanischer Bewachung auf die Sklavenmärkte Ägyptens und Syriens ziehen mußten. Über einen Monat, genau vom 2. Oktober bis zum 10. November 1187, dauerte die schreckliche Auslese, durch die die Heilige Stadt fast ihre gesamte fränkische Einwohnerschaft verlor. Saladins Offiziere ließen Greise und Kinder passieren, trieben aber die jungen Männer und die jungen Mädchen in den Raum zwischen dem ersten und dem zweiten Befestigungswall. Nach den vorsichtigsten Schätzungen wurden damals zwischen elftausend und sechzehntausend Gefangene in die Sklaverei verschleppt. Etwa fünftausend schickte man nach Ägypten, wo sie bei den Festungsbauten arbeiten mußten. Immerhin hatte Saladin, der Sieger, noch außergewöhnliche Großmut gezeigt und der Stadt verhältnismäßig ehrenhafte Kapitulationsbedingungen zugestanden. Er fürchtete wohl, daß sie sonst von der zu wilder Verteidigung entschlossenen Bevölkerung restlos zerstört würde und damit auch die Omarmoschee, eine der heiligsten Kultstätten des Islams, verlorenginge.

Durch die Vernichtungsschlacht von Hattin war Jerusalem nahezu jeden militärischen Schutzes beraubt worden. Einer der wenigen Ritter, die dem Massaker entronnen waren, namens Balian d'Ibelin organisierte in aller Eile die Verteidigung der Stadt. Die Reiterei vertraute er sechzig Bürgern an, die trotz mangelnder militärischer Ausbildung Saladins Vorhut zunächst eine empfindliche Schlappe beibrachten. Saladin war auf einen solchen Ausfall nicht gefaßt gewesen, hatte vielmehr geglaubt, er könne unbehelligt in eine offene Stadt einziehen. Als er merkte, daß die Franken mit dem Mute der Verzweiflung zu kämpfen bereit waren, bot er daher den Belagerten an, sich gegen Lösegeld freien Abzug zu erkaufen: zehn Byzantiner für jeden Mann, fünf für jede Frau und einen für jedes Kind. Aber nur zwei Prozent der in Jerusalem lebenden Franken verfügten über eine solche Summe (ein Byzantiner war etwa zwölf Goldfranken wert). Balian setzte durch, daß die Allerärmsten, siebentausend Menschen, für einen Pauschalpreis von dreißigtausend Byzantinern freigelassen wurden. Diese Summe brachten – allerdings erst unter Druck – die Templer und Johanniter auf. Zu der Anzahl Freigelassener fügte Saladin aus freien Stücken noch tausend hinzu, die er selbst loskaufte – eine anerkennenswerte Geste –, und weitere tausend, für die sein Bruder Malik-al-Adil bezahlte. Außerdem gestattete er zwei Greisen, deren hohes Alter ihn rührte, in Jerusalem zu bleiben. Der eine war über hundert Jahre alt und hatte noch den Ersten Kreuzzug mitgemacht, der im Jahre 1096 begann und drei Jahre später mit der Eroberung der Heiligen Stätten endete.

In ganz Syrien gab es derartige Massenevakuierungen. Die Flüchtlinge strömten zur Küste, während eine nach der anderen der fränkischen Festungen fielen, die ein Jahrhundert lang das Wunder vollbracht hatten, den schmalen Streifen Landes, das Königreich Jerusalem (etwa 360 km Grenze, an seiner breitesten Stelle ist es 60 bis 90 km breit) gegen die Angriffe von jenseits des Jordans zu verteidigen: Sie hießen Châteauneuf, Saphet, Beauvoir und Beaufort. Mittlerweile sandte Isaak Angelos, der neue Kaiser von Byzanz, Saladin seine Glückwünsche.

Es sah nun so aus, als sei es mit der christlichen Anwesenheit an den Heiligen Stätten – außer der der Griechen – vorbei und als kämen die Zeiten wieder, wo die Pilgerfahrt nach Jerusalem ein lebensgefährliches Unternehmen war. Wo sich die Pilger nicht nur gegen die Überfälle der Beduinen und die ständigen Bedrohungen durch die Türken wehren mußten, sondern auch gegen die unverschämten Forderungen der byzantinischen Wächter am Heiligen Grabe.

Eigentlich war es vorauszusehen, daß es so kommen mußte, und zwar von dem Augenblick an, als in der Person Nureddins und vor allem dann Saladins die gesamte mohammedanische Welt von den Nilkatarakten bis zum Euphrat, von Alexandrien bis Aleppo unter dem Oberbefehl eines einzigen Mannes vereinigt war.

Immerhin sollten die fränkischen Königreiche im Heiligen Lande auch nach der Niederlage noch ein ganzes Jahrhundert fortbestehen, wiewohl in einer ganz anderen Form als der nach dem Ersten Kreuzzug geschaffenen. Wie Schiffbrüchige klammerten sich einige Barone an die Überreste ihrer Herrschaftsgebiete. Die Mauern von Antiochia und der Festung Marqab, die von den Johannitern verteidigt wurde, konnten noch immer jedem Angriff standhalten, ebenso das von den Templern befestigte Tortosa und die Festung Krak, die von weltlichen Rittern gehalten wurde. Durch die unerwartete Ankunft einer Schar von Normannen aus Sizilien unter der Führung des Grafen von Malta, Margarit von Brindisi, konnte Tripolis entsetzt werden. Ebenso gelang es einem deutsch-italienischen Baron, Konrad von Montfort, Stadt und Hafen von Tyr zu befreien und gegen mögliche Angriffe Saladins stärker zu befestigen.

Dieser Konrad war ein Verstandesmensch, einer, bei dem der Zweck die Mittel heiligt. Er war am 14. Juli 1187, nur zehn Tage nach der Katastrophe von Hattin, mit einem italienischen Geschwader, bei dem sich eine Menge Kaufleute befanden, vor Tyr aufgekreuzt. Auf Bitten der Einwohner beteiligte er sich an der Verteidigung der Stadt, setzte dann einen Genueser als Burgherrn ein und machte sich daran, die einzelnen Stadtteile an die verschiedenen Kolonien von Handelsleuten zu verteilen, die in dem für den Orienthandel so günstig gelegenen Hafen gern ein Kontor eröffnen wollten. Den Pisanern, die bereits in Tyr ansässig waren, gab er einen Teil des Gebiets, das früher der König von Jerusalem für sich reserviert hatte; dazu bekamen sie noch allerlei Privilegien. Die Vermiglioni aus Pisa erhielten überdies noch Vergünstigungen in den Städten Jaffa und Akkon, die erst noch zurückerobert werden mußten. Die Kaufleute aus Barcelona bekamen ein festes Haus, den Grünen Palast, dazu ein Backhaus und die nötige Handelserlaubnis. Händler aus Saint-Gilles, Montpellier und Marseille wurden von Konrad in ähnlicher Weise bedacht.

Diese Politik wurde bald an anderen Plätzen der Küste nachgeahmt, und die Inbesitznahme der Häfen Palästinas durch die Franken bekam einen mehr und mehr wirtschaftlichen Charakter. Wie René Grousset, ein Schriftsteller unserer Zeit, feststellt: »Der Glaube war es, der am Ausgang des elften Jahrhunderts den Lateinischen Orient geschaffen hat; aber im dreizehnten Jahrhundert hat ihn die Nachfrage nach Gewürzen aufrechterhalten.« Auf die Ritter folgten die Kaufleute und verdrängten jahrhundertelang das religiöse Element, wie es dann wieder Franz von Assisi repräsentierte, als er mit einem einzigen Gefährten, in härener Kutte und nur mit Gebeten bewaffnet, vor dem Sultan von Ägypten erschien.

Doch diese Entwicklungen liegen noch in weiter Ferne. Zunächst rüstet sich Richard von England für seine Abreise, Kaiser Friedrich Barbarossa und König Philipp August von Frankreich tun desgleichen. Das einzige, was man über die Lage im Vorderen Orient weiß, ist, daß der poitevinische Ritter Guy de Lusignan, mit dem nunmehr zum Spott gewordenen Titel eines Königs von Jerusalem, mit einer Handvoll Leuten die Belagerung von Saint-Jean d'Akkon eröffnet hat. Es ist also höchste Zeit, daß er Unterstützung bekommt; die am 28. August 1189 begonnene Belagerung droht nämlich eine fatale Wendung zu nehmen. Saladin ist der Stadt zu Hilfe gekommen, und die unglücklichen Belagerer sitzen nun zwischen der muselmanischen Garnison und den Entsetzungstruppen in der Klemme. Noch können hie und da eintreffende kleinere Pilgergruppen, Italiener, Burgunder, Flamen, manchmal sogar Dänen, gelegentlich Beistand leisten. Um jedoch eine Aktion größeren Stils zu unternehmen, sind die Belagerer auf die beiden königlichen Kreuzfahrer oder den Kreuzzug des Kaisers angewiesen, der bereits seit Mai 1189 unterwegs ist.

Richard hatte England erst am 11. Dezember verlassen und traf am 2. Februar 1190 mit Eleonore auf dem Festland zusammen. Um Johann zu neutralisieren, hatten sie es für richtig befunden, gemeinsam noch einiges zu den Schenkungen hinzuzulegen, die ihm Richard bei seiner Krönung gewährt hatte. So erhielt er noch die Grafschaften Cornwall, Devon, Dorset und Somerset. Der Bastard Gottfried war zum Erzbischof von York gewählt worden; sobald ihn der Papst in seinem Amt bestätigt haben würde, sollte auch seine Weihe stattfinden. Vorher hatte Richard jedoch beiden einen Eid abgenommen, daß sie in den nächsten drei Jahren nicht nach England kommen würden. Er dachte wohl dabei an das Schicksal von Robert Courteheuse, »Kurzstiefel«, dem Sohn Wilhelms des Eroberers, der in England von seinem jüngeren Bruder Heinrich Beauclerc verdrängt wurde, während er im Heiligen Lande Krieg führte. Indessen wurde Johann, sogar auf Bitten seiner Mutter, von diesem Eid wieder entbunden. Er erhielt aber keinen Anteil an der Regierung der britischen Insel. Vielmehr blieb die Regierungsgewalt über Richards Staaten in Eleonores Händen. Ihr zur Seite stand William Longchamp als Kanzler und Oberster Friedensrichter von England. Er war schon unter dem früheren König Kanzler gewesen. Übrigens ein sonderbarer Mann, dieser William Longchamp: verwachsen, hinkend, stotternd, aber mit einem durchdringenden Blick unter buschigen Augenbrauen, der einen ungewöhnlich klugen und geschickten Menschen verriet. Man sagte denn auch allgemein von ihm, er habe zwei rechte Hände. Er war Geistlicher und erhielt bald nach Richards Krönung das Bistum Ely.

Die Kreuzzugsvorbereitungen erforderten eine engere Verbindung mit dem König von Frankreich, der immer noch die Verheiratung seiner Schwester Adelaide verlangte. Richard traf mit ihm in Gisors zusammen, wo nun keine Ulme mehr ihren schützenden Schatten über die Friedensverhandlungen warf. Aber durch seine Überredungskünste brachte Richard den französischen König doch dazu, den Streitfall zu vertagen.

Sehr wahrscheinlich hegte Eleonore schon damals ihre eigenen Heiratspläne für Richard. Doch ließ sie vorerst nichts davon verlauten, und die Vorbereitungen für den Kreuzzug wurden intensiver denn je betrieben. Davon zeugen die Urkunden über zahlreiche Schenkungen, wie man sie bei solchen Gelegenheiten an Klöster und andere religiöse Einrichtungen zu machen pflegte. So gründet Richard, in der Nähe von Talmond, das Kloster Lieu-Dieu, das er Augustinermönchen schenkt. Er gibt Spenden an die Abtei Grâce-Dieu in den Sumpfgebieten der Sèvre, während Eleonore den kleinen Atlantikhafen Le Perrot bei La Rochelle den Johannitern überläßt, damit sie von ihren Hospitälern im Poitou eine Verbindung zum Meer haben. Eine weitere Gründung ist Gourfaille in der Nähe von Fontenay. Daß Eleonore bei dieser Gelegenheit auch die Abtei Fontevrault wieder bedenkt, nimmt nicht wunder. Diesmal ist es Richard, der alle Gaben, die das Kloster von seinen Vorfahren erhielt, von neuem bestätigt und noch weitere Schenkungen hinzufügt, darunter fünfunddreißig Pfund aus der Schatzkammer in London.

Diese letzte Zuwendung wurde am 24. Juni 1190 gemacht, zu der Zeit, da Richard von Eleonore Abschied nahm. Seine Flotte sollte nach Marseille oder einem der italienischen Plätze gebracht werden. Er selbst brach unverzüglich nach Vézelay auf, wo sich das Heer der Kreuzfahrer sammeln sollte.

Im Augenblick der Abreise wurden ihm die traditionellen Insignien des Pilgers überreicht, die Wasserflasche und der Pilgerstab. Warum mußte dabei der Pilgerstab in seinen Händen zerbrechen?

19
Löwenherz

Altas ondas que venez suz la mar,
Que fai lo vent çay e lay demenar,
De mon amic savez novas contar,
Qui lay passet, – no lo vei retornar!
Et ay, Deu d'amor!
Ad hora. m dona joy et ad hora dolor!
Raimbaut de Vaqueyras

Eigentlich hätte man annehmen können, Eleonore wäre sofort nach Richards Abreise nach England gegangen. Ihre erste Pflicht hätte doch sein müssen, das Königreich für ihn zu verwalten. Aber nein; sie begibt sich in die entgegengesetzte Richtung und reist nach Spanien.

Die Seefahrt der beiden Könige ins Heilige Land hatte sich mehrmals verzögert. Philipp Augusts Frau war am 15. März 1190 bei der Geburt von Zwillingen gestorben, die auch nicht am Leben blieben. Sie war noch nicht einmal zwanzig Jahre alt, hatte aber drei Jahre vorher dem Lande schon einen Thronerben, den späteren Ludwig VIII., geschenkt. König Philipp ließ sie feierlich in dem neuen Chor von Notre-Dame in Paris beisetzen. Bei Grabungen im 19. Jahrhundert fand man ihren Sarg, zwei kleine Kindersärge waren dabei. Sehr höflich hatte sich Philipp ihr gegenüber allerdings nicht benommen: Während seines Kampfes gegen Heinrich II. Plantagenet hatte er gedroht, sie zu verstoßen. Damit versuchte er, seinen Schwiegervater, Balduin vom Hennegau, einzuschüchtern, der sich zusammen mit dem Grafen von Flandern auf die Seite des Königs von England geschlagen hatte.

Richard und Philipp trafen sich schließlich in Sizilien, im Hafen von Messina. Dort verbrachten sie den Winter 1190/91; sechs Monate blieben sie auf der Insel. Die Historiker können sich diesen Aufschub eigentlich nicht recht erklären. Vermutlich waren aber nur die ungünstigen Winde und die Gefahren, denen die Flotte bei den Winterstürmen ausgesetzt gewesen wäre, daran schuld. Traditionsgemäß fanden die letzten Abreisen aus dem Westen im Monat November statt, aber vor Ende März schiffte man sich meist nicht ein. In jenem Jahr muß das Meer besonders stürmisch gewesen sein. Denn als Richard gerade in Marseille aufs Schiff gehen wollte, erfuhr er, daß die von Dover kommenden Schiffe die Meerenge von Gibraltar wegen widriger Winde nicht passieren konnten. Schließlich war er des Wartens müde geworden und hatte mit seinem Gefolge die Überfahrt auf pisanischen Booten unternommen. Natürlich wirkten sich diese Verzögerungen für den Feldzug ins Heilige Land ungünstig aus. Die Kreuzfahrer zersplitterten ihre Streitkräfte, anstatt sie für einen energischen Vorstoß zu sammeln. Im Abendland hatte sich auch schon die Nachricht vom Tode des Kaisers Friedrich Barbarossa verbreitet, der am 10. Juni 1190 im Flusse Saleph ertrunken war. Dadurch war, wie es ein zeitgenössischer Chronist, der Österreicher Ansbert, ausdrückt, sein Kreuzzug »enthauptet« worden. Nur eine Handvoll Deutscher hatten sich unter den Mauern von Akkon zu Guy de Lusignan geschlagen. Eleonores Schwiegersohn Heinrich von Champagne schloß sich ihnen ebenfalls an. Aber diese verstreuten Hilfsaktionen genügten bei weitem nicht, um den Kampf zu entscheiden.

Es gab aber jemanden, der die verlorene Zeit für sich auszunutzen verstand, das war Eleonore. Bei ihrem Ritt bis in die Pyrenäen hatte sie nämlich einen ganz bestimmten Zweck im Auge. »Ihr Alter vergessend«, trotzte sie den Unbilden des Winters und begab sich, wie die einen sagen, bis Bordeaux, nach anderen Quellen sogar bis nach Navarra. Nicht nur das; sie unternahm eine förmliche Rundreise, überquerte die Alpen beim Paß vom Mont Genèvre, zog durch die Lombardei, versuchte erst in Pisa, dann in Neapel Transportmöglichkeiten zu bekommen, bis sie schließlich in Brindisi Schiffe fand und zu ihrem Sohn nach Sizilien fahren konnte.

Sie kam nicht allein. In ihrer Begleitung befand sich ein junges Mädchen, Berengaria, die Tochter des Königs Sancho von Navarra. Eleonore hatte sich zu gegebener Zeit daran erinnert, daß Richard einst, als er von Berengarias Bruder zu einem Turnier nach Pamplona eingeladen war, glühende Verse an das junge Mädchen gerichtet hatte. Der Chronist Ambroise, der den König von England auf dem Kreuzzug begleitete, beschreibt sie als *une sage pucelle, gentille femme et preue et belle,* eine »züchtige Jungfrau, edle Frau und tapfer und schön«.

Adelaide, die Schwester des Königs von Frankreich, war in guter Obhut in Rouen geblieben. Von der französischen Heirat wollte Eleonore nichts wissen; selbst Philipp hatte das im Laufe der ziemlich stürmischen Auseinandersetzungen mit Richard während ihres gemeinsamen Aufenthaltes in Messina schließlich eingesehen. Mit Berengarias Ankunft wurden alle weiteren Verhandlungen sowieso gegenstandslos. Darüber war sich Philipp sofort klar. Deshalb fuhr er am 30. März 1191 mit seiner Flotte ab, am gleichen Tage, als das Schiff, das Richard nach Reggio geschickt hatte, mit seiner Mutter und seiner Verlobten in Messina eintraf.

Als Eleonore, mit nahezu siebzig Jahren, diese lange und gefahrvolle Reise unternahm, handelte sie, wie Labande sehr richtig bemerkt, »gleichzeitig als Mutter und als Königin«. Der König von England mußte unbedingt einen legitimen Thronerben bekommen. Richard hatte einen Bastard Philipp, den er später mit Amélie, der Tochter des Hélie von Cognac, vermählte; sie bekam als Mitgift einen schönen Landbesitz in der Gascogne. Aber Richard brauchte einen Sohn, dem das Erbe der Plantagenets unbestritten zufallen würde. Sowohl sein Bruder Johann wie sein Neffe Arthur erhoben Anspruch darauf; aber sie waren alle beide in Eleonores Augen keine wünschenswerten Thronerben. Richard brauchte aber auch eine Frau, die imstande war, ihn auf dem rechten Wege zu halten. Er war ein unbändiger, von vielen Leidenschaften hin- und hergerissener Mensch, dessen heftiges und maßloses Wesen seine vielen großartigen Qualitäten erdrückte. Seinen geschichtlichen Beinamen »Löwenherz« verdiente er voll und ganz. Nicht allein wegen seiner blonden Löwenmähne, sondern vor allem wegen seiner sprichwörtlichen Tapferkeit und Großmut. Zudem war er ein feinsinniger Poet und ein großer Musiker. Es kam vor, daß er in der Kirche seinen Platz verließ, um selbst den Chorgesang zu dirigieren. Bei jeder Gelegenheit offenbarte er seine Neugierde und seinen Wissensdurst. Als er zum erstenmal in seinem Leben aufs Meer kam – denn seine bisherigen Erfahrungen beschränkten sich ja nur auf Kanalüberquerungen –, packte ihn plötzlich die Lust an der Segel- und Steuerführung. Italienische Matrosen unterwiesen ihn, und bald zeigte er sich als geborener Seemann. Offenbar schlug das normannische Erbteil bei ihm durch. Sobald er den Fuß auf italienischen Boden gesetzt hatte, besichtigte er mit dem Forschungsdrang eines Archäologen die römischen Ruinen in der Umgebung von Neapel. Er wollte unbedingt den Vesuv besteigen; dabei ging er so nahe an den Krater heran, um Schlackenstücke aufzuheben, daß sein Gefolge zu Tode erschrak. In Kalabrien hörte er von einem alten Eremiten, Joachim von Floris, der angeblich ganz neue Deutungen der

Apokalypse gefunden habe. Sogleich stattete Richard ihm einen Besuch ab. Es muß ein sonderbares Schauspiel gewesen sein, als der kalabresische Mönch dem König von England seine etwas mystischen Theorien entwickelte. Nach Aussage seiner Gefährten »ergötzte sich der König, als er ihm zuhörte«. Joachim kündigte eine ganz neue Kirche an, die Kirche der Caritas und der Kontemplation im Geiste Johannes des Täufers. Nach den etwas verworrenen Berechnungen des Mönches sollte sie im Jahre 1260 kommen.

Im übrigen war Richard ein unvergleichlicher Soldat, unübertroffen als Reiter, aber auch fähig, tagelang zu Fuß zu gehen, wenn es darauf ankam. Bei der Belagerung von Akkon schleppte er eigenhändig die schweren Bolzen für die Kriegsmaschinen heran. Er hatte vorher auch das Holz dafür selbst ausgesucht und seinen Holzfällern die für den Zweck geeigneten Bäume bezeichnet. Sein Chronist Ambroise, der den Kreuzzug als Augenzeuge mitgemacht hat, berichtet von einem merkwürdigen Gespräch zwischen dem Sultan Saladin und Hubert Gautier, dem Bischof von Salisbury. Diese beiden waren sich offenbar darüber einig, daß die guten Eigenschaften der beiden Fürsten, des christlichen und des muselmanischen, sich wunderbar ergänzen würden; der eine mit seiner Tapferkeit und seiner Ritterlichkeit, der andere mit seinem Sinn für Maß:

»N'aurait un tel prince trouvé
Si vaillant ni si éprouvé.«

»Dann würde man keinen Fürsten finden,
so heldenmütig und so bewährt zugleich.«

Saladin hatte Gelegenheit gehabt, in Richard abwechselnd den ritterlichen Feind und den impulsiven Verhandlungspartner kennenzulernen, der auch zu wilden Zornesausbrüchen fähig war. So war er eines Tages so ungeduldig darüber geworden, daß sich die Verhandlungen nach orientalischer Weise endlos in die Länge zogen, daß er, sein Ehrenwort mißachtend, dreitausend bei Akkon gefangene feindliche Soldaten niedermachen ließ, obwohl Saladin bereit war, sie zurückzukaufen.

Als vorausschauende Mutter hoffte Eleonore zuversichtlich, daß eine Heirat den so charmanten und so schrecklichen Sohn zur Vernunft bringen würde. Ob sie wohl wußte, was sich wenige Wochen zuvor in Messina abgespielt hatte? Da war Richard, barhaupt und mit nacktem Oberkörper, vor einer Kirche erschienen, wo der Kaplan Renaud de Mayac den Dienst versah; dort hatte er sich niedergekniet und eine öffentliche Beichte abgelegt, wobei er Verzeihung für widernatürliche Sünden erflehte, zu denen er sich habe hinreißen lassen. Dieser leidenschaftliche Mensch schreckte vor keiner Ausschweifung zurück; aber als Sohn seiner Zeit bereute er auch ebenso heftig, wie er vorher gesündigt hatte. Aus dem gleichen Grund legte er fünf Jahre später noch einmal eine Beichte in aller Öffentlichkeit ab. Vorher hatte ihn ein Eremit öfter umsonst ermahnt: »Erinnere Dich an den Fall Sodoms, halte Dich fern von dem, was verboten ist, sonst wird der Herr eine gerechte Rache an Dir nehmen.« Kurz danach war Richard krank geworden, und nun hatte er Gewissensbisse bekommen; er war in sich gegangen, hatte seine Frau zurückgerufen und am Osterdienstag wieder eine öffentliche Beichte abgelegt. Er war dann eine Zeitlang jeden Tag in der Kirche gewesen und hatte reichliche Almosen verteilt.

Man kann sich ausmalen, welche Gefühle Eleonore während ihres Aufenthalts in Sizilien bewegt haben müssen, als sie bei dem geliebten Sohn weilte. Stand er doch vor dem Abenteuer, das sie selbst in ihrer Jugendzeit erlebt hatte. Außer Richard traf sie dort übrigens auch ihre Tochter Johanna, die sie seit vierzehn Jahren nicht gesehen hatte. Sie war inzwischen eine schöne junge Frau von fünfundzwanzig Jahren geworden; sie ähnelte Eleonore am meisten von allen ihren Töchtern. Seit einem Jahre war sie verwitwet und befand sich, nach dem Tode ihres Gemahls Wilhelm des Guten, in ziemlichen Schwierigkeiten: Ein Bastard des Herzogs Roger (eines Onkels ihres verstorbenen Mannes) namens Tankred von Lecce hatte, unterstützt von Wilhelms früherem Kanzler Matteo d'Ajello und einer starken sizilianischen Partei, die Macht an sich gerissen. Der Aufstand richtete sich übrigens nicht gegen Johanna, sondern gegen eine andere Frau, die das sizilianische Erbe für sich beanspruchte. Das war Konstanze, die Gemahlin des deutschen Kaisers, dessen Eingreifen die Sizilianer mit Recht befürchteten. Richards Ankunft in Sizilien bedeutete deshalb eine unerwartete Hilfe für seine Schwester. Tankred hatte sich zunächst einmal ihrer Person bemächtigt, aus Angst vor Richard, und um sie eventuell als Geisel zu benutzen, und sie auf der Festung von Palermo eingesperrt. Dort saß sie gefangen, als die Flotte des englischen Königs in den Hafen von Messina einlief – stürmisch begrüßt von einer begeisterten Menge, die von dem stolzen Anblick der englischen Segelschiffe hingerissen war. Als Richard erfuhr, daß seine Schwester gefangen war, bekam er einen seiner sagenhaften Wutanfälle, worauf Tankred sich beeilte, die Prinzessin wieder freizulassen. Sie begab sich sogleich zu ihrem Bruder in sein Heerlager außerhalb der Mauern von Messina. Während er noch damit beschäftigt war, ihr mit einigen militärischen Handstreichen die Mitgift wieder zu beschaffen, tauchten neue Schwierigkeiten auf. Richard hatte zahlreiche Besprechungen mit dem französischen König Philipp August; einmal wurde auch Johanna dazu eingeladen und hatte dabei offenbar tiefen Eindruck auf Philipp gemacht. Sofort bei ihrem Erscheinen – so schildert es ein Zeitgenosse – war der König aufgesprungen, und Freude hatte sein sonst so unbewegtes Gesicht überstrahlt. Richard merkte es als erster. Schon am nächsten Tag sorgte er dafür, daß Johanna in das Schloß La Bagnara in Kalabrien übersiedelte, wo sie vor eventuellen Nachstellungen Philipps sicher war. Von dort wandte sie sich dann nach Reggio, um ihre Mutter zu treffen.

Eleonore blieb vier Tage in Sizilien; bereits am 2. April nahm sie Abschied von ihren Kindern und schiffte sich ein, zusammen mit dem Erzbischof von Rouen, Gautier de Coutances, und einem zu ihrer Begleitung abkommandierten Ritter Gilbert Vascoeuil.

Die Kreuzfahrer hatten beschlossen, das schöne Wetter und die günstigen Winde auszunutzen, um möglichst rasch ins Heilige Land zu segeln, wo die Hochzeit von Richard und Berengaria stattfinden sollte. Eleonore wollte allerdings lieber so schnell wie möglich nach England zurückkehren. Sie tat es sicher nicht gern, denn so entging ihr doch der Anblick ihres Sohnes in den prächtigen Hochzeitsgewändern, die sie ihm hatte machen lassen; ein Waffenrock aus rosenfarbenem Samt mit silbernen Halbmonden bestickt, eine scharlachrote Kappe mit Reiherfedern, die mit einer goldenen Agraffe zusammengehalten wurden, ein seidenes Wehrgehänge, an dem die gold- und silberverzierte Scheide seines Schwertes hing, und ein vergoldeter Sattel, der auf den hinteren Pauschen als Verzierung zwei gegeneinander stehende Löwen zeigte.

Berengaria wurde der Obhut von Johanna anvertraut, und die beiden jungen Frauen bestiegen ein paar Tage nach Eleonores Abreise ebenfalls ein großes Transportschiff, das von einem Ritter aus Richards Gefolge, Robert de Thornham, gesteuert wurde. Noch ahnte niemand, daß die für das Heilige Land geplante Hochzeitszeremonie in Limassol auf Zypern stattfinden sollte, das Richard, weil er sich geärgert hatte, mit einem Handstreich an sich brachte. Der Kaiser von Byzanz, der dort residierte, erhoffte sich einen Vorteil, wenn er das Schiff raubte, in dem die beiden Frauen waren und das von einem Sturm, noch vor dem Schiff des englischen Königs, in die Nähe von Zypern verschlagen wurde. Man kann sich den Zorn des Königs vorstellen, als er nach stürmischer Seefahrt bei seiner Ankunft auf der Insel erfuhr, daß seine Schwester und seine Braut in Gefangenschaft und ihr Hab und Gut von dem Kaiser Isaak Angelos beschlagnahmt seien. Innerhalb von drei Wochen war die Lage genau umgekehrt: Der Kaiser war Gefangener in einer seiner eigenen Festungen, und Zypern befand sich in den Händen der Franken. Nun ließ Richard die Insel in der Obhut einiger zuverlässiger Leute zurück und schiffte sich wieder ein, diesmal zusammen mit Berengaria, die inzwischen im Dom von Limassol seine Frau geworden war. Am 8. Juni 1191 kamen sie schließlich vor Akkon an. Diesmal widerstand die Stadt nicht lange den Belagerern. Nachdem Richard Wunder an Tapferkeit vollbracht hatte, zog er am 17. Juli in Akkon ein. Den König von Frankreich stellte er dabei ziemlich in den Schatten: Dieser hatte ja auch bei weitem nicht so viele Heldentaten vollbracht wie Richard Löwenherz, der dadurch im Heiligen Land ein ungeheures Prestige genoß.

Daß Eleonore darüber beunruhigt war, was für Intrigen ihr Sohn Johann während der Abwesenheit seines Bruders in England anzetteln konnte, war nicht der einzige Grund für ihre überstürzte Abreise aus Messina. Sie hatte nämlich unmittelbar nach ihrer Ankunft aus Sizilien erfahren, daß Papst Clemens III. gestorben war. Unterwegs in Lodi war Eleonore dem deutschen Kaiser Heinrich VI. und seiner Frau Konstanze von Sizilien begegnet. (Konstanze war die Tochter von Roger II., dem Großvater Wilhelms des Guten, und seine letzte Erbin.) Es mochte wichtig sein, die Entwicklung der Dinge aus der Nähe mitzuerleben.

Am Ostersonntag, dem 14. April 1191, zog Eleonore in Rom ein. Am gleichen Tag wurde in Sankt Peter der neue Papst, Hyazinth Bobo, unter dem Namen Cölestin III. geweiht. Heinrich und Konstanze empfingen aus seiner Hand die Kaiserkrone. Eleonore legte keinen besonderen Wert darauf, an dieser Zeremonie teilzunehmen. Nach einem Gespräch mit dem neuen

Papst, der sich den Plantagenets sehr gewogen zeigte, blieb sie nur noch so lange in Rom, bis sie bei den Geldwechslern der Stadt das Geld für ihre Heimreise eingewechselt hatte: es waren 800 Mark. Am Johannistag, am 24. Juni, war sie bereits in Rouen und nahm für ihren Sohn Richard die Zügel des Königreiches wieder in die Hand.

Wie vorauszusehen war, fingen sogleich die Schwierigkeiten an. Johann ohne Land, mit dem gar nicht mehr gerechtfertigten Beinamen, nützte die Situation aus, reiste wohlgefällig in England umher und machte sich überall, beim Adel, dem Klerus und den Bürgersleuten bekannt. Dabei ließ er durchblicken, Richard werde ja wohl niemals aus dem Heiligen Lande zurückkehren. Bei seinen vielen Hin- und Herreisen legte ihm niemand etwas in den Weg. Das einzige Hindernis für seine Ansprüche war das Mißtrauen der Anhänger seines Bruders und die Wachsamkeit von William Longchamp – einem Mann, der die beiden Ämter des Kanzlers und des Obersten Richters in seiner Person vereinte. Daß es zwischen den beiden Männern zu Mißhelligkeiten kommen mußte, war unvermeidlich. Durch Williams Übereifer wurde bald offener Kampf daraus. Gottfried, Heinrichs II. Bastard, war am 18. August vergangenen Jahres durch den Erzbischof von Tours in seinem Amt als Erzbischof von York geweiht worden; die päpstliche Zustimmung brachte Eleonore aus Rom mit. Nun wollte er in sein Erzbistum einreisen, aber wegen des Eides, den er Richard vor dessen Abreise geleistet hatte – daß er drei Jahre lang nicht nach England zurückkehren werde –, wurde er bei seiner Landung in Dover auf Befehl des Kanzlers verhaftet.

Sowohl im Klerus wie im Volk herrschte große Aufregung; William Longchamp hatte viele Feinde. Gerade war Erzbischof Baudouin von Canterbury im Heiligen Land gestorben, und nun beschuldigten einige Geistliche den Kanzler, er wolle sich zum geistlichen Oberherrn von England ernennen lassen. In der Verwaltung führte er ein strenges Regiment und war unerbittlich. In London war er verhaßt. Für Johann bot sich eine günstige Gelegenheit, sich an die Spitze einer Bewegung zu setzen, die ihn von dem anmaßenden Kanzler befreien würde. Er wußte es so einzurichten, daß William Longchamp, der sich sicherheitshalber in den Tower zurückgezogen hatte, aufgefordert wurde, vor einigen tausend, von Johann geschickt aufgestachelten Londoner Bürgern einen Rechenschaftsbericht zu geben. Mutig hielt William dem Ansturm stand; er hatte sogar die

Kühnheit, Johanns Machenschaften öffentlich aufzudecken und ihn zu beschuldigen, er wolle seinen Bruder verdrängen, während dieser zum Schutz des Heiligen Landes seine Kräfte verausgabte. Trotzdem wurde der Kanzler von einer Versammlung in der St.-Pauls-Kathedrale abgesetzt, »ein sonderbares Beispiel für einen Ministersturz im Mittelalter«, schreibt darüber einer unserer Historiker. Da William Longchamp für sein Leben fürchtete, verließ er, als alte Frau verkleidet, England. Auf dem Festland angekommen, wandte er sich sogleich nach Paris, wie alle vor ihm, die sich über die Plantagenets zu beklagen hatten. Dort traf er zwei Kardinäle, Jordan und Octavian, die Papst Cölestin III. aus Rom geschickt hatte. Er verstand es, sie für seinen Fall zu interessieren. Die beiden Geistlichen begaben sich sofort in die Normandie, ohne die Königin um Erlaubnis zum Durchzug oder um Geleitschutz durch ihre Länder zu bitten. Infolgedessen hob sich vor ihnen die Zugbrücke der Festung Gisors, und der Seneschall der Normandie weigerte sich, sie herabzulassen. Daraus ergab sich eine äußerst verwikkelte Situation: Eine Flut von Exkommunizierungen folgte, sowohl seitens der Kardinäle wie durch den Bischof von Ely und den englischen Klerus, mit Gottfried an der Spitze.

So war die Lage, als das Weihnachtsfest 1191 heranrückte. Noch wußte niemand, wie der Kampf enden würde, als Eleonore, die ihren Hof in Bonneville-sur-Touques abhielt, eine überraschende Nachricht bekam: Der König von Frankreich habe sich von seinem Kreuzzugsgelübde entbinden lassen, das Heilige Land verlassen und sei soeben in Fontainebleau angekommen.

Ohne Zeit zu verlieren, machte sich die Königin daran, sämtliche Burgen an der Grenze des Königreichs Plantagenet befestigen zu lassen. An alle ihre Seneschalls schickte sie Boten mit genauen Anweisungen. Diese Vorsichtsmaßnahme war nicht umsonst, denn schon am 20. Januar stand Philipp August vor Gisors und forderte den Seneschall der Normandie auf, ihm die Festung zu übergeben. Er führte an, er habe mit König Richard gewisse Vereinbarungen getroffen, als sie zusammen in Sizilien waren. Der Seneschall hatte jedoch genaue Anordnungen von der Königin, und im übrigen widersprach es jedem Brauch, den Besitz eines Kreuzfahrers anzutasten, solange er im Heiligen Lande weilte. Der Seneschall weigerte sich also, und Philipp August mußte abziehen. Mittlerweile erfuhr die Königin, daß ihr Sohn Johann in Southampton eine Flotte zusammenziehe und Söldner anwerbe. Man sagte ihm auch nach, er habe die Absicht, Philipp August zu huldigen, und wolle von ihm mit dem Herzogtum Normandie belehnt werden, im Austausch gegen die berühmte Festung Gisors. Auch er gedachte die Situation für sich auszunutzen, genau wie der König von Frankreich.

Am 11. Februar setzte Eleonore bereits nach England über. Alsbald versammelte sie die Barone von Windsor, Oxford, London und Winchester. Es ging vor allem darum, daß Richard der Treueid geschworen wurde und die über ihn verbreiteten falschen Nachrichten zerstreut wurden, insbesondere seine angebliche Absicht, im Heiligen Land zu bleiben und sich zum König von Jerusalem krönen zu lassen. Die vordringlichste Aufgabe aber war, jetzt dem jüngsten Sohn die Versorgungswege abzuschneiden, damit er nicht über den Kanal kommen konnte.

Dies gelang Eleonore, und Johann mußte vorerst das geplante Unternehmen verschieben. Inzwischen sandte Eleonore eine Botschaft nach der anderen an Richard und bat ihn, in seine Länder zurückzukehren. Als Antwort erhielt sie eingehende Schilderungen seiner Heldentaten. Richards Ruhm und Ansehen stiegen nicht nur bei seinem Heer, sondern auch bei den Franzosen, die ihrem eigenen König vorwarfen, er habe die Kreuzfahrer im Stich gelassen. Mit dem durch den Verlust von Akkon vorsichtig gewordenen Saladin waren Verhandlungen im Gange. Vorübergehend zeichnete sich für den jahrhundertealten Konflikt zwischen Christen und Türken sogar eine ganz romantische Lösung ab: Richard schlug vor, seine Schwester Johanna mit Saladins Bruder Malik-al-Adil zu verheiraten. Zusammen sollten sie in Jerusalem regieren; die Städte an der Küste würde man ihnen abtreten, die Kriegsgefangenen sollten ausgetauscht werden, und die Ritterorden, die Templer und die Johanniter, sollten als Garantie für die Einhaltung des Vertrages Festungen und Dörfer erhalten. Eine grandiose Perspektive eröffnet sich da: Eine Plantagenet an der Spitze eines morgenländischen Reiches! Das hatte es noch nie gegeben – ein Reich, in dem Muselmanen und Christen friedlich und in gutem Einvernehmen miteinander leben konnten, das den Pilgern freien Zutritt zu den Heiligen Stätten gewährte, so wie es vor Zeiten gewesen war, ehe die Sarazenen das Heilige Land erobert hatten.

Auch Eleonore muß von dem Plan, wenn sie ihn rechtzeitig erfuhr, fasziniert gewesen sein. Das war der große Traum von der Herrschaft über den Orient, vom Frieden zwischen zwei

Welten – und ihre Tochter sollte das Werkzeug dazu sein ... Aber wie dem auch war, die nun folgenden Botschaften zerstörten den Traum sehr bald. Als nämlich Johanna von den Verhandlungen erfuhr, die um sie geführt wurden, bekam sie einen Wutanfall, der einer Plantagenet durchaus würdig war. Man hatte sie verlobt, ohne sie zu fragen, aber niemals, nie in ihrem Leben, würde sie einwilligen, einen Muselmanen zu heiraten, es sei denn, daß Saladins Bruder zum Christentum überträte.

Der Krieg ging also weiter, wobei Kämpfe und Friedensverhandlungen abwechselten. Richard wäre bei der Verteidigung der Festung Blanche-Garde sogar beinahe gefangengenommen worden. Kurze Zeit danach fügte er Saladins Truppen bei Askalon eine empfindliche Niederlage zu. Im ganzen Lande gingen die Berichte von seinen großartigen Waffentaten von Mund zu Mund, und der Ruf seiner Tapferkeit war bei den Muselmanen ebenso verbreitet wie bei den Christen. Es wird erzählt, daß sarazenische Mütter ihren Kindern, wenn sie nicht ruhig sein wollten, mit dem König Richard drohten.

Gleichzeitig mit mehreren anderen Küstenstädten hatte Richard Jaffa erobert. Dort hatten die Feinde geglaubt, ihn überraschend angreifen zu können. Er jedoch, der nur in halber Rüstung, nämlich ohne Beinschienen, kämpfte, ließ Pikeniere und kniende Armbrustschützen immer abwechselnd angreifen und schlug so die zehnfache Übermacht der Truppen Saladins in die Flucht.

Nicht ohne Rührung wird Eleonore die Nachricht vernommen haben, daß ihr Enkel, Maries Sohn Heinrich von Champagne, ausersehen war, die Krone von Jerusalem zu tragen. Das war allerdings nur symbolisch; denn zunächst war die Stadt noch nicht zurückerobert worden. Richard war zwar bis an die Stadtgrenze herangekommen, hatte dann aber umkehren müssen. Außer dem kleinen Häuflein Barone, das an seiner Seite kämpfte, hatte er eigentlich keine Hilfe. Sein Nachschub bestand fast nur aus den italienischen und levantinischen Kaufleuten, den Venezianern, Genuesen und Pisanern, die in den Hafenstädten Handel trieben. Die interessierten sich vor allem für ihre Handelskontore – ihretwegen brauchte Jerusalem nicht zurückerobert zu werden. Das Königreich bestand zwar noch, hatte aber keine Lebensberechtigung mehr. Es war nur eine Fiktion, daß durch die Handelskolonien in den Häfen der Fortbestand des christlichen Reiches gesichert werden sollte.

Die Kreuzzüge wurden, ohne daß die Teilnehmer es merkten,

zu Handelskriegen. Die Wiedereroberung der Heiligen Stätten verwandelte sich in einen Kampf gegen den Islam, aber in Wirklichkeit ging es um die Märkte. Die meisten Kreuzfahrer – sie waren wirklich guten Glaubens – merkten gar nicht, wie sie unversehens von den schlauen Venezianern angestiftet wurden, Konstantinopel zu erobern. Wohl aber wußten das die reichen Patrizierfamilien in der Stadt der Dogen, die damals ihre prunkvollen Paläste errichten konnten.

Als Richard feststellte, daß er den Streitkräften Saladins zahlenmäßig unterlegen war und deshalb nichts gegen sie ausrichten konnte, wird er wohl den Abfall des Königs von Frankreich verwünscht haben; denn die Zwietracht unter den beiden Führern hatte offensichtlich entscheidend zum Mißerfolg des Unternehmens beigetragen. Nach einem neuerlichen Sieg bei Jaffa entschloß sich Richard zu einem Kompromiß: Saladin anerkannte, daß der Küstenstreifen von Tyr bis Jaffa abendländischer Besitz war, und garantierte außerdem den abendländischen Pilgern unbehinderten Besuch der Heiligen Stätten.

Der Chronist Ambroise hat die Enttäuschung des niederen Kriegsvolkes darüber mit rührenden Worten geschildert: »Da sah man tieferschütterte Männer, die wegen der vergeudeten Zeit fluchten ... denn viele von ihnen waren wirklich bereit gewesen, für die Eroberung Jerusalems ihr Leben zu lassen.«

Als man Richard mitteilte, der Sultan habe auch ihm freies Geleit für eine Pilgerfahrt in die Heilige Stadt angeboten, lehnte er ab. Ein Jahrhundert später zitiert Joinville eine Anekdote, die im Zusammenhang damit erzählt wurde: Richard soll geweint, sein Gesicht hinter einem Zipfel seines Kettenhemdes versteckt und gebetet haben: »Lieber Herrgott, ich bitte dich, dulde nicht, daß ich deine Heilige Stadt betrete; denn ich kann sie nicht aus den Händen deiner Feinde befreien!«

Endlich erhielt Eleonore die Nachricht, daß der König am 29. September, dem Michaelistag, seine Schwester Johanna und seine Frau Berengaria zur Heimfahrt ins Abendland an Bord eines Schiffes gebracht habe. Er selbst wollte einige Tage später in See stechen; das Weihnachtsfest gedachte er bereits in England zu verleben. Diese Nachricht wird Eleonore mit großer Erleichterung vernommen haben. Nun endlich war die lange Zeit des Wartens vorüber, und ihr Sohn würde die Herrschaft über das bedrohte Königreich wieder ausüben.

Eleonore konnte ja nicht ahnen, daß für sie beide jetzt erst die großen Schwierigkeiten beginnen sollten.

20
Die Königin-Mutter

Or sais-je bien de voir certainement
Que mort ou pris n'a ami ni parent,
Quand on me lais pour or ou pour argent.
Moult m'est de moi, mais plus m'est de mes
gens:
Qu'après ma mort auront reproche grand
Si longuement suis pris!
Richard Coeur de Lion

Der Herbst kam heran. Einer nach dem andern kehrten die Kreuzfahrer nach England zurück und brachten Nachrichten mit von denen, die später kamen. Gegen Ende November erfuhr man, daß Johanna und Berengaria in Brindisi gelandet und nach Rom unterwegs seien, wo sie eine Zeitlang bleiben wollten. Etwas später kam die Nachricht, der König von England sei am 9. Oktober abgesegelt, seine Flotte habe jedoch in Korfu Station machen müssen. Danach wurden seine Schiffe bei stürmischer See, auf der Suche nach einem schützenden Hafen, auf der Höhe von Brindisi gesichtet. Dann hörte man nichts mehr.

Man kann sich ausmalen, wie an den von Dezemberstürmen gepeitschten englischen Küsten die Späher versuchten, den Nebel zu durchdringen; wie sie immer wieder glaubten, in der Ferne das königliche Schiff auftauchen zu sehen. Aber nein, die Tage vergingen, und immer war man noch ohne Nachricht vom König. Der graue Nebel wurde immer stärker, hüllte allmorgendlich immer länger die Türme und Burgen ein. Die Posten, die in Winchester, Windsor und Oxford auf Kuriere warteten, sahen außer den Bauernkarren niemanden auf den vom Regen aufgeweichten Wegen herankommen, hörten nichts als das Krächzen der Raben, die um die entlaubten Bäume flogen. In den Kirchen und Klöstern versammelten sich Klerus und Volk, um für König Richard zu beten. Tag und Nacht brannten die Kerzen vor den Reliquienschreinen, die auf den Altären aufgestellt waren. Furcht beschlich alle, daß der Held der Christenheit an den Küsten der Adria in einem Sturm elend umgekommen sein könne.

Für Eleonore wurde die Wartezeit nahezu unerträglich: Das

ganze Jahr hindurch hatte sie im Reich die Ordnung aufrechterhalten können; sie hatte dafür gesorgt, daß die kirchlichen Interdikte aufgehoben wurden, hatte Streitigkeiten geschlichtet und ihren Sohn Johann wenigstens zunächst davon abgebracht, mehr gegen seinen Bruder zu unternehmen. Sie hatte ihn auch daran gehindert, nach Frankreich zu gehen; »denn sie fürchtete«, berichtet Richard de Devizes, »daß der leichtfertige Jüngling auf die Ratschläge der Franzosen hören und sich mit ihnen verschwören könne, seinen Bruder zu stürzen«. Sie sei bewegt und in ihrem mütterlichen Herzen zerrissen, wenn sie an das Schicksal ihrer älteren Söhne denke. Sie wolle, daß jetzt Treu und Glauben unter ihren Kindern gewahrt blieben und daß sie mehr Glück an ihnen erleben möge als der Vater.

Sie wußte jedoch am besten, wie labil das Gleichgewicht war, das sie bisher noch immer aufrechterhalten konnte. Denn bei Johann galten weder Versprechen noch Ehrenworte. Dieser Mensch, den der Chronist als Jüngling bezeichnet, obwohl er damals auch schon fünfundzwanzig Jahre alt war, machte in der Tat den Eindruck, als handle er immer aus kindischer Laune heraus und käme nie zu der Selbstzucht, die den Jüngling zum Erwachsenen macht. Sein ganzer späterer Lebensweg bestätigt diesen Eindruck; er bleibt stets der unruhige, unzuverlässige Knabe, und seine Zeitgenossen betrachten ihn mehr und mehr als »verhext«, je eigenwilliger seine Handlungen werden. An Intelligenz mangelt es ihm nicht; im Gegenteil, wenn es darauf ankam, konnte er schlau und sogar gerissen sein. Er besaß zuweilen auch große Zähigkeit bei der Durchführung seiner Pläne; er wirkte allerdings mehr wie ein Mensch, der von einer fixen Idee besessen ist, denn wie einer, der nach reiflicher Überlegung handelt. Das wird man später noch sehen; zu einer Zeit, wo sein Königreich bereits in Auflösung begriffen ist, weigert er sich, die Abgesandten der Stadt Rouen anzuhören, die ihn verzweifelt um Hilfe anflehen – weil er seine Schachpartie nicht unterbrechen will. Vor seiner Grausamkeit erzittern alle. Heute würde man ihn für einen Psychopathen halten. Zu seiner Zeit flüsterte man hinter seinem Rücken, er sei vom Teufel besessen. Hatte er sich nicht seit seinem siebenten Lebensjahr geweigert, das Abendmahl zu nehmen? Er war der einzige englische König, der nicht einmal am Tage seiner Krönung das Abendmahl empfing. Wenn es wirklich jemanden gab, bei dem die unheilvollen Sagen und Legenden zutrafen, die über die Plantagenets umliefen, so war das Johann ohne Land.

Zu der Zeit, als die Angst um Richard unter seinen Anhängern immer quälender wurde, hörte man, daß Johann sich von seiner Frau Havise von Gloucester scheiden lassen wolle, um Adelaide von Frankreich zu heiraten. Als deutlichen Auftakt für eine großangelegte Aktion gegen seinen Bruder brachte er die beiden königlichen Schlösser Windsor und Wallingford in seine Hand, indem er die Kastellane bestach. Da kam die Nachricht, daß Richard in Gefangenschaft geraten war.

Man kann sich vorstellen, in welch trauriger Gemütsverfassung Eleonore die Weihnachtstage verbrachte. Bald danach bekam sie über den Erzbischof von Rouen einen versiegelten Brief. Er enthielt die Kopie eines Schreibens, das der König von Frankreich am 28. Dezember vom deutschen Kaiser empfangen hatte, mit folgendem Inhalt: »...Es ist Uns daran gelegen, Euer Hoheit durch den vorliegenden Brief davon in Kenntnis zu setzen, daß zu der Zeit, als der Feind Unseres Kaiserreiches und der Unruhestifter Eures Königreiches, Richard, König von England, über das Meer fuhr, um in sein Land zurückzukehren, sein Schiff scheiterte und widrige Winde ihn nach Istrien trieben ... Da die Straßen gebührend überwacht und überall Posten aufgestellt waren, hat sich Unser lieber wohllöblicher Vetter Leopold, Herzog von Österreich, der Person des genannten Königs bemächtigt, und zwar traf er ihn in einem bescheidenen Bauernhaus in der Nähe von Wien ...«

Schon ging die Nachricht von Mund zu Mund und erregte Bestürzung in London, in ganz England und in allen festländischen Besitzungen der Plantagenets. Der ausführliche Bericht von des Königs Heimreise und den Umständen, unter denen er gefangengenommen wurde, stammt von einem Augenzeugen. Es ist Anselm, Richards Kaplan, der an der beispiellosen Odyssee selbst teilgenommen hatte, alsbald freikam und nach England zurückkehrte. Es ist ein wahrer Abenteuerroman, dem bei aller Tragik auch die komische Note nicht fehlt.

Der König hatte seine Galeere bestiegen, die »Franche-Nef«; mit ihm waren sein Kaplan Anselm, sein Schreiber Philipp, zwei Edelleute, Baudouin de Béthune und Guillaume de l'Etang, sowie einige Tempelritter. Sechs Wochen lang hatten Stürme sie im Mittelmeer umhergetrieben, bis das Schiff in Sichtweite von Marseille kam. Es wurde erwogen, an Land zu gehen. Aber der König wollte die Gebiete des Grafen von Toulouse, Raimund de Saint-Gilles, eines geborenen Verräters, lieber meiden. Deshalb gab er Befehl, nach Korfu zurückzusegeln. Von dort fuhren sie an der Adriaküste entlang. Da das Schiff inzwischen zu sehr mitgenommen war, um weiteren Stürmen standzuhalten, beredeten sich die Seefahrer in Ragusa mit Piraten, die sie nach Italien bringen sollten. Von neuem erhob sich ein Sturm; sie kreuzten vor Zara und Pola und strandeten schließlich zwischen Aquileja und Venedig. Richard zog Erkundigungen ein und erfuhr, daß die Gegend einem Burgherrn namens Meinhard von Görz, einem Vasallen des Herzogs Leopold von Österreich, unterstand. Das war sehr unangenehm, denn ausgerechnet mit diesem Herzog Leopold stand Richard sehr schlecht. Vor Akkon hatte er sich nämlich derart über das großspurige Benehmen des Österreichers geärgert, daß er dessen Banner genommen und in den Graben geschleudert hatte. Der Herzog hatte daraufhin öffentlich Rache geschworen. – Richard beschloß trotzdem, alles zu riskieren. Er schickte Baudouin de Béthune mit zwei Gefährten zu dem Grafen Meinhard und ließ um freies Geleit für sie und einen Kaufmann namens Hugo bitten, der in ihrer Begleitung wäre. Richard wollte noch besonders geschickt sein und auf den Grafen Eindruck machen; er ließ ihm deshalb einen goldenen Ring mit einem sehr schönen Rubin überreichen, den er bei einem Juwelier in Pisa gekauft hatte. Aber welcher Teufel ritt da plötzlich den Grafen Meinhard? Er drehte den Ring zwischen den Fingern hin und her und erklärte auf einmal den verblüfften Sendboten: »Nicht der Kaufmann Hugo schickt mir diesen Ring, sondern König Richard. Ich habe schwören müssen, alle Pilger, die an meiner Küste landen würden, festzuhalten und keinerlei Geschenke von ihnen anzunehmen. Angesichts des hohen Werts dieses Geschenks und der hohen Stellung dessen, der mich damit ehrte, schicke ich ihm den Ring zurück und gebe ihm die Freiheit, seine Reise fortzusetzen.«

Als die Boten, höchst verwirrt, wie man sich denken kann, wieder bei Richard anlangten, wurde schleunigst Kriegsrat gehalten. Hinter dieser unerwarteten Milde konnte eine Falle sein. In aller Eile kauften der König und seine Begleiter die schnellsten Pferde, die sie auftreiben konnten. In der gleichen Nacht verließen sie die Gegend in Richtung auf Kärnten. Tatsache ist, daß Graf Meinhard vor einer so unvermuteten Situation erst gezögert, dann aber schnellstens seinen Bruder Friedrich von Betesov benachrichtigt hatte, durch dessen Gebiet die Flüchtlinge bestimmt auch kommen würden, wobei er ihm sagen ließ, er möge Häscher ausschicken, den König von England gefangenzunehmen.

Nachdem Richard und sein Gefolge drei Tage geritten waren, kamen sie in dem kleinen Ort Friesach an und nahmen dort in einem einfachen Bauernhof Quartier. Um möglichst wenig aufzufallen, hatte sich Richard als Knappe verkleidet und tat so, als arbeite er in der Küche. Plötzlich klopfte es. Alle erschraken. Es war ein Abgesandter des Grafen von Betesov, der seit dem frühen Morgen sämtliche Häuser durchsucht hatte. Der Mann sagte, man solle sofort öffnen; er trat ein, ließ aber seine Begleiter draußen warten. Es nützte Richard wenig, daß er eifrig das Herdfeuer schürte; selbst im Gewand eines Bettlers hätte man ihn erkannt! Sein hoher Wuchs, seine flammendrote Mähne und sein königliches Auftreten waren nicht zu verkennen. Zitternd vor Angst warteten seine Vertrauten, was nun geschehen würde. Aber zur allgemeinen Verblüffung warf sich der Abgesandte des Grafen plötzlich dem König zu Füßen, brach in Tränen aus und flehte ihn in reinstem Normannisch an, so schnell wie möglich zu fliehen. Er hieß Robert d'Argenton und war zufällig ein Vertrauter des Grafen von Betesov, seit über zwanzig Jahren im Lande ansässig und mit der Nichte des Grafen verheiratet. Er hatte zwar den Auftrag, den König von England festzuhalten, wollte aber um keinen Preis den Gottesfrieden brechen und den Helden der Christenheit gefangennehmen. Daher beschwor er ihn, so schnell wie möglich weiterzuziehen. Er stellte ihm auch ein ausgezeichnetes Pferd zur Verfügung.

Darauf ging Robert d'Argenton mit seiner Begleitung fort und ließ den König und seine Gefährten in tiefer Verwunderung über den Vorfall zurück. Die versprochenen Pferde wurden alsbald gebracht. Noch in der Nacht brach Richard heimlich auf, nur von zwei Leuten begleitet, von Guillaume de l'Etang und einem jungen Knappen, der Deutsch sprach; so hoffte Richard, weniger aufzufallen. Die übrigen verließen Friesach ostentativ am anderen Morgen und wurden auch sehr bald von Friedrich von Betesovs Leuten aufgegriffen. Diesem hatte Robert d'Argenton erklärt, er habe unter den fremden Pilgern nur den Grafen Baudouin de Béthune mit seinem Gefolge erkannt; Richard sei nicht dabei gewesen. Damit mußte sich Betesov zufriedengeben. Baudouin und seine Gefährten wurden zwei Tage festgehalten, durften dann aber ihre Reise fortsetzen.

Inzwischen war Richard drei Tage und drei Nächte fast ohne

Aufenthalt durchgeritten. Als sie an die Donau kamen, mußten sie jedoch in einem kleinen Ort namens Erdberg notgedrungen haltmachen. Der König war völlig erschöpft und von einem Fieber geschüttelt, das er sich im Heiligen Lande zugezogen hatte. Auch den Pferden mußte Ruhe gegönnt werden. Durch einen verhängnisvollen Zufall weilte ausgerechnet Herzog Leopold von Österreich auch gerade in dieser Gegend.

Richard und Guillaume de l'Etang hielten sich im Zimmer versteckt und schickten den Jungen aus, der Deutsch konnte, um etwas zum Essen zu kaufen. Auf dem Markt zog der Junge, da er kein anderes Geld besaß, einen goldenen Byzantiner heraus. Daraufhin wurde er von den braven Bürgern, die eine solche Münze noch nie gesehen hatten, mit Fragen bedrängt. Er zog sich aus der Affäre, so gut er konnte; sagte, er reise mit einem reichen griechischen Kaufmann, und machte sich so schnell wie möglich davon. Beim König angekommen, beschwor er ihn, sofort aufzubrechen. Aber Richard hatte wieder einen Fieberanfall und konnte nicht aufstehen. Bei seinem nächsten Gang in die Stadt war der junge Mann so leichtsinnig, sich, weil ihm kalt war, die gefütterten Handschuhe seines Herrn anzuziehen. Auf ihnen waren zwei sehr schöne goldene Leoparden eingestickt, die erst recht auffielen. Es gab einen Menschenauflauf; im Augenblick, als der Junge davonlaufen wollte, wurde er von den zufällig vorbeikommenden Wachen des Herzogs Leopold am Kragen gepackt. Unter Prügeln und Drohungen brachte man den unglücklichen Bedienten schließlich dazu, das Versteck seines Herrn anzugeben. In aller Eile wurde Herzog Leopold verständigt. Inzwischen drang eine wütende Menge in den Raum, wo Richard sich mit seinem Gefährten aufhielt. Jetzt gab es weder Flucht noch Verstellung. Da richtete sich Richard in seiner ganzen Größe auf und bot seinen Feinden die Stirn, so stolz, wie nur er es vermochte. »Ich bin der König von England«, sagte er, »ruft euren Herrn. Nur ihm übergebe ich mein Schwert.« Vor seiner imponierenden Erscheinung wich die Menge zurück. Dem herbeigeeilten Herzog ergab sich der König jedoch auf der Stelle, sehr beherrscht und ohne etwas von seiner Würde zu verlieren.

Das war am 20. Dezember 1192 geschehen. Vermutlich vernahm Eleonore den Bericht von Anselm persönlich, als er im März 1193 nach England kam. In der Zwischenzeit hatte sie, trotz allem Kummer über die Gefangennahme ihres Sohnes – »groß war ihr Schmerz«, bezeugt Guillaume le Maréchal –, unverzüglich und mit der ihr eigenen Energie gehandelt. Es vergingen Monate, bevor man wußte, wo der Herzog von Österreich seinen Gefangenen eingekerkert hatte. Eleonore schickte aber schon vorher zwei Geistliche, die Äbte von Boxley und von Pontrobert, mit dem Auftrag los, in Schwaben und Bayern nach dem Schicksal ihres Sohnes zu forschen. Der Bischof von Bath, Savary, machte sich sofort zum Hofe des Kaisers Heinrich VI. von Hohenstaufen auf. Den Bischof von Salisbury, Hubert Gautier, hatte die Nachricht in Italien erreicht, als er gerade nach England zurückreisen wollte. Er änderte sofort seinen Reiseweg und ging in Deutschland auf die Suche nach seinem König. Auch William Longchamp, der eigentlich immer noch verbannt war, reiste ins Heilige Römische Reich; jetzt zählte nichts mehr als die Befreiung des Königs. In der ganzen Christenheit hatte sich ein Sturm der Entrüstung über die gotteslästerliche Handlungsweise des Herzogs von Österreich erhoben; denn die Güter und die Person eines Kreuzfahrers waren ja unantastbar und durch den Gottesfrieden geschützt. Außerdem war Richard durch seine Waffentaten im Heiligen Land bei allen Völkern außerordentlich beliebt und populär.

Damals entstand die Sage von dem Minnesänger Blondel – Blondel de Nesles –, der sich ebenfalls aufgemacht haben soll, seinen Herrn zu suchen. Es hieß, er sei durch ganz Deutschland gezogen und hätte nichts weiter bei sich gehabt als seine Fiedel. Überall habe er die Lieder gesungen, die er und Richard zusammen gedichtet hätten. Und eines Tages hörte er dann aus einem Burgverlies die bekannte Stimme, die den Refrain mit ihm sang ... Einige Geschichtsforscher nehmen an, Blondel sei der Beiname eines wegen seiner Schönheit und seines blonden Haares berühmten Ritters aus Artois mit Namen Jean II. de Nesles gewesen, der in der Tat zu seiner Zeit ein hochgeschätzter Dichter war. Damit hätte die Sage sogar einen geschichtlichen Hintergrund.

Endlich erfuhr die Welt, daß Richard in der Festung Dürnstein gefangengehalten wurde. Er kam im Laufe seiner Gefangenschaft noch in verschiedene andere Burgen, bevor ihn Leopold an den Kaiser auslieferte, der ihn vom 23. Mai ab in Speyer bewachen ließ. Der Kaiser haßte den König von England ebenso wie sein Vasall; auf ziemlich kleinliche Art rächte er sich an ihm für die ständigen Widersetzlichkeiten seines Schwagers Heinrich des Löwen gegen das Heilige Römische Reich. Außerdem beschuldigte er Richard, er habe in Sizilien gegen seine

Gemahlin Konstanze die Partei Tankreds ergriffen. Andererseits hatte Philipp August von Frankreich auf seiner Rückreise vom Heiligen Land längere Unterredungen mit dem Kaiser gehabt, wobei er sicher nicht verfehlte, ihn gegen den Plantagenet aufzuhetzen. Vielleicht hatten die beiden sogar ein Bündnis geschlossen.

Jedenfalls schien König Philipp der Ansicht zu sein, daß er nunmehr die Hände frei habe. Kurz nach Ostern, am 12. April, erschien er vor der Festung Gisors; diesmal lieferte der Seneschall Gilbert Vascoeuil sie ihm ohne Protest aus. Sein Verrat öffnete dem französichem König des Tor zum normannischen Teil des Vexin. Man konnte sich nun auch noch auf manches andere gefaßt machen; denn offensichtlich betrachteten Richards Feinde ihn als außer Gefecht gesetzt und sahen sein Königreich als leichte Beute an.

Dieser Auffassung war jedenfalls Johann ohne Land. Er setzte in die Normandie über, sandte Aufgebote an alle Barone und forderte sie auf, ihn als Erben des Reiches anzuerkennen. Aber die Versammlung, die er zu diesem Zweck nach Alençon einberief, wurde ein Reinfall. Die normannischen Adligen stellten sich taub. Und der Seneschall in Rouen war unerschütterlich, das wußte Johann; es war Robert von Leicester, der seinerzeit durch Eleonores Vermittlung seine Güter zurückerhalten hatte. Johann gab es auf und ging nach Paris, wo er für seine Länder Philipp August huldigte und ihm den Besitz des normannischen Vexin bestätigte. Einige Wochen später erschien Philipp seinerseits vor Rouen, verlangte die sofortige Übergabe der Stadt und die Befreiung seiner Schwester Adelaide. Robert ließ ihn wissen, er habe darüber keine Befehle des Königs. Aber er werde den König von Frankreich gern empfangen und zu der Prinzessin führen, wenn er ohne Gefolge käme.

Philipp hatte Phantasie; bei dieser Antwort konnte er sich sofort ausmalen, was geschehen werde und wie schnell sich seine Lage ändern konnte: Er würde die Zugbrücke überschreiten, dann würde man ihn höflich in den Burgturm geleiten, wo sich seine Schwester befand – und dann hatte die alte Königin einen prächtigen Geisel in der Hand, den sie gegen ihren geliebten Richard austauschen konnte! Verärgert zog sich Philipp zurück.

In solchen dramatischen Situationen zeigte Eleonore, wozu sie fähig war. Pausenlos stand sie in vorderster Linie, schickte einen Brief nach dem andern, einen Boten nach dem andern aus und hielt die Verbindung mit den Seneschallen des Festlandes und mit den Baronen von England. Es gelang ihr, gleichzeitig die Bedrohung des Reiches durch Philipp und Johann abzuwenden und alles Erdenkliche für die Befreiung ihres Sohnes zu tun. Auf ihren Befehl wurde die englische Küste in Verteidigungszustand versetzt und zur Abwehr feindlicher Überfälle ständig bewacht. Johann hatte versucht, walisische und schottische Söldner anzuwerben. Doch der König von Schottland, an den er sich dieserhalb gewandt hatte, verweigerte seine Hilfe. Auch Wilhelm von Schottland war wie Robert von Leicester der Königin zu Dank verpflichtet.

Es gibt von Eleonore drei signierte, an Papst Cölestin III. gerichtete Briefe. Verfaßt hat sie wahrscheinlich ihr Kanzler Pierre von Blois; aber man hört aus dem offiziellen Text doch einen Ton der Entrüstung heraus, über den man sich nicht täuschen kann. Es war in der Tat unbegreiflich, daß der Papst nichts unternahm, um Richard zu befreien. Er verfügte doch über ein zur damaligen Zeit sehr wirksames Mittel, die kirchlichen Sanktionen, mit denen er dem königlichen Kreuzfahrer hätte zu Hilfe kommen können. Schon die Eingangsformel der Briefe ist ein schmerzlicher Aufschrei: »Eleonore, durch Gottes Zorn Königin von England«, und der Inhalt ist dann ein heftiger Protest, wobei sogar die römische Kurie bedroht wird: »Was die Kirche betrübt, worüber das Volk murrt und seine Achtung vor Euch verliert, ist, daß Ihr trotz der Tränen und der Wehklagen ganzer Provinzen noch keinen einzigen Boten geschickt habt. Oft wurden für Dinge von geringerer Bedeutung Eure Kardinäle mit unbeschränkten Vollmachten bis ans Ende der Welt gesandt. Doch in einer so verzweifelten und traurigen Angelegenheit habt Ihr nicht einmal einen Subdiakon oder einen Meßgehilfen ausgeschickt. Könige und Fürsten haben sich gegen meinen Sohn verschworen; man hält ihn, fern seinem Gott, in Banden, während andere seine Länder verwüsten. Man hat ihn gefesselt und läßt ihn geißeln. Und die ganze Zeit über bleibt das Schwert des hl. Petrus in der Scheide. Dreimal habt Ihr versprochen, Legaten zu schicken, und habt es nicht getan ... Wenn es meinem Sohn gut ginge, würden sie auf seinen Ruf hin sofort angelaufen kommen, denn sie wissen wohl, wie großzügig er sie belohnt hätte. War es das, was Ihr mir in Châteauroux mit so vielen Versicherungen der Freundschaft und Treue versprochen habt? Ach! Jezt weiß ich, daß Versprechungen von Kardinälen leere Worte sind ...«

In ihrem Zorn geht Eleonore so weit, Cölestin III. mit einem neuen Schisma zu drohen. Sie erinnert ihn daran, wie ihr Gemahl Heinrich II., der Vater des jetzigen Königs, dem Schisma ein Ende gemacht hatte; damals verbündete sich Heinrich mit Papst Alexander, während der Kaiser einen Antipapst unterstützte:

»Ich erkläre Euch, der Tag ist nicht fern, den der Apostel vorausgesagt hat; der verhängnisvolle Augenblick ist nahe, wo um den Mantel Christi erneut gewürfelt wird, wo die Bande des hl. Petrus zerrissen werden und die Einheit der Kirche zerstört sein wird.«

Tatsache ist, daß der Papst Herzog Leopold exkommunizierte, sobald er erfuhr, daß er Richard gefangenhielt. Er bedrohte auch den König von Frankreich mit einem Interdikt, wenn er es wagen sollte, sich der Länder seines Rivalen zu bemächtigen. Mit der gleichen Androhung eines Interdikts wurden in England die Kirchen und die Untertanen des Königs angehalten, Mittel für das geforderte Lösegeld aufzutreiben. Der Papst zögerte aber, den Kaiser zu exkommunizieren, weil er keinen Wert darauf legte, die endlosen Streitereien und Mißverständnisse wiederaufzufrischen, die ein Jahrhundert lang die Beziehungen zwischen dem Heiligen Stuhl und dem Heiligen Römischen Reich getrübt hatten.

Inzwischen erhielt Eleonore auch direkte Nachricht von ihrem Sohn, und zwar einen vom 19. April 1193 datierten Brief, der durch die Vermittlung von William Longchamp in ihre Hände gelangt war. Der König schrieb darin: »Wißt, daß wir, nach der Abreise von Hubert, dem Bischof von Salisbury, und Guillaume de Sainte-Mère-Eglise, unserm Schreiber, den Besuch unseres sehr lieben Kanzlers William, Erzbischof von Ely, gehabt haben. Nach einem Gespräch mit dem Kaiser hat er erreicht, daß wir von der Burg Trifels aus, wo wir gefangen waren, den Kaiser in Hagenau getroffen haben und von ihm und seinem Hof mit allen Ehren empfangen wurden ...« Und dann fährt er fort, er habe nunmehr die Hoffnung, gegen ein Lösegeld in Freiheit gesetzt zu werden. Er bittet, man möge alsbald das Geld und die verlangten Geiseln beschaffen, und ordnet dann an: »Das gesammelte Geld soll meiner Mutter übergeben werden und von ihr demjenigen, den sie noch näher bezeichnen wird.«

Eleonore beeilte sich, eine Steuer zu erheben. Dazu war sie berechtigt; jeder gefangene Lehnsherr durfte von seinen Vasallen erwarten, daß sie dazu beitragen würden, ihn loszukaufen. Die Steuer wog schwer; von jedem Freien forderte man ein Viertel seiner jährlichen Einkünfte. Die Kirchen trennten sich von ihren Schätzen. Die Zisterzienserklöster, die weder Gold noch Silber besaßen, boten ihren ganzen Jahresertrag an Schafwolle an. Das geforderte Lösegeld war nämlich enorm. Nach vielen Verhandlungen war die Summe auf 150000 Silbermark festgesetzt worden. 100000 wurden bei der Freilassung des königlichen Gefangenen verlangt; die restlichen 50000 sollten dann später entrichtet werden. Dafür mußten jedoch zweihundert Geiseln gestellt werden, die der Kaiser so lange bei sich behalten würde, bis alles bezahlt war. Diese 150000 Mark in kölnischem Silber bedeuteten zur damaligen Zeit etwa 34000 Kilogramm feines Silber.

Das waren die Bedingungen, die William Longchamp in einer Bulle aus der Hand des Kaisers entgegennahm. Sie wurde Anfang Juni auf einer von Eleonore einberufenen Ratsversammlung verlesen. Eleonore bestimmte ein paar Leute, die für die Aufbringung der geforderten Summe verantwortlich sein sollten: Hubert Gautier, der soeben zum Erzbischof von Canterbury bestimmt worden war und den sie noch vor Ablauf des Jahres zum Obersten Friedensrichter von England machte; außerdem Bischof Richard von London, zwei Edelleute, Graf Guillaume d'Arundel und Graf Amelin de Warenne, und einen einfachen Bürger, Henry Fitz Aylwin; er war zwei Jahre zuvor Bürgermeister von London geworden, als die Stadt sich die durch William Longchamps Absetzung entstandenen Unruhen zunutze machte und das Gemeinderecht erwarb. Es war bezeichnend für Eleonore, daß sie auch einen Bürger dazunahm; es zeigt, wie aufmerksam sie das Anwachsen des Bürgertums beobachtete und daß sie alle lebendigen Kräfte des Königreiches für die Befreiung ihres Sohnes einspannen wollte.

Nun häuften sich unter den wachsamen Augen von Eleonore und ihren Leuten in der Krypta der St.-Pauls-Kathedrale die Säcke mit Gold und Silber und die kostbaren Gefäße. So schnell sollte Richard allerdings noch nicht freikommen. Erst im Oktober erschienen Abgesandte des Kaisers in London. Sie hatten den Auftrag, das Gewicht und die Qualität des für das Lösegeld gesammelten Silbers zu prüfen. Sie wurden aufs zuvorkommendste behandelt und mit Geschenken überhäuft; erhielten silbernes Tafelgerät, kostbare Gewänder und Pelze – was man damals so schenkte. Richard weilte zu der Zeit am Rhein, in

Speyer oder Worms. Er bestand darauf, daß Eleonore selbst die wertvolle Sendung begleiten sollte. Unter der Leitung des gleichen Alain Tranchemer, der vor ein paar Jahren die königliche Flotte ins Heilige Land gesteuert hatte, wurden in Ipswich, Dunwich und Oxford Schiffe zusammengestellt und stabil hergerichtet, um Winterstürmen und eventuellen Überraschungsangriffen standzuhalten. Ein solcher Geleitzug mußte naturgemäß die Habgier der Piraten erregen, er wäre vielleicht auch für den König von Frankreich eine willkommene Beute gewesen. Schließlich mußte ja an der französischen Küste entlanggesegelt werden.

Im Dezember schiffte sich Eleonore mit einer achtunggebietenden Eskorte ein. Vorher hatte sie Hubert Gautier, dem neuen Erzbischof von Canterbury, das Königreich anvertraut. Gautier von Coutances, der Erzbischof von Rouen, begleitete sie, ebenso einige ihrer Getreuen. Darunter befand sich Saldebreuil, den Richard bald darauf ins Heilige Land schickte, damit er dort durch seine Gegenwart seinem Neffen Heinrich von Champagne den Rücken stärkte. Zu Eleonores Gefolge gehörten auch einige Poiteviner, so Berlay de Montreuil, der Vicomte Aimery de Thouars, Hugues le Brun von Lusignan und der treue Baudouin de Béthune, der mit dem König zusammen die Ängste der Heimreise ausgestanden hatte. Von ihm hieß es auch, er habe am schnellsten von allen Baronen sein Hab und Gut geopfert, um es zum Lösegeld beizusteuern, nachdem er vorher schon sein Leben für den König aufs Spiel gesetzt hatte. Auch William Longchamp, der Bischof von Ely, nahm an der Fahrt teil.

In Köln verbringt Eleonore mit ihrem Gefolge den Dreikönigstag 1194; Erzbischof Adolf von Altena nimmt sie dort in Empfang. Aber die Königin darf nicht, wie sie gehofft hatte, ihren Sohn sehen. Seine Freilassung, die zunächst auf den 17. Januar festgesetzt war, wurde auf später verschoben. Dem Kaiser schien wenig daran gelegen, mit Eleonore zusammenzutreffen. Es ging ein sonderbares Gerücht um: Philipp von Frankreich und Johann ohne Land sollten versucht haben, den Kaiser umzustimmen, indem sie ihm eine noch größere Summe anboten, als sie die Königin von England mitbrachte. Für eine Frau von zweiundsiebzig Jahren, die schließlich anstrengende Jahre und jetzt noch eine winterliche Seefahrt hinter sich hatte, müssen diese Tage des Wartens, unter der Drohung mit dem schamlosen Kuhhandel, recht qualvoll gewesen sein.

Am 2. Februar 1194 endlich fand in Mainz eine große Versammlung statt, auf der, wie sich der Chronist Gervais von Canterbury ausdrückt, »Richard seiner Mutter und seiner Freiheit wiedergegeben wurde«. Es war Mariä Lichtmeß; in den Kirchen waren Tausende von Kerzen angezündet. Die Versammlung stand unter der Leitung des Erzbischofs von Mainz, Konrad von Wittelsbach, an den Pierre von Blois, der ihn persönlich kannte, zwei dringliche Botschaften geschickt hatte. Kaiser Heinrich VI. hatte Herzog Leopold von Österreich bei sich, und die Freilassung ihres Gefangenen gestaltete sich zu einem Bündnis, das, wie es üblich war, durch Heiraten zwischen Mitgliedern der ehemals feindlichen Familien befestigt wurde. Kaiser Heinrich VI. war ein Phantast, der sich als zweiter Karl der Große sah und gern ganz Europa gegängelt hätte. Aber die politische Entwicklung, die es inzwischen genommen hatte, übersah er nicht. Er verlangte von Richard, daß er sein Königreich von ihm zu Lehen nehmen sollte. Die Chronisten betonen ausdrücklich, daß Richard auf Anraten seiner Mutter dem zustimmte.

In ihrem wachen Verstand begriff Eleonore, daß es jetzt vor allem darauf ankam, ihren Sohn freizubekommen. Wenn er erst einmal in England war, würde die Lehnsverpflichtung an einen Kaiser, dessen Macht bloß theoretisch war, kein großes Gewicht haben. Also legte Richard als Zeichen seines Vasallentums seine Lederkappe in die Hände des Kaisers, der sie ihm alsbald gegen das Versprechen einer jährlichen Tributzahlung von fünftausend Pfund Sterling zurückgab. Endlich war der König von England frei. Am 4. Februar verließ er Mainz, nachdem er von allen an den Ereignissen beteiligten Fürsten und Prälaten beglückwünscht und gefeiert worden war.

Richard hatte sich nämlich bei den deutschen Fürsten eine große Popularität erworben. Über ein Jahr lang war er von einer Burg zur andern, von Dürnstein nach Ochsenfurt, von Speyer nach Hagenau verschleppt worden. Seine stattliche Erscheinung und seine gute Laune, die kein noch so jämmerliches Burgverlies ihm rauben konnte, erregten Bewunderung. Als wahrer Erbe Wilhelms des Troubadours verfaßte er in seiner langen Haftzeit zahlreiche Gedichte und Lieder. Selbst in dieser traurigen Lage bewies er die ihm angeborene Großzügigkeit, wenn er mit seinen Kerkermeistern den Tischwein teilte. Auch seine natürliche Redegewandtheit kam ihm zustatten; dadurch war es ihm gelungen, seinen Schwager Heinrich den Löwen mit dem Kaiser auszusöhnen. Bei dieser Gelegenheit löste Richard eine gegen Heinrich VI. gerichtete Koalition einiger der mächtigsten Lehnsfürsten des Kaisers auf, worunter sich auch die Prälaten von Mainz und Köln sowie der Herzog von Loewen befanden. Schließlich entfaltete er in seiner eigenen Sache eine Beredsamkeit, die bei der Versammlung an Lichtmeß alle Zuhörer zu Tränen rührte. Dies bewog endlich auch den Kaiser, der mit seiner Entscheidung immer noch gezögert hatte, weil er den wertvollen Geisel nicht aus der Hand geben wollte; mit ihm konnte er so schön den König von Frankreich hinhalten und zugleich auf die Geschicke des Königreichs der Plantagenets Einfluß nehmen.

Als Eleonore und Richard nach all den aufregenden Verhandlungen endlich den Rhein hinunter zur Nordsee fuhren, geschah es unter dem Jubel der Bevölkerung und den ostentativen Freundschaftsbezeigungen der deutschen Fürsten. In Köln wurden sie vom Erzbischof mit großem Pomp empfangen. Im Dom wurde, mit feiner Anspielung, die Messe von Sankt Petrus in Banden zelebriert: »Ich weiß jetzt, daß der Herr mir seinen Engel geschickt und mich aus den Händen von Herodes befreit hat...« In Antwerpen bereitete ihnen der Herzog von Loewen ebenfalls einen feierlichen Empfang. Das Prestige des Königs von England war durch die lange Haft keineswegs geschwächt – im Gegenteil, er trug jetzt den Glorienschein eines Märtyrers, und überdies hatte er Verbindungen angeknüpft, die ihm eines Tages von Nutzen sein konnten. Einer seiner Neffen, ein Sohn Heinrichs des Löwen, hatte eine Base des Kaisers geheiratet, die Tochter des Pfalzgrafen bei Rhein, Konrad von Hohenstaufen. Es bestand sogar der Plan, eine Nichte von Richard, die älteste Tochter von Gottfried und Konstanze der Bretagne, die auch Eleonore hieß, mit dem Sohn des Herzogs Leopold von Österreich zu vermählen.

An dem Tage, an dem Richards Schiff an der Küste von England, bei Sandwich, landete – es war der 12. März 1194 –, habe die Sonne heller geschienen als sonst, so wird berichtet; ein ungewöhnlicher roter Lichtschein habe wie ein Regenbogen den Horizont überstrahlt. Sobald Richard an Land gegangen war, begab er sich nach Canterbury, um am Grabe Thomas Beckets eine Andacht zu verrichten; diese Geste war bei den englischen Königen zur Tradition geworden. Am nächsten Tage traf er auf dem Weg nach Rochester mit Erzbischof Hubert

Gautier zusammen. Beide umarmten sich unter Tränen. Am 23. März hielt Richard einen triumphalen Einzug in London. Die ganze Stadt zog ihm entgegen, mit dem Bürgermeister an der Spitze. Richard schritt unter der jubelnden Menge vom Strand zur St.-Pauls-Kathedrale hinauf, Eleonore neben ihm. Allen galt er als Kämpe des Heiligen Krieges, als der Gesalbte des Herrn, als Held, als Idol. Seine Volkstümlichkeit ist in Geschichte und Literatur eingegangen. König Richard – von allen englischen Königen derjenige, der am wenigsten in England residiert hat – gilt heute noch als Volksheld. Man erinnere sich an die berühmten Balladen über ihn und Robin Hood, mit seinen fröhlichen Gefährten aus dem Wald von Sherwood. In einer dieser Balladen, die jeder Engländer auswendig weiß, wird erzählt, wie sich König Richard nach seiner Rückkehr als Abt verkleidet hat und von den Vogelfreien im Wald von Sherwood gefangengenommen wird. Robin Hoods Räuberbande war dafür berüchtigt, daß sie von den Klöstern Lösegelder erpreßte, um den Armen zu helfen. Dabei waren sie treue Anhänger ihres rechtmäßigen Königs. In der Ballade freundet sich Robin Hood mit dem »Abt« an und lädt ihn zu einem festlichen Mahle ein. Auf ein Pfeifensignal kommen seine Gefährten von allen Seiten aus dem Wald herbei, mit strubbeligen Köpfen und in Lumpen gekleidet. Sie setzen sich am Flußufer nieder und trinken auf die Rückkehr des Königs. Da gibt sich dieser zu erkennen, nimmt Robin Hood nach London mit und macht ihn zum Pair von England.

Anfang April verbrachte Richard tatsächlich einige Tage im Walde von Sherwood; einst hatte Eleonore die Nutznießer der Wälder vom drückenden Forstzins befreit. So mag die Legende entstanden sein. – Inzwischen begab sich nun Richard nach Westminster, machte eine Pilgerfahrt an das Grab des hl. Edmund und nahm darauf in einem Handstreich die englischen Burgen und Schlösser wieder ein. Vergebens hatte sein Bruder Johann, als er von seiner Freilassung erfuhr, an alle Kastellane Befehl ergehen lassen, sich zur Verteidigung bereitzuhalten. Der, den er mit der Botschaft betraut hatte, Adam de Saint-Edmund, seine rechte Hand, wurde gleich bei seiner Ankunft in London vom Bürgermeister verhaftet. Der englische Klerus, der sich zu einem Konzil in Westminster versammelte, bedrohte jeden mit Exkommunikation, der gegen Richard, seinen rechtmäßigen Herrn, feindselige Handlungen unternehmen würde. Nirgends gab es echten Widerstand. Das Schloß Marlborough ergab sich auf ausdrücklichen Befehl des Erzbischofs von Canterbury, und das von Lancaster kapitulierte vor Thibaud Gautier, dem Bruder des Erzbischofs. Von Huntingdon aus, bis wohin ihm Guillaume le Maréchal zur Begrüßung entgegenkam, begab sich Richard bis vor Nottingham, das ihm am 28. März die Tore öffnete. Dort erfuhr er von dem Bischof von Durham, daß die Burgherren von Tickill sich unterworfen hätten. Es wurde auch erzählt, daß im fernen Cornwall der Burgherr Hugues de la Pommeraye der dortigen Burg Mont-Saint-Michel bei der Nachricht von der Rückkehr des Königs vor Bestürzung tot umgefallen sei. So genügten vierzehn Tage, um alle Verschwörungen und alle Aufstandsversuche, die in Richards langer Abwesenheit unternommen worden waren, zunichte zu machen. Ohne einen Schwertstreich war er wieder Herr über sein Königreich geworden, sogar über die Burgen und Schlösser, die seinem Bruder gehörten. Jetzt blieb nur noch übrig, Johann wegen seiner Verräterei zu bestrafen. Er wurde aufgefordert, bis zum 10. Mai am königlichen Hof zu erscheinen. Andernfalls würde er als Verräter angesehen und aus dem Königreich verbannt werden.

Inzwischen war Eleonore tätiger als je. Sie traf alle Vorbereitungen für eine zweite Krönungszeremonie. Durch sie sollte gegebenenfalls der unangenehme Eindruck verwischt werden, der dadurch entstanden war, daß der König dem Kaiser einen Huldigungseid geleistet hatte. Diese zweite Krönung sollte noch feierlicher werden als die erste und am 17. April 1194 in der Kirche Saint-Swithun in Winchester stattfinden. Wie beim erstenmal empfing Richard, umgeben von den höchsten geistlichen Würdenträgern, den Bischöfen Johann von Dublin, Richard von London und Gilbert von Rochester, dazu William Longchamp – der sich von nun an auf seine Rolle als Bischof von Ely beschränkte – und im Beisein des Adels, aus der Hand von Hubert Gautier die Krone. Die Chronisten vermerken, daß Eleonore mit ihren Damen ihm während der Zeremonie in der Nordseite des Chores gegenübersaß. Eleonore war Königin von England. Aber gab es nicht eigentlich eine andere Königin, Berengaria von Navarra, die Eleonore selbst aus dem Land hinter den Pyrenäen abgeholt und zu ihrem Sohn nach Sizilien gebracht hatte? Berengaria war nicht dabei. Sie war noch mit Johanna, der Schwester des Königs, in Rom geblieben. Vielleicht hatte es Eleonore gar nicht eilig damit, ihr die Krone und den Platz neben Richard abzutreten.

Dennoch war es nun allmählich Zeit, daß auch sie daran denken mußte, sich zurückzuziehen und sich Ruhe zu gönnen. Es scheint aber, daß sie vorher unbedingt ihre beiden ihr noch gebliebenen Söhne miteinander versöhnen wollte. Kein Mensch wußte genau, wo sich Johann verbarg; vermutlich war er am Hofe Philipp Augusts. Die beiden Kumpane schlotterten jetzt vor Angst. »Habt acht, der Teufel ist los«, hatte Philipp geschrieben, und es wird erzählt, er habe, aus lauter Furcht, daß Richard ihn vergiften lassen könne, keine Nahrung mehr zu sich genommen, von der man nicht zuvor den Hunden gegeben hatte.

Gewiß, Richard sann auf Rache. Schon Ende April war er in Portsmouth und wartete ungeduldig darauf, nach Frankreich übersetzen zu können. Aber widrige Winde hielten ihn bis zum 12. Mai auf. Inzwischen hatte er noch die Unterwerfung seines Halbbruders Gottfried, des Bastards seines Vaters, entgegengenommen und ihm sogar die zwei Schlösser Langeais und Beaugé verliehen. Alle Welt wartete jedoch mit Spannung darauf, welches Schicksal nun wohl Johann erwarten werde. Lange konnte er Richard ja nicht mehr entgehen.

Am 12. Mai landete Richard in Barfleur in der Normandie. Eleonore und Guillaume le Maréchal waren bei ihm. Die normannische Bevölkerung begrüßte ihn ebenso stürmisch, wie es die englische getan hatte: Die Bauern verließen ihre Felder, und überall, wo er durchzog, war ein solches Gedränge, daß, wie Augenzeugen berichten, kein Apfel hätte zur Erde fallen können. Richard ging zuerst nach Lisieux, wo er und die Königin von einem ihrer Getreuen, dem Archidiakon Jean von Lisieux, empfangen wurden. Die Szene, die sich am gleichen Abend abspielte, schildert der Biograph von Guillaume le Maréchal im einzelnen: Der König hatte sich mit seinem Gefolge bei dem Archidiakon einquartiert und ruhte sich vor dem Abendessen ein wenig aus. Da wurde Jean d'Alençon herausgerufen, blieb eine Weile draußen und kam dann mit finsterer Miene zurück.

»Warum machst du so ein Gesicht?« fragte ihn Richard. Jean gab eine ausweichende Antwort. Darauf sagte Richard: »Lüge nicht, ich weiß Bescheid. Du hast meinen Bruder gesehen. Er braucht keine Angst zu haben. Er soll ruhig hereinkommen. Er ist ja schließlich mein Bruder. Selbst wenn er wirklich wie ein Narr gehandelt hat, mache ich ihm keinen Vorwurf. Die, die ihn dazu angestiftet haben, haben ihre Belohnung schon erhalten oder werden sie später noch bekommen.« Daraufhin wurde Johann hereingeführt. Er warf sich Richard zu Füßen, der ihn liebevoll aufhob und sagte: »Fürchtet nichts, Johann, Ihr wart in schlechter Obhut. Die Euch beraten haben, werden dafür bezahlen müssen. Erhebt Euch. Eßt etwas.« In diesem Moment erschienen einige Bürger der Stadt bei dem Archidiakon und brachten einen prachtvollen Salm zum Geschenk. Der König, schon wieder in seiner gewohnten Munterkeit, befahl, den Fisch für seinen Bruder zu braten.

Es wird dann weiterhin berichtet, daß in der ganzen Stadt gesungen und getanzt wurde und alle Glocken läuteten. Alte und Junge zogen in langer Prozession durch die Straßen und sangen: »Gott ist erschienen in seiner Macht, für den König von Frankreich wird es bald Nacht!« *(Dieu est venu en sa puissance, tôt s'en ira le roi France!)*

Daß der König so milde verfuhr, ist auf Eleonores Einfluß zurückzuführen. Einer der Chronisten, der über die Ereignisse am besten informiert ist, Roger de Hoveden, betonte es ausdrücklich. In ihren letzten Lebensjahren machte sie sich immer und überall zum Werkzeug des Friedens. Sie geht sogar so weit, unter Ausnutzung des Asylrechtes einem Gefangenen zur Flucht zu verhelfen, auf den Richard besonderen Wert legte, nämlich Philipp de Dreux, Bischof von Beauvais und Vetter des Königs von Frankreich. Er hatte während der Kämpfe in der Normandie gegen Richard die Waffen erhoben. In der Normandie und im Berry spielte sich nämlich der Endkampf zwischen Richard und Philipp August ab. Dieser hatte mit einem Angriff auf Verneuil das Signal zum Kampf gegeben. Die Antwort des Königs von England war niederschmetternd; denn schon im Juli hatte Richard nacheinander Evreux, Beaumont-le-Roger, Pont-de-l'Arche und Elbeuf unterworfen und darauf in Fréteval bei Vendôme dem französischen Heer eine vernichtende Niederlage beigebracht. Philipp mußte fliehen und dabei seine Kriegskasse, sein silbernes Tafelgeschirr, seine Zelte und Standarten, seine Papiere und sogar sein persönliches Siegel zurücklassen. Nun war er gezwungen, um einen Waffenstillstand zu bitten.

Zu dieser Zeit drangen solche Nachrichten aber schon nicht mehr sofort zu der Königin von England. Zwischen ihr und dem Lärm der Welt ragten die Mauern von Fontevrault. Dorthin hatte sie sich wahrscheinlich gleich nach ihrer Ankunft auf dem Festlande zurückgezogen und damit einen Plan verwirklicht, den sie gewiß in den langen Jahren der Angst und der lebhaften, anstrengenden Tätigkeit schon gefaßt hatte. Immer wieder weilte sie ja zwischendurch wenigstens in Gedanken in ihrer geliebten Abtei. Sie hatte zum Beispiel den Nonnen Rechte auf die Scheffelsteuer in Saumur eingeräumt. Noch zweimal im Laufe des für sie so aufregenden Jahres 1193 hatte sie die Bitten der Nonnen unterstützt und ihre Schenkungen erneuert, einmal in Winchester und einmal in Westminster.

Nun war also unter der festen Hand von Hubert Gautier im englischen Königreich der Frieden eingezogen; auf dem Festland setzte Richard seinen Siegeszug gegen den Feind fort, der auf so feige Art versucht hatte, ihm, während er gefangen saß, sein Königreich zu entreißen. Deshalb konnte sich Eleonore jetzt endlich in Frieden zurückziehen und die Jahre, die ihr noch zum Leben blieben, dem Gebet, der Lektüre und der Meditation widmen. In ihrer Umgebung hieß es bei ihren letzten großen Reisen, nach Sizilien und nach Deutschland, die Königin »vergäße ihr Alter«. Jetzt war es Zeit, wirklich an das Alter zu denken. Ihr Name erscheint auch nur noch selten auf den Rechnungsrollen und in den Urkunden. Auch dann handelt es sich meist um Zahlungen, die ihr aus ihrem Witwengeld oder ihren persönlichen Rechten zustehen. So bekommt sie zum Beispiel »das Gold der Königin«; sie hatte nämlich jedesmal, wenn an den König eine Geldbuße von hundert Mark bezahlt wurde, Anrecht auf eine Mark in Gold. Dieser Zins war ihr nicht ausbezahlt worden, solange sie in Gefangenschaft war. Doch sie bekam ihn wieder, sobald Richard den Thron bestiegen hatte; im übrigen setzte der König die persönlichen Einkünfte seiner Mutter sehr großzügig fest. Eleonore interveniert noch einmal mit dem Bischof von Rouen, Gautier de Coutances, zusammen für die Mönche von Reading. Sie tritt auch für den Abt von Bourgueil ein, der in seinem Gebiet Schwierigkeiten mit der Eintreibung des Zehnten für den Wein hat. Aber im allgemeinen ist es nun, unter den hohen Gewölben der Abtei, die einst Robert d'Arbrissel gegründet hat, um Eleonore still geworden.

Die Nachrichten, die während dieser Zeit der Einkehr zu ihr dringen, sind geeignet, sie für manche ausgestandenen Ängste zu entschädigen. Denn Richard geht aus der Kraftprobe mit dem König von Frankreich endgültig als Sieger hervor. Vor Ende des Jahres 1194, dem Jahre seiner Befreiung, bekommt er die Nachricht vom Tode seines anderen Feindes, des Herzogs Leopold von Österreich, der an den Folgen eines lächerlichen Unfalls gestorben ist. Er war vom Pferd gefallen, als er im

Scherz eine Burg aus Schnee berannte, die seine Pagen gebaut hatten. Das gebrochene Bein mußte amputiert werden, doch der Brand war in die Wunde gekommen, und er war nicht mehr zu retten. Da er immer noch unter dem Bann der Exkommunikation stand, die ihm die Gefangennahme Richards eingebracht hatte, konnte er kein kirchliches Begräbnis bekommen. Um zu vermeiden, daß die kirchlichen Sanktionen sich noch länger hinzogen, mußte sein Sohn die englischen Geiseln zurückschicken, die bis zur Zahlung des restlichen Lösegeldes für König Richard zurückbehalten wurden.

Die politischen Verhältnisse entwickelten sich entschieden zu Richards Gunsten. In den folgenden Jahren eröffneten sich ihm unerwartete Aussichten. Kaiser Heinrich VI., der immer noch seine Ansprüche auf Sizilien aufrechterhielt, starb im September 1197 in Messina. Sein Bruder Philipp von Schwaben meldete daraufhin eilends seine Kandidatur auf den Kaiserthron an; aber die deutschen Fürsten hatten eigentlich von den Ambitionen der Hohenstaufen genug. Richards stattliche Erscheinung und sein imponierendes Auftreten waren ihnen allen noch in lebhafter Erinnerung. Eine Abordnung erschien und bot ihm die deutsche Kaiserkrone an. Die weitgreifenden Pläne seines Vaters Heinrich Plantagenet schienen damit in Erfüllung zu gehen.

Aber Richard hatte wenig Lust, sein Anjou und sein Poitou mit Residenzen zu vertauschen, die ihm von seiner Gefangenschaft her noch in düsterer Erinnerung waren. Er gedachte auch nicht, sein eigenes Königreich der Habgier des Königs von Frankreich oder seines Bruders Johann auszusetzen, die er beide nur durch seine persönliche Anwesenheit in Schach halten konnte. Er lehnte daher das Angebot ab und schlug dafür den deutschen Abgesandten seinen Neffen Otto von Braunschweig vor, den Sohn von Mathilde und Heinrich dem Löwen. Der letztere war zwei Jahre zuvor gestorben. Richard und seine Mutter liebten diesen Jungen, der am Hofe der Plantagenets groß geworden war, und sahen in ihm sogar einen möglichen Thronfolger. Deshalb hatte ihn Richard mit der Grafschaft Poitou und dem Herzogtum Aquitanien belehnt. Der junge Mann ließ sich überreden, verzichtete auf diese beiden Titel und hielt am 10. Juli 1198 seinen Einzug in Aachen, wo er sich am folgenden Tag mit Marie, der Tochter des Grafen von Lothringen, vermählte und zwei Tage darauf die Kaiserkrone empfing. Nun war das französiche Königreich zwischen dem Reich der Plantagenets und dem Kaiserreich eingeschlossen, das mit den Plantagenets verschwägert war.

Zudem hatte Richard auch Bündnisse mit dem Grafen Baudouin IX. von Flandern und vom Hennegau sowie mit Renaud de Dammartin, dem Grafen von Boulogne, geschlossen; seine verwitwete Schwester Johanna verheiratete er mit dem Erben der Grafschaft Toulouse, Raimund VI., dessen Vater 1194 gestorben war. Auf diese Weise sah sich Philipp August von allen Seiten bedroht und von Feinden umgeben; und das zu einer Zeit, wo er unter dem Kirchenbann lebte. Sein Königreich war mit dem Interdikt belegt worden, weil er seine Frau Ingeborg, Tochter des Königs von Dänemark, am Tage nach der Hochzeit verstoßen hatte.

Richard von England hatte das Spiel gewonnen. Philipp war umzingelt und mehrmals beinahe in Richards Hände gefallen. Da aber das normannische Volk den Frieden herbeisehnte, legte sich der Klerus ins Mittel, und es wurde schließlich ein Waffenstillstand unterzeichnet. Zwischen den beiden Königen fand eine Zusammenkunft statt: Richard saß dabei in einem Boot, das zwischen Vernon und Andelys mitten auf der Seine verankert war, während Philipp an der Uferböschung stand. Nicht weit davon lag die ansehnliche Festung Château-Gaillard, die der König von England gleichsam als Herausforderung an dieser Seinewindung errichtet hatte. Bei ihrem Bau waren die neuesten Erkenntnisse der damaligen Kriegskunst angewandt worden; sie galt als uneinnehmbar. – Die beiden Könige versprachen sich gegenseitig, fünf Jahre lang Frieden zu halten.

21

Das Ende eines Reiches

Reiesme son, mas reis no.i es,
E comtat, mas no coms ni bar
Las marchas son, mas no.lh marques
E.lh ric chastel e.lh bel estar
Mas li chastela no i so.
Bertran de Born

Es geschah an einem Tag im April, dem Lieblingsmonat der Troubadoure; wenn die Nächte kurz werden und die Luft mild ist, wenn der Saft in den Bäumen steigt und mit den Knospen ein verheißungsvoller Frühling aufbricht.

Ein Bote klopft an die Pforte der Abtei Fontevrault. Hastige Schritte ertönen im Kreuzgang, huschen an den Mauern entlang. Bis zum Hochaltar, wo man gerade die *laudes* singt, dringt eine Trauerbotschaft und dämpft die Stimmen der Nonnen. König Richard liegt im Sterben und hat seine Mutter, Königin Eleonore, zu sich rufen lassen.

Eleonore hatte sich sogleich mit der Schnelligkeit bereit gemacht, die man an ihr kannte und die sie immer aufbrachte, wenn es zu handeln galt. »Schneller als der Wind«, so berichten die Zeitgenossen, legte sie die Strecke von Fontevrault nach der kleinen Stadt Châlus zurück, wo ihr Sohn sie noch vor seinem Tod erwartete. Vermutlich ist sie die Vienne hinaufgefahren; denn damals ging die Reise zu Wasser schneller als auf dem Landweg. Am Morgen des 6. April stand sie am Sterbelager Richards, gerade noch zur rechten Zeit, um seinen Letzten Willen entgegenzunehmen. Dann hauchte er sein Leben aus.

Anlaß zu diesem Drama war ein harmloser Vorfall gewesen. Wenige Wochen zuvor hatte ein Bauer in der Gegend von Châlus beim Pflügen ganz überraschend ein großes Altarbild aus massivem Gold gefunden. Nach Aussage der biederen Landleute stellte es einen sitzenden Kaiser mit seiner Frau und seinen Töchtern dar – ein wundervoll gearbeitetes Kunstwerk. Der brave Mann trug den Fund zu seinem Herrn, dem Grafen Aymar von Limoges. Als der König davon erfuhr, verlangte er als Lehnsherr sogleich seinen Anteil an dem Fund. Der Graf von Limoges aber stellte sich taub. Richard vermutete, daß er insgeheim mit dem König von Frankreich paktierte und eine Unabhängigkeit beanspruchte, die ihm nicht zukam. In einem Ausbruch von Jähzorn beschloß er, die Burg Châlus anzugreifen. Die Söldner, die er gegen Philipp angeworben hatte, waren infolge des Friedensschlusses sowieso zur Untätigkeit verurteilt. Es waren Gascogner, die von dem berühmten Hauptmann Mercadier angeführt wurden.

Am Abend des 25. März 1199, dem Tag, an dem die Belagerung begonnen hatte, inspizierte Richard nach dem Abendessen die Arbeit seiner Sappeure, die gerade am Fuße der Festung Gräben für den Angriff aushoben. Plötzlich schwirrte ein Pfeil von den Zinnen herab und traf Richard in die Schulter. Er war offenbar von jemandem abgeschossen worden, der gut zielen konnte. Aber was war schon ein Pfeil für König Richard, von dem man erzählte, daß er im Heiligen Land manchmal wie ein mit Nadeln gespickter Ball aus der Schlacht zurückgekommen sei. Sobald der König wieder in seinem Zelt war, stellte man jedoch fest, daß diesmal der Pfeil sehr tief, nämlich bis zur Wirbelsäule in seinem Rücken steckte. Beim Schein einer Laterne versuchte ein »Chirurg« aus Mercadiers Gefolge vergebens, den Pfeil herauszuschneiden. Dabei stöhnte der König auf seinem Lager vor Schmerzen. Trotz aller Anstrengungen blieb ein Teil der eisernen Pfeilspitze in der Wunde zurück. Richard nahm natürlich keine Rücksicht auf die Verletzung. Unfähig, sich zu beherrschen und ruhig liegenzubleiben, führte er sein gewohntes Leben weiter, das Leben eines Genießers, der scharfgewürzte Speisen und guten Wein liebte, der die Nächte mit den schönen Frauenzimmern des Poitou verbrachte. Die Wunde begann zu eitern, Fieber stellte sich ein, und binnen weniger Tage war keine Hoffnung mehr für das Leben des Königs.

Da ließ Richard seine Mutter rufen. Der Abt von Turpenay erbot sich, sie zu begleiten. Vor ihrer Abreise gab Eleonore der Äbtissin Mathilde von Fontevrault den Auftrag, Königin Berengaria und Johann ohne Land zu benachrichtigen. Richard hatte als geistlichen Beistand seinen Kaplan Milon, den Abt von le Pin, dessen Abtei er wieder neu errichtet hatte. Richard hatte die kirchlichen Institutionen immer reich beschenkt. Trotz seiner vielen Seitensprünge und wilden Leidenschaften war er stets regelmäßig zum Gottesdienst gegangen. Auch angesichts des Todes war dieser sonst so hemmungslose Mann, der in seinem Leben wirklich alle Ausschweifungen und Laster kennengelernt hatte, erstaunlich abgeklärt. Er hatte alle Sünden gebeichtet und verlangte nach dem Abendmahl, das er seit seiner Rückkehr aus dem Heiligen Land aus Haß gegen Philipp nicht mehr empfangen hatte. Jetzt hatte Richard dem König von Frankreich verziehen, und er verzieh auch dem Schützen des tödlichen Pfeils. Als man den Gefangenen zu ihm ins Zelt brachte, schenkte er ihm das Leben. Er bereute sogar, daß er durch seinen Angriff auf die Burg die Fastenvorschriften gebrochen hatte. Schließlich erklärte er, er wolle zur Strafe für seine vielen Sünden bis zum Jüngsten Gericht im Fegefeuer bleiben. Gegen Abend verschied er in den Armen seiner Mutter. Vorher hatte er noch darum gebeten, daß man sein Herz in der Kathedrale von Rouen und seinen Leib in der Abtei von Fontevrault beisetze.

Schon sprengten die Boten in alle Himmelsrichtungen, um die Vertrauten des Königs zu benachrichtigen. Der eine, der in die Normandie eilte, suchte unterwegs auch Vaudreuil auf, wo Guillaume le Maréchal lebte. Es war der Tag vor Palmsonntag. Guillaume wollte gerade zu Bett gehen und hatte schon seine Beinkleider abgelegt, als man ihm die Ankunft des Boten mit der schlimmen Nachricht meldete. Er zog sich wieder an und begab sich nach Notre-Dame-du-Pré, wo zu jener Zeit der Erzbischof von Canterbury, Hubert Gautier, wohnte. Dieser hatte gerade erst die Nachricht von der Erkrankung des Königs erhalten. Als er den späten Besucher erblickte, rief er: »Ach, ich weiß, was Euch zu mir führt. Der König ist tot! Was bleibt uns nun noch zu hoffen? Nichts; denn nach ihm gibt es keinen, der das Königreich retten könnte. Ich bin darauf gefaßt, daß uns jetzt die Franzosen angreifen werden und daß niemand ihnen Widerstand bieten kann.«

»Wir müssen so bald wie möglich einen Nachfolger erwählen«, antwortete le Maréchal.

»Ich meine, wir sollten Arthur von Bretagne nehmen«, erwiderte der Erzbischof.

»Nein, Herr«, sagte darauf le Maréchal, »das wäre eine schlechte Wahl. Arthur hat immer nur böse Ratgeber gehabt. Er ist argwöhnisch und hochmütig. Wenn wir ihn an die Spitze des Reiches stellen, werden wir viel Ärger bekommen; denn er kann die Engländer nicht leiden. Aber was haltet Ihr von Johann? Er hat schließlich den größeren Anspruch auf das Erbe seines Vaters und seines Bruders.«

»Ist das Euer Wunsch, Maréchal?« fragte der Erzbischof.

»Ja; denn das ist sein Recht. Der Sohn steht dem Lande seines Vaters näher als der Neffe.«

»Es geschehe nach Eurem Willen, Maréchal. Aber ich sage Euch, was immer Ihr auch tun mögt, Ihr werdet diese Wahl zutiefst bereuen.«

»Sei es drum! Es ist trotz allem meine Meinung.«

Der nächste Tag war Palmsonntag, der 11. April 1199. Eleonore war schon wieder nach Fontevrault zurückgekehrt, um ihrem Sohn die letzte Ehre zu erweisen. Hugo, der fromme Bischof von Lincoln, zelebrierte die Totenmesse, wobei ihm die Bischöfe von Poitiers und Angers assistierten. Neben der Königin standen Abt Lukas von Turpenay, der sie auf der Reise begleitet hatte, und Pierre Milon, der Abt von le Pin, der ihrem Sohn die letzte Ölung gegeben hatte.

Richards Tod bedeutete für Eleonore das Ende aller ihrer Hoffnungen. Ihr Lieblingssohn war in der Blüte seiner Jahre ohne einen Erben dahingegangen. Königin Berengaria, seine Frau, hatte ihm nie viel bedeutet; aber solange er noch gelebt hatte, konnte man doch hoffen, daß eines Tages ein Kind die Zukunft der Plantagenets sichern werde. Ob sich wirklich der Fluch, der angeblich auf dem Haus Anjou lag, bewahrheitete? Fünf Söhne – doch nur einer war noch am Leben. Ein haltloser, wortbrüchiger und schwacher Mensch, der zu allem fähig war, nur nicht dazu, mit Würde eine Krone zu tragen. Vielleicht hat Eleonore daran gedacht, ihn seinem Schicksal zu überlassen und sich einfach völlig in ihr Asyl Fontevrault zu flüchten. Was konnte sie mit siebenundsiebzig Jahren schließlich noch ausrichten? War es nicht vernünftiger, sich aus einem Leben zurückzuziehen, aus dem das einzige Wesen geschieden war, das für sie etwas bedeutete? Wenn ihr dieser Gedanke wirklich gekommen sein sollte, so hätte sie ihn sicher als Versuchung zurückgewiesen. Richards Tod hatte ihren Lebensnerv getroffen, aber dieser Schicksalsschlag weckte auch wieder den königlichen Instinkt, der ihr zur zweiten Natur geworden war. Dies war besonders bedeutsam, weil sie jetzt nicht mehr von Ehrgeiz getrieben wurde. Es galt die Vergangenheit lebendig zu halten und weiterzugeben. Das ist die Rolle der Frau; und um diese Rolle zu spielen, mußte sie handeln, das Nächstliegende tun und nötigenfalls Vorsorge für die Zukunft treffen. Weder ihre Jahre noch ihre Müdigkeit oder der unsagbare Kummer, der ihr Alter überschattete, konnten sie davon ablenken.

Am gleichen Tag noch, an dem Eleonore dem feierlichen Begräbnis ihres Sohnes beiwohnt, macht sie der Abtei Fontevrault eine neue Schenkung »für das Seelenheil ihres sehr lieben Herrn, des Königs Richard«. In allen ihren Urkunden wird Richard immer *carissimus*, der sehr liebe, genannt; für Johann findet sie jedoch nur den Ausdruck *dilectus*, eine reine Höflichkeitsfloskel. Damit Richard durch die Gebete der Nonnen Gottes Verzeihung schneller erreichen möge, so heißt es in der Stiftungsurkunde, schenke sie ihnen jährlich hundert angevinische Pfund für ihre Bekleidung.

An den folgenden Tagen machte sie noch eine Reihe ähnlicher Schenkungen. Der Abtei Notre-Dame von Turpenay übereignete sie den Teich von Langeais; in der Stiftungsurkunde heißt es, sie habe dem Tod ihres sehr lieben Sohnes, des Königs, beigewohnt, und da er nächst in Gott sein ganzes Vertrauen in sie gesetzt habe, wolle sie seinen Letzten Willen erfüllen. Sie werde mit mütterlicher Sorge darüber wachen und rechne dabei vor allem mit der Hilfe des Abtes (Lukas), der während der Krankheit und bei dem Begräbnis ihres sehr lieben Sohnes, des Königs, mehr als jeder andere seine Teilnahme bezeugt habe. Auch die Vertrauten Richards werden mit Wohltaten überhäuft. Adam, sein Koch, und dessen Frau Johanna erhalten die Bestätigung aller Schenkungen, die ihnen ihr »sehr lieber Sohn – seine Seele ruhe in Frieden – gemacht hat«. Sein Mundschenk Ingram erhält ein englisches Dorf. Später tauchen in den von Eleonore unterzeichneten Urkunden noch öfter Namen von Dienern Richards auf. So wird ein gewisser Renaud de Marin erwähnt, dem sie in Poitiers eine Backstube schenkt, »im Hinblick auf die treuen Dienste, die er unserem sehr lieben Sohn seligen Angedenkens, dem König Richard, erwiesen hat«. Dann werden aus Richards früherer Dienerschaft auch einmal der Küchenmeister Roger, ein Heinrich von Berneval und die alte Agathe erwähnt, die Kinderfrau der königlichen Familie; sie erhält ein Haus in Devonshire.

Aber über diesen von schmerzlicher Erinnerung, Dankbarkeit und Mutterliebe veranlaßten Handlungen vergißt Eleonore keineswegs, an Gegenwart und Zukunft zu denken. Während der nun folgenden Wochen erhielt sie in Fontevrault viele Besuche hochstehender Persönlichkeiten. Da kam der päpstliche Legat Peter von Capua zu einem Beileidsbesuch; dann ihre Verwandten, die Königin Berengaria und Eleonores Enkelin Mathilde von Sachsen, die durch Heirat Gräfin von Perche geworden war. Schließlich erschien auch noch Johann ohne Land.

Als Richard starb, war Johann gerade in der Bretagne, wo er

vermutlich schon wieder gegen seinen Bruder konspirieren wollte. Sobald er von dessen Tod erfuhr, gab er seine finsteren Pläne vorerst einmal auf und eilte nach Chinon, wo sich die Festland-Schatzkammer der Könige von England befand. Robert von Thornham, Seneschall von Anjou, lieferte ihm die Schätze auch ohne Zögern aus. Aber nicht alle von Richards Lehnsleuten, besonders nicht die großen Feudalherren, waren so beflissen. Johann wollte nach Angers, erhielt aber unterwegs in Beaufort-la-Vallée die Nachricht, daß Stadt und Burg Angers von Guillaume des Roches, dem angevinischen Burgherrn, an Konstanze von Bretagne und ihren Sohn Arthur übergeben sei, weil Arthur Anspruch auf das Erbe Richards erhoben hatte. Damit wurde die erste Bresche in die Einheit des Reiches geschlagen und Johann ohne Land der erste Fehdehandschuh hingeworfen. Jetzt mußte er unverzüglich handeln. Hauptmann Mercadier stand mit seinen gascognischen Söldnern noch in Bereitschaft; er erhielt den Auftrag, die Stadt Angers zu befreien. Johann eilte inzwischen in die Normandie und bemächtigte sich auf dem Weg dorthin der Stadt Le Mans. Bereits am 25. April gürtete er sich mit dem Schwert der Normannenherzöge und setzte sich die Krone mit den goldenen Rosen aufs Haupt. Unterdessen begaben sich Hubert Gautier und Guillaume le Maréchal nach England, um dort die Krönung vorzubereiten, die am Himmelfahrtstag, dem 27. Mai, stattfinden sollte.

Eleonore hatte indessen eine Rundreise durch ihre Lande angetreten, die bei ihrem Alter eine erstaunliche Leistung war. Sie besuchte am 29. April Loudun, war am 4. Mai in Poitiers, am Tag danach in Montreuil-Bonnin. Dann ging es weiter über Niort, Andilly, La Rochelle, Saint-Jean-d'Angély, Saintes nach Bordeaux, das sie am 1. Juli erreichte. Am 4. Juli traf sie in Soulac ein. Dieser schnelle Ortswechsel war, worauf schon E. R. Labande hinwies, nicht nur ein Beweis für Eleonores ungeheure Willenskraft, sondern bezeugt auch, in welchem Maß sie alle Anstrengungen auf sich nahm, um das Reich der Plantagenets zu erhalten. Er zeigt aber auch, wie ausgezeichnet damals die Straßen und Relaisstationen in ihrem Herrschaftsgebiet gewesen sein müssen.

Man kann sich leicht ausmalen, wie viele alte Erinnerungen dabei auf die Königin einstürmten, als sie nach fünfzig Jahren wieder durch das herrliche Land kam, das sie in ihrer Jugend so oft bereist hatte. Ihr klares Auge wird sicher die Veränderungen bemerkt haben, die sich in diesem halben Jahrhundert vollzogen hatten. In dieser Zeitspanne hatte sich nämlich gerade dieser Landstrich völlig verwandelt. Während in den angrenzenden Gebieten, im Anjou und der Normandie, oftmals der Krieg gewütet hatte, war der Westen Frankreichs, vom Poitou bis zu den Pyrenäen, immer friedlich und unbehelligt geblieben und hatte sich dabei zu einer reichen, blühenden Landschaft entwikkeln können. An den Bach- und Flußläufen, wo zu Beginn des Jahrhunderts nur vereinzelt Mühlen gestanden hatten, gab es jetzt deren Hunderte. Aber die Wasserkraft diente nicht nur zum Mahlen von Getreide und Senfkörnern; sie setzte auch die Blasbälge und Hammerwerke der Schmiede in Bewegung, rührte die Gerberlohe und rieb den Färbern die Farbe. Sie braute Bier, brach Hanf, walkte Tuch und betrieb sogar die Sägen und Drehbänke der Tischler. Viele Arbeiten, die früher von Hand gemacht werden mußten, konnte jetzt zu Nutz und Frommen der Bevölkerung die Wasserkraft übernehmen. Der allgemeine Wohlstand machte sich auch in einer regen Bautätigkeit bemerkbar. Überall sah man die neuen, großartigen Konstruktionsformen, die Spitzbögen und Kreuzgewölbe, entstehen. Den ersten Anstoß dazu hatte der fortschrittliche Abt Suger gegeben, als er 1152 den Chor von Saint-Denis umbauen ließ. Immer höher und immer heller wurden jetzt die Kirchen. Mauern wurden kühn durchbrochen, Stein war ein schwereloser, leicht zu bearbeitender Baustoff geworden.

Die Plantagenets waren in ihrem Hoheitsgebiet allenthalben mit gutem Beispiel vorangegangen, weil sie den Abteien reiche Schenkungen machten. Die Kathedrale und der Herzogspalast in Poitiers wurden von ihnen umgebaut, Angers und Château-Gaillard von ihnen befestigt. Die Markthallen in Saumur und die Brücke über die Vienne in Chinon sind ihr Werk. Den Plantagenets ist auch der Bau des Deiches in Ponts-de-Cé, der den Lauf der Mayenne reguliert, zu danken. Sie erbauten zahlreiche Hospitäler und viele ganz neue Ortschaften, wie etwa das von Richard gegründete Saint-Rémy-de-la-Haye an der Creuse oder die Stadt Château-Gaillard. Die Baumeister aus dem Westen Frankreichs waren sehr geschickte Ingenieure. Einer von ihnen, ein Domherr von Saintes, war es denn auch, der zwei Jahre später die große Brücke in London umgebaut hat.

Am auffallendsten war zu jener Zeit wohl, wie der Handel und die Städte aufblühten, gleichzeitig aber auch die landwirtschaftlichen Gebiete höhere Erträge abwarfen. So stetig wie die

Bevölkerung wuchs, so stetig bemühte man sich auch, die Erzeugnisse der bäuerlichen Landstriche zu vermehren. Immer mehr Ländereien wurden urbar gemacht, die Schafzucht entwickelte sich, die Wälder wurden besser genutzt. Was uns aber heute – nach Jahrhunderten – am meisten erstaunt, ist die Tatsache, daß damals so viele neue Ansiedlungen entstanden. Man ließ die Städte nicht ins Uferlose wachsen, sondern gründete lieber neue. Sie entstanden allerorten, so daß Stadt und Land eine harmonische Beziehung hatten, kein Mißverhältnis zwischen überfüllten Städten und verwaisten Landstrichen aufkommen konnte.

Das Aufblühen der Städte, die genau wie die Burgen von schützenden Mauern umgeben waren, ist wohl eines der wichtigsten Bilder jener Epoche. Das ist auch sicher Eleonore nicht entgangen, obwohl man ja im allgemeinen einen gewissen zeitlichen Abstand benötigt, um über eine historische Periode urteilen zu können. Es ist immer wieder erstaunlich festzustellen, wie sehr diese Frau ihrem Zeitalter verwachsen war, trotzdem aber kritischen Auges die Grundzüge seiner Entwicklung zu erkennen vermochte.

Im Verlauf der Reise durch ihr Hoheitsgebiet geschieht nämlich etwas sehr Bemerkenswertes: Sie erfüllt selbstverständlich zunächst ihre Aufgabe als Lehnsherrin. Sie hilft, wenn nötig, den Entrechteten; zum Beispiel gibt sie in Montreuil den Nonnen von Sainte-Croix die Wälder zurück, die man ihnen wegen der Jagd abgenommen hatte. Sie schlichtet Streitigkeiten und hat sogar Gelegenheit, Lehnshoheiten neu zu übertragen, denn sie tauscht mit dem Herrn Raoul de Mauléon die Domäne Talmond gegen alle seine Rechtsansprüche auf La Rochelle. Sie bestätigt, wie üblich, die Schenkungen an kirchliche Institutionen: an Montierneuf, an Saint-Eutrope in Saintes, an La Sauve und Sainte-Croix in Bordeaux. Aber vor allem verleiht sie – und das eben ist der erstaunliche Zug an ihr – überall an die Gemeinden Freibriefe und befreit damit die Bürger von ihren Abgabeverpflichtungen gegenüber dem adligen Stadtherrn. So erhielten alle bedeutenden Städte nacheinander die Stadtrechte und damit die von den Bürgern so sehr geschätzten Privilegien. Eleonore selbst war bei der Wahl des ersten Bürgermeisters von La Rochelle, eines gewissen Guillaume de Montmirail, anwesend. Welche Gedanken mögen sie bewegt haben, als sie Poitiers die Stadtrechte verlieh? Rund sechzig Jahre vorher hatte sie sich über die Arroganz der Bürger dieser Stadt empört und die vornehmsten Familien mit harten Strafen belegt. Sie verlangte damals sogar zweihundert junge Männer und Mädchen als Geiseln und nahm es dem Abt Suger und ihrem ersten Gemahl, König Ludwig von Frankreich, sehr übel, daß diese Maßnahme von ihnen aufgehoben wurde.

Jetzt ergreift Eleonore selbst die Initiative, um den Bürgern die ersehnten Freiheiten zu gewähren. Man sieht daraus, wie sehr sie sich im Laufe der Jahre hat umstellen müssen. Zwischen der kapriziösen, frivolen jungen Frau und der alten Königin liegt eine lange Folge von Erfahrungen, nur wenigen angenehmen und sehr vielen schmerzlichen, die dennoch nicht umsonst waren. Sie ist jetzt in einem Alter, das Mutlosigkeit, Verzweiflung und sinnlose Reminiszenzen an die Vergangenheit gerechtfertigt hätte. Aber sie besitzt, im Gegenteil, jetzt eine große Weisheit, weil sie aus ihren Erfahrungen gelernt hat und immer wieder etwas Nützliches tut, auch wenn rings um sie ihr ganzes Lebenswerk zusammenzustürzen droht.

Folgenden Text diktiert sie wörtlich ihrem Kaplan Roger, einem treuen Diener (für den sie später in Fontevrault eine Pfründe in der Kapelle Saint-Laurent stiftet) – vielleicht auch einem ihrer anderen Schreiber, Josselin oder Renoul:

»Wir gewähren und geloben allen Männern von La Rochelle und ihren Nachkommen die Freiheiten einer Stadt, damit sie ihre Rechte besser schützen und unangetastet bewahren können. Wir wünschen, daß ihre Sitten und Gebräuche in Freiheit erhalten bleiben und daß sie dafür, und um ihre und unsere Rechte sowie die Rechte unserer Erben zu schützen, die unumschränkte Gewalt in ihrer Gemeinde gegen jedermann selbst ausüben, unter Bewahrung der Treue gegen uns ...«

Alle Städte, die sie besucht, sowie die Insel Oléron erhalten einen solchen Freibrief nach dem Muster der berühmten *Etablissements de Rouen;* durch sie hatte die stolze normannische Stadt dreißig Jahre zuvor als erste die Stadtrechte bekommen. Mit dieser Geste erfüllte Eleonore die höchsten Wünsche der Bürger; zugleich tat sie aber – und das muß man unbedingt betonen – damit etwas sehr Kluges. Denn dadurch, daß sie sich mit den Städten gut stellte, erreichte sie von ihnen beachtliche militärische Hilfe. Sie befreite sie zwar von den früheren Auflagen, aber sie verpflichtete sie, ihre Verteidigung jetzt selbst zu übernehmen. Auf diese Weise schuf Eleonore neben der Lehnsmacht, die bisher allein die militärischen Streitkräfte stellte, noch eine bürgerliche Miliz für das Königreich. Das war ein so genialer Einfall, daß König Philipp II. von Frankreich ihn sogleich nutzbringend für seine Gebiete anwendete. Als er den Einwohnern von Tournai die Freiheit gab, erklärte er ihnen bei dieser Gelegenheit genau, daß sie »dreihundert gut bewaffnete Mann Fußvolk« aufstellen müßten, deren Dienste er gegebenenfalls beanspruchen werde.

Über die Fähigkeiten ihres Sohnes Johann machte sich Eleonore keine Illusionen, ebensowenig über das, was der Adel von ihm hielt. Das Lehnsband ist eine persönliche Beziehung; Johann verkörperte in seiner Person jedoch nichts, was einen Vasallen hätte veranlassen können, seinem Herrn die Treue zu halten. Deshalb blieb nur übrig, ihm durch das Bündnis mit dem Bürgertum der Städte eine gewisse militärische Reserve zu verschaffen.

Aber Eleonore tat noch mehr. Zum Abschluß ihrer großartigen politischen Tournee, durch die sie ihr Land wieder fest in die Hand bekam und sich dabei durch die Verleihung der Freibriefe als großmütige Herrin erwies, erschien sie zwischen dem 15. und 20. Juli vor Philipp August, um ihm für ihre Länder zu huldigen. Diesen Eid war sie ihrem obersten Lehnsherrn, dem König von Frankreich, ohne Zweifel schuldig; aber daß sie ihn unter diesen Umständen erneuerte, war ungemein klug. Sie gab damit zu erkennen, daß sie, die Herrscherin über fast den gesamten Westen Frankreichs, von der Loire bis zu den Pyrenäen, zwischen dem König von Frankreich und dem König von England stand, den beiden um den Vorrang kämpfenden Rivalen. Dadurch daß sie diese Geste, zu der sie verpflichtet war, im voraus tat, nahm sie König Philipp August jeden Vorwand, diesen bedeutenden Teil des Hoheitsgebiets der Plantagenets anzugreifen.

Die zeitgenössischen Chroniken geben über diese Szene nur einen nüchternen Bericht, ohne nähere Einzelheiten. Man hätte gern gewußt, wie das Zeremoniell ablief, in welchem Rahmen es sich abspielte, welche Barone Eleonore begleiteten, als sie diese Huldigung vollzog und ihre zarte Altdamenhand in die groben Hände des Königs legte, der ihr Sohn hätte sein können. Den Blick kann man sich wenigstens vorstellen, den die beiden wechselten, als sie sich wieder erhob und er ihr, wie es der Brauch war, die Hand küßte.

Sie machten sich alle beide nichts vor. Zwischen ihnen lag eine Welt an Berechnung und ehrgeizigen Plänen. Die Geste der Königin war eine Kampfansage; und was den König anlangt, so wartete er nur auf eine Gelegenheit, seine Pläne verwirklichen zu können.

Jedenfalls konnte Eleonore, als sie am 30. Juli in Rouen mit ihrem Sohn Johann ohne Land zusammentraf, sich rühmen, daß sie alles nur Mögliche getan hatte, um ihm das Königreich zu erhalten. Wirklich alles, bis zu der Selbstentäußerung, die sie für die Zusammenkunft mit Philipp August in Tours aufgebracht hatte.

Es scheint, als habe Johann doch gespürt, welche Seelengröße Eleonore durch diesen Akt mütterlicher Opferbereitschaft bewiesen hat. Die Vereinbarung, die er mit seiner Mutter trifft, trägt einen Hauch von Sohnesliebe, den man bei ihm kaum erwartet hätte. »Wir wollen«, sagt er, »daß sie zeit ihres Lebens das Poitou besitze ... und wir wollen, daß sie Herrin über alle Länder sei, die zum Königreich gehören, aber auch Herrin über uns und unsere eigenen Länder und Besitztümer.«

Zur Zeit bewegte Eleonore außer der Politik auch noch eine andere Sorge. Sie hatte ihre Tochter Johanna in Niort in Empfang genommen. Diese hatte vor drei Jahren, im Oktober 1196, in zweiter Ehe den Grafen Raimund VI. von Toulouse geheiratet. Vielleicht hatte Eleonore in dieser Heirat die Verwirklichung eines ihrer frühesten Träume erblickt, nämlich die Oberherrschaft über das Gebiet von Toulouse zu bekommen. Die Ehe konnte aber nicht gut gehen. Raimund VI. war eine ebenso traurige Figur wie sein Vater. Er hatte weder in seinem öffentlichen Auftreten noch privat die entfernteste Ähnlichkeit mit dem Idealbild eines höfischen Ritters. Johanna war seine vierte Gemahlin. Die erste hatte er begraben, die zweite in ein Waldenserkloster gesperrt und die dritte wenige Monate nach der Hochzeit verstoßen, um dann die beträchtliche Mitgift – bestehend aus der Stadt und der Landschaft Agen –, mit der König Richard seine Schwester ausgestattet hatte, mit leichter Hand in Besitz zu bekommen. Bald darauf war Raimund in seine alten Gewohnheiten zurückgefallen. Er führte ein ausschweifendes Leben und befand sich dauernd mit dem einen oder anderen Vasallen in Konflikt, weil Wortbruch zu seiner Familientradition gehörte. Johanna hatte ihm einen Sohn, den zukünftigen Raimund VII., geschenkt. Jetzt war sie zum zweitenmal schwanger und mußte dabei, fast allein, die Herren von Saint-Félix im Gebiet von Lauraguais zur Räson bringen, weil ihr Gemahl im oberen Languedoc irgendwelchen dunklen Geschäften nachging. Die Sache war schlecht gelaufen; bei der Belagerung der Burg Cassès wurde sie von ihren eigenen Leuten verraten, die das Lager in Brand steckten. Es war ihr gelungen zu fliehen. Da sie wußte, wie wenig sie auf die Hilfe ihres Gatten zählen durfte, war ihr der Gedanke gekommen, ihren Bruder, König Richard, um Hilfe anzugehen. Unterwegs hatte sie die Nachricht von seinem Tode erhalten. Völlig erschöpft und verzweifelt traf sie schließlich mit ihrer Mutter im Poitou zusammen. Eleonore schickte sie zunächst nach Fontevrault, damit sie sich ein wenig erhole; dann ging Johanna nach Rouen. Dort mußte sie sich gleich nach ihrer Ankunft zu Bett legen. Sie machte ihr Testament und kündigte ihrer verblüfften Umgebung an, daß sie in Fontevrault den Schleier nehmen werde. Vergeblich versuchte der Erzbischof von Canterbury, Hubert Gautier, der mit Johann nach Rouen gekommen war, sie von ihrem Vorhaben abzubringen. Johanna beharrte auf ihrem Entschluß, so daß schließlich die Äbtissin von Fontevrault verständigt wurde und man nach den kanonischen Regeln verfuhr. Johannas Gesundheitszustand wurde immer schlechter, je näher der Zeitpunkt der Entbindung rückte. Auf dem Krankenbett nahm sie den Schleier und legte die Gelübde ab. Wenige Tage später schloß Eleonore ihrer Tochter die Augen. Es gelang übrigens, Johanna kurz nach ihrem Hinscheiden noch von dem Kinde zu entbinden, das sie trug. Es lebte gerade so lange, bis es getauft werden konnte. Johanna starb im Alter von vierunddreißig Jahren, fünf Monate nach ihrem Bruder Richard.

Ein Jahr zuvor, am 11. März 1198, war Marie von Champagne gestorben. Innerhalb von zwei Jahren hatte Eleonore die drei Kinder verloren, die ihr am nächsten gestanden hatten. Alix von Blois war schon früher dahingegangen, und Eleonore machte ihrer Enkelin, die auch Alix hieß und Nonne in Fontevrault war, eine Schenkung zur Erinnerung an ihre verstorbene Mutter. So blieben von den zehn Kindern, die Eleonore geboren hatte, nur der eine unzuverlässige Sohn übrig, der immer noch Johann ohne Land hieß, und die Tochter, die ihren Namen trug und im fernen Kastilien verheiratet war.

22
Königin Blanca

Dieus, donatz mi saber et sen ab qu'ieu aprenda
Vostres sanhs mandamens e.ls auja e.ls entenda,
E.l vostra pietatz que.m gueris que.m defenda
D'aquest segle terre
Que no.m trabuc ab se;
Quar ie.us ador e.us cre,
Senher, e.us fauc ufrenda
De me e de ma fe;
Qu'aissi.s tanh e.s cove;
Per so vos crit merce
E de mos tortz esmenda.

Folquet de Marseille

Man könnte meinen, Eleonore wäre nach diesem für sie so bewegten und so tragischen Jahr 1199 völlig gebrochen und mutlos gewesen. Es war ihr ja nichts erspart geblieben, weder persönliches Leid noch die Aufregungen am politischen Horizont, der auf einmal sehr viel dunkler geworden war, als sie befürchtet hatte.

Dennoch findet man die Königin, wenn man ihren Spuren in den Urkunden folgt, im folgenden Winter wieder auf Reisen. Mit nahezu vierundachtzig Jahren überschreitet sie die Pyrenäen und begibt sich zu ihrer jüngsten Tochter, der anderen Eleonore, die mit dem König Alfons VIII. von Kastilien vermählt ist.

Wenige Monate nach dem Tode Johannas, die nun ebenfalls unter den Gewölben von Fontevrault ruht, hat nämlich ein neuer Plan Gestalt gewonnen, den Eleonore unbedingt verwirklichen möchte – Johann ohne Land hatte eine Zusammenkunft mit Philipp August, nach der dieser auf weitere Feindseligkeiten in der Normandie verzichtete und von sich aus vorschlug, Frieden zu schließen. Einer seiner angevinischen Vasallen, Guillaume des Roches, mit dem er fest gerechnet hatte, war nämlich abgefallen und hatte sich den Plantagenets angeschlossen. Außerdem bedrohte der Graf von Flandern Philipps Lehnsgebiete im Artois. Vor allem aber hatte Philipp ernste Auseinandersetzungen mit dem Heiligen Stuhl. Der Papst hatte ihn aufgefordert, seine Gemahlin Ingeborg von Dänemark wiederaufzunehmen. Dagegen hatte sich der König bisher gesträubt und sogar eine neue Ehe mit Agnes von Meran, der Tochter eines Reichsfürsten, geschlossen. Am 13. Januar 1200 wurde deswegen über Frankreich das päpstliche Interdikt verhängt. Da Philipp sich außerstande sah, den Kampf gegen England fortzusetzen, hatte er sich in aller Eile mit seinem Gegner ausgesöhnt.

Nun machte Eleonore sich mit einer ansehnlichen Eskorte auf den Weg; in ihrer Begleitung befanden sich unter vielen anderen der Erzbischof von Bordeaux, Elie de Malemort, und der Söldnerhauptmann Mercadier, der letzte Kampfgefährte des Königs Richard. Im Friedensvertrag zwischen Frankreich und England war nämlich vorgesehen, daß Ludwig, der französische Thronerbe, eine Tochter der Eleonore von Kastilien heiraten solle. Ein ähnlicher Plan war während der letzten Verhandlungen zwischen Richard und Philipp schon einmal erörtert worden. Damals wurde die Sache nicht weiter verfolgt. Aber diesmal bricht Eleonore sofort nach dem Friedensschluß auf, und ihre Reise geht wieder mit solcher Geschwindigkeit vor sich, daß sie bereits Ende Januar in Kastilien ankommt. Dabei wurde sie unterwegs noch von dem Lusignan Hugues le Brun aufgehalten, der die Gelegenheit wahrnahm und sich erst mit der Grafschaft Marche belehnen ließ, bevor er der Königin die Reise durch sein Hoheitsgebiet gestattete.

Warum diese Eile? Man geht gewiß nicht fehl in der Annahme, daß jemand, der mit vierundachtzig Jahren einen solchen Plan im Kopf hat, ihn auch möglichst bald verwirklicht sehen möchte. Trotzdem wundert man sich, daß Eleonore auf einmal so angelegentlich um ein Projekt bemüht ist, dem sie vorher kaum Beachtung geschenkt hat: Als Richard damals vorschlug, eine seiner Nichten mit dem französischen Thronerben zu verheiraten, hatte Eleonore sich nicht weiter darum gekümmert. Nun faßt Johann den gleichen Plan, und schon macht sie sich entschlossen selbst auf den Weg, um eine ihrer Enkelinnen abzuholen – obwohl eigentlich solche Heiratsprojekte damals meist von einem Kirchenfürsten betrieben und ausgeführt wurden. Ein Prälat wie Elie de Malemort, ein treuer Anhänger der Plantagenets, wäre durchaus der rechte Mann für eine solche Mission gewesen.

Vielleicht freute sich Eleonore nach den vielen Trauerfällen, die sie gerade erlebt hatte, darauf, endlich die einzige Tochter wiederzusehen, die ihr noch geblieben war.

Möglicherweise steckt aber noch etwas anderes hinter diesem unter so schwierigen Umständen unternommenen Vorhaben als der bloße Wunsch nach einem Familientreffen. Wie damals, als sie Berengaria von Navarra abholte und nach Sizilien brachte, handelt Eleonore auch jetzt wieder gleichermaßen als Mutter und als Königin. Deutlich steht obenan die Sorge um den Frieden, den sie dem Königreich mit allen Kräften bewahren möchte. Solange Richard lebte, hatte Philipp August in ihm einen Gegner, der ihm gewachsen war. Deshalb war das Reich der Plantagenets vor ihm sicher. Richards Tod aber hatte die Lage völlig verändert; jetzt war alles zu befürchten, und man mußte sich auf alles gefaßt machen. In ein paar Jahren konnte das schöne Reich, das durch die Verbindung von Eleonore und Heinrich geschaffen worden war, zerstört sein. Deshalb liegt Eleonores Reise über die Pyrenäen auf der gleichen Linie wie alles, was sie unternommen hat, seitdem sie vor über einem Jahr ihren Alterssitz Fontevrault verlassen hat. Um das Königreich zu erhalten, um zu retten, was zu retten ist, hat sie ihrem Sohn Johann in den Bürgern der von ihr privilegierten Städte neue Bundesgenossen gewonnen. Sie hat ihn mit Guillaume des Roches ausgesöhnt und von sich aus die Geste gemacht, dem König von Frankreich als ihrem obersten Lehnsherrn zu huldigen, wodurch er in gewisser Weise gezwungen wurde, die Länder Poitou und Aquitanien zu beschützen. Und nun will sie weiterhin den Frieden fördern, indem sie das kostbarste Unterpfand für das Bündnis holt, die Braut des Thronerben Ludwig von Frankreich.

Der englische Historiker Powicke, der diese verschiedenen Episoden im Epos der Plantagenets meisterhaft abgehandelt hat, arbeitet sehr scharfsinnig den Anteil der Frauen an diesem entscheidenden Wendepunkt der Geschichte heraus. Hinter den Kulissen des Kampfes zwischen Philipp und Johann spielte sich zwischen Eleonore und ihrer Schwiegertochter Konstanze von Bretagne noch ein zweiter Streit ab. Philipp verfocht nämlich die Sache des jungen Arthur von Bretagne, Konstanzes Sohn. Allerdings war das nur ein Vorwand für seine eigenen Absichten auf die Normandie. Wie wir schon sahen, hatte sich ja bei Richards Tod für die Lehnsfürsten das Problem gestellt, ob sie Heinrichs jüngsten Sohn oder seinen Enkel zum König wählen sollten. Guillaume le Maréchal hatte die Frage von sich aus schnell und so, wie es damals üblich war, entschieden. Konstanze konnte dagegen anführen, daß Johann ja jünger war als ihr verstorbener Gemahl Gottfried; infolgedessen beanspruchte sie das ganze Erbe für ihren nachgeborenen Sohn Arthur.

Diese Konstanze ist eine ziemlich merkwürdige Figur. Einige Zeit nach Gottfrieds Tod heiratete sie Ranulf von Chester, einen englischen Adeligen, der sie jedoch unter ungeklärten Umständen verließ, nachdem er sie sogar eine Zeitlang in der normannischen Burg Saint-James-de-Beuvron eingesperrt hatte. Später, im Jahre 1199, kurz nach Richards Tod, heiratete Konstanze den poitevinischen Edelmann Guy de Thouars. Ihr Sohn Arthur wuchs am französischen Hof auf. Konstanzes immer sehr heftige Antipathie gegen die Familie ihres ersten Gatten stimmte zu gut mit Philipps eigenen Interessen überein, als daß er auf ihre Partnerschaft verzichtet hätte.

Im Hintergrund spielen noch andere weibliche Gestalten eine Rolle. Da ist vor allem die unglückliche und verlassene Ingeborg, die, vom Papst unterstützt – jetzt ist es der sehr energische Innozenz III. –, gegen das ihr widerfahrene Unrecht protestiert. Dann ist da auch noch ihre Rivalin Agnes von Meran, von der Philipp zwei Kinder hat. Der Sohn heißt ebenfalls Philipp, und man nennt ihn *Hurepel*, »Struwwelkopf«, weil er den wilden Haarwuchs seines Vaters geerbt hat. Die Tochter Marie wurde von Philipp dem Erben der Bretagne bestimmt. Schließlich gibt es noch Berengaria von Navarra, Richards Witwe, eine etwas blasse Gestalt, die es nie verstanden hat, ihren unverbesserlichen Gemahl zu bändigen. Jetzt verlangt sie unablässig ihr Witwengeld, was ihr Johann schließlich zugesteht. Es ist eine Jahresrente von zweitausend Silbermark, dazu zwei Schlösser im Anjou und eines in Bayeux.

Aber es erscheinen noch zwei weitere Frauen auf dem Plan. Zunächst die kastilische Blanca, die Braut, die Eleonore aus Spanien herbeiholt, und zum andern Isabella von Angoulême, deren Auftritt in der Geschichte eine Flut von Ereignissen zur Folge hat und letzten Endes zum Zerfall des Reiches der Plantagenets führen sollte.

Isabella war ursprünglich mit jenem Hugues le Brun, dem Herrn von Lusignan, verlobt, der sich seinerzeit von Eleonore bei ihrer Durchreise die Grafschaft Marche zu Lehen geben ließ. Jetzt hatte dieser etwa vierzigjährige Mann durch seine junge, erst vierzehnjährige Verlobte berechtigte Aussicht, auch die Grafschaft Angoulême zu erben. Das Glück schien ihm hold.

Aber nun hat er den unglücklichen Einfall, seinen obersten

Lehnsherrn, den König von England, zu seiner Verlobung einzuladen. Johann ohne Land steckt gerade zu der Zeit selbst in Eheschwierigkeiten. Er hat beschlossen, seine Ehe mit Havise von Gloucester, die ihm keine Kinder geschenkt hat, aufzulösen, und hat eine Gesandtschaft zu König Sancho von Portugal geschickt, die ihn um die Hand einer seiner Töchter bitten soll. Bei den Festlichkeiten in Lusignan wird ihm Isabella von Angoulême vorgestellt. Zwei Monate später, am 23. August 1200, erfährt die Welt zu ihrem Erstaunen, daß Hugues le Brun von Johann in diplomatischer Mission nach England geschickt wurde und der König, mit Billigung des Grafen Aymar von Angoulême, dessen junge Tochter Isabella geheiratet hat.

Man kann sich vorstellen, wie der poitevinische Adel, der so sehr auf seine Unabhängigkeit bedacht war und bei jeder passenden Gelegenheit damit auftrumpfte, auf diesen Streich reagiert haben mag. Die Angelegenheit hatte unabsehbare historische Folgen; denn Isabella ist eine jener starken weiblichen Persönlichkeiten, deren es in der Feudalzeit viele gibt und die einen großen Einfluß auf das politische Geschehen haben.

Diese Heirat, die trotz der Zustimmung des Vaters einer Entführung gleichkommt, ist der erste Auftakt für das Auseinanderfallen des Reiches. Er löst die persönliche Bindung, auf der die Treue der Vasallen beruht. Die Barone, die bisher noch unentschlossen waren, stehen nun dem König von England entschieden feindselig gegenüber.

Mittlerweile tritt noch ein folgenschweres Ereignis ein, durch das auf den Thron von Frankreich eine andere bedeutende Frau gelangt. Wir sahen zuletzt, wie Eleonore über die Straßen Altkastiliens zog. Ihre Tochter und ihre Enkelkinder traf sie wahrscheinlich in Burgos oder auf einem der Schlösser in der Umgebung. Eleonore von Kastilien hatte von ihrem Gemahl Alfons VIII. elf Kinder. Sie hielten einen glänzenden und heiteren Hof, wo der Geist und die Atmosphäre von Poitiers ein wenig wiederauflebten. Auch Kastilien war damals, neben Katalonien, ein Land, in dem die Troubadoure mit offenen Armen empfangen wurden. Einer von ihnen, Raimon Vidal de Bezalu, hat in einem Gedicht ein solches schöngeistiges Treffen am Hofe Alfons' VIII. genau geschildert.

Die jüngere Eleonore hat den Vorsitz; sie ist schön und zurückhaltend. Sie trägt ein purpurrotes, mit einem Silberband gesäumtes Seidenkleid. So erscheint sie vor dem Hof, wo viele

Ritter und Sänger versammelt sind, verneigt sich vor dem König und nimmt nicht weit von ihm Platz. Gemeinsam hören sie zu, wie der Minnesänger seine *nouvelle* erzählt; sie ist so schön, daß alsbald jeder am Hof, »Barone und Ritter, Junker und Jungfräulein«, sie auswendig weiß.

Unter den Hofbeamten von Alfons und Eleonore war auch Guilhem de Berguedan, ein sehr begabter Dichter, aber unverbesserlicher Schürzenjäger und Don Juan, der auch, wiewohl ohne Hoffnung, für die Königin schwärmte. Zur Hofhaltung gehörte ferner Folquet von Marseille, der später in einen Orden eintrat und Erzbischof von Toulouse wurde, und – außer bekannten Namen wie Perdigan, Peire Roger, Guiraut de Calanson – Peire Vidal, der unermüdlich Loblieder auf diesen so aufgeschlossenen Hof und auf die Freigebigkeit des kastilischen Königspaares singt.

Bei dem Aufenthalt an diesem Hof muß sich Eleonore nach den vergangenen stürmischen Jahren wie in einer Oase, einem ruhigen Hafen vorgekommen sein. Dort war wieder Jugend, Heiterkeit und Poesie um sie. Kein Wunder, daß sie über zwei Monate bei ihrer Tochter blieb.

Während der Fastenzeit wurden ja sowieso keine Hochzeiten gefeiert. Obwohl ihr diesmal sehr viel daran lag, daß die Heirat möglichst bald stattfand, hatte sie demnach doch keinen Grund, vor Ostern, das heißt vor dem 9. April, in ihre Länder zurückzukehren. Das Überraschende dabei ist, daß sie beim Abschied von dem glücklichen kastilischen Hof ein anderes Mädchen mitnimmt als das, das sie eigentlich abholen wollte. Die jüngere Eleonore hatte nämlich drei Töchter im heiratsfähigen Alter, also zwischen elf und fünfzehn Jahren: Berengaria, Urraca und Blanca. Berengaria, die Älteste, war bereits mit dem Thronerben des Königreichs Leon verlobt, daher war die zweite dem Thronerben von Frankreich versprochen worden. Doch Eleonore nimmt Blanca, die jüngste, über die Pyrenäen mit. Die Zeitgenossen betonen, daß diese Wahl, wobei die eine Braut durch eine andere ersetzt wurde, Eleonores Werk gewesen ist. Die Erklärung dafür war offensichtlich eine Ausrede: Angeblich hatte das Gefolge der Königin gemeint, die Franzosen könnten sich niemals an eine Prinzessin gewöhnen, die den erzspanischen Namen Urraca trage, während aus Blanca leicht eine Königin Blanche werden könne. Eine etwas merkwürdige Begründung in einer Zeit, wo die Königin von England einen so unenglischen Namen wie Eleonore trägt. Wie dem auch sei, die

Wahl war getroffen, und man mußte sich ihr beugen. Urraca wurde bald darauf mit dem portugiesischen Thronerben verlobt, und Blanca zog mit nach Frankreich. Sehr wahrscheinlich hatte Eleonore bei ihrem Aufenthalt in Kastilien Zeit genug, jede einzelne ihrer Enkeltöchter zu beobachten und zu beurteilen. Dabei bewies sie wieder ihren klaren, durch Alter und Erfahrung geschärften Blick. Es mag sein, daß Sympathie und eine Art Wahlverwandtschaft mitspielten – Blanca von Kastilien war im Charakter ihrer Großmutter sehr ähnlich. Vielleicht hat Eleonore aber auch erst nach reiflicher Überlegung ihre Wahl getroffen. Jedenfalls hat sie auf Frankreichs Thron die Frau gesetzt, die sich später als energische Königin und hervorragende Mutter erweisen sollte (bei der Regentschaft für ihren Sohn, Ludwig den Heiligen).

In den südlichen Gegenden war es schon Frühling, als Eleonore mit Blanca in ihre zukünftige Heimat aufbrach. Wir wissen leider nicht, worüber sich die alte Königin unterwegs mit dem jungen Mädchen, dem in dem anbrechenden 13. Jahrhundert ein so ruhmreiches Schicksal bevorstand, unterhalten haben mag; aber man kann sich denken, daß Eleonore auf Blanca einen tiefen Eindruck gemacht hat – diese Frau im doppelten Glanz zweier Kronen, Mutter zweier Könige, deren Kinder und Kindeskinder an den Höfen des Kaiserreiches und am Hof von Spanien zu finden waren.

Die Rückreise verlief ruhig, bis auf einen tragischen Zwischenfall in Bordeaux. Dort wurde der Söldnerhauptmann Mercadier bei einem Handgemenge auf der Straße getötet, während sich Eleonore und ihre Enkelin im Palast de l'Ombrière ausruhten. Mercadier war sicher auch nicht viel mehr wert als die übrigen Söldner, sämtlich Gauner und Galgenstricke, verhaßt wegen ihrer Plünderungen und ihrer Roheit. Daß die Plantagenets Söldner verwendet haben, ist zweifellos ein Flecken auf ihrer Ehre. Es hat wesentlich dazu beigetragen, daß der Krieg zwischen Philipp August und Richard mit solcher Brutalität geführt wurde. Und daß diese Plage im 13. Jahrhundert wieder verschwindet, ist ein merklicher Fortschritt.

Um auf Mercadier zurückzukommen: Seine ganze Brutalität hatte sich gezeigt, als er dem Mörder des Königs Richard, jenem Pierre Basile, erst bei lebendigem Leibe die Haut abziehen und ihn dann hängen ließ – obwohl der König auf seinem Sterbebett befohlen hatte, dem Mann das Leben zu schenken.

Die Hochzeit Blancas von Kastilien mit Ludwig von Frankreich, dem späteren Ludwig VIII., wurde am 23. Mai in Port-Mort in der Normandie gefeiert. Es war der Ort, der der französischen Grenze am nächsten lag. In Frankreich durfte ja keine religiöse Feier stattfinden, da das Land sich noch immer unter dem vom Papst verhängten Kirchenbann befand. Eleonore nahm an der Feier nicht teil. Auf dem Rückweg aus Spanien hatte sie in Fontevrault haltgemacht und den Bischof Elie von Bordeaux damit beauftragt, ihre Enkelin weiter zu geleiten. Ihre Mission war erfüllt.

Am liebsten möchte man die Schilderung von Eleonores Leben mit dem triumphalen Hochzeitszug ihrer Enkelin an der Seite des französischen Thronerben beenden und die Königin leise im Schatten von Fontevrault untertauchen lassen.

Aber nein, dies ist noch immer nicht der letzte Akt. Noch einmal muß Eleonore die Ruhe ihres Alterssitzes aufgeben, muß noch einmal auf die politische Bühne zurück, und dies wieder unter tragischen Begleitumständen.

Zunächst schien alles ruhig. Johann ohne Land krönte am 8. Oktober 1200 seine junge Gemahlin in Westminster. Der König von Frankreich hatte offenbar die Entführung der Isabella von Angoulême gebilligt; denn noch im Laufe des Sommers 1201 empfing er das englische Königspaar auf der Ile-de-la-Cité in Paris sehr viel herzlicher, als man es, nach Aussage von Zeitgenossen, hätte hoffen dürfen. Auch Eleonore war in Fontevrault nicht untätig geblieben. Bis zum letzten Atemzug war sie bemüht, dem Reich den Frieden zu erhalten, ohne den es, wie sie genau wußte, unter Johanns Händen zerfallen würde. So war es ihr gelungen, ihn mit dem Vizegrafen von Thouars auszusöhnen, zum mindesten mit dem einen von ihnen, Amaury, dem Bruder von Guy und durch Verschwägerung Oheim des Arthur von Bretagne. Im Frühjahr 1201 schrieb Eleonore an Johann und teilte ihm mit, daß Amaury sie auf ihre Bitte hin in Fontevrault besucht habe. Sie sei zwar krank gewesen, habe aber trotzdem eine längere Unterredung mit ihm gehabt. »Die Freude über seinen Besuch hat mir wohlgetan«, berichtet sie. Beim Abschied gab er ihr das Versprechen, er werde alles tun, um unter den poitevinischen Herren Eintracht und Gehorsam aufrechtzuerhalten.

Diese Versöhnung fand zu derselben Zeit statt, da die unglückliche Konstanze von Bretagne an Lepra erkrankte. Sie starb wenige Monate später, am 4. September 1201. Kurz vorher war auch Agnes von Meran gestorben; nach ihrem Tod hätte eigentlich das Interdikt aufgehoben werden können, das wegen des Königs Lebensführung noch immer über Frankreich verhängt war. Es sah alles danach aus, als ziehe jetzt eine Ära des Friedens und der Entspannung herauf.

In Wirklichkeit hatten lediglich die innenpolitischen Schwierigkeiten, die durch das Interdikt heraufbeschworen waren, Philipp August bisher davon abgehalten, seine Gelüste auf die Normandie und das gesamte übrige Reich der Plantagenets zu befriedigen. Er kannte seinen Gegner zur Genüge und wußte deshalb, daß er nur noch auf einen günstigen Augenblick zu warten brauchte, um seine Trümpfe auszuspielen. Einer davon war der junge Arthur von Bretagne, der an seinem Hof erzogen und sorgfältig auf seine Aufgabe als zukünftiger König von England vorbereitet worden war. Durch Konstanzes Tod verlor der junge Mann eine kluge Ratgeberin; sie war bestimmt uneigennütziger als die Pariser Höflinge, deren Einflüsterungen er nun ganz und gar ausgeliefert war.

Im Jahre 1202 brach der Konflikt aus. Philipp August gab vor, die poitevinischen Barone, mit den Lusignans an der Spitze, hätten ihn zu Hilfe gerufen, weil Johann ihre Empfindlichkeit und angestammten Rechte rücksichtslos mißachtet hätte. Das war richtig: Johann hatte sich nie um die örtlichen Verhältnisse und die lokalen Traditionen der verschiedenen Gebiete gekümmert, sich den Vasallen gegenüber immer unnötig schroff gezeigt und die Burgherren hin und her versetzt, wenn ihm die Laune das eingab. Der König von Frankreich forderte deshalb den König von England, dessen oberster Lehnsherr er war, auf, an seinem Hofe zu erscheinen, um die Unstimmigkeiten zwischen ihm und seinen Baronen zu bereinigen. Da Johann sich weigerte, wurde er am 28. April *in contumaciam* verurteilt. Er bekam einen Fehdebrief, und der Krieg wurde erklärt. Einige Zeit später wurde Arthur von Bretagne von Philipp August zum Ritter geschlagen und leistete sogleich dem König von Frankreich den feierlichen Treueid, aber nicht allein für die Bretagne, sondern auch für Anjou, Maine, Touraine und Poitou. Das bedeutete die Mißachtung des Huldigungseides, den Eleonore für diese ihre Erblande bereits abgelegt hatte. So eignete sich der junge Bretone frech das Lehen an, dessen rechtmäßige Trägerin seine Großmutter Eleonore war. Das Königreich Plantagenet wurde damit auseinandergerissen; denn die Normandie war in Arthurs Lehnseid gar nicht erwähnt worden. Der

König von Frankreich hatte diese Provinz nämlich gleich für sich reserviert.

Philipp handelte nun unverzüglich. Zunächst bemächtigte er sich verschiedener Orte in der begehrten Normandie; Eu, Aumale und Gournay fielen in seine Hand. Inzwischen wurde Arthur, der darauf brannte, seine ersten Waffentaten zu leisten, von ihm mit zwanzig ausgesuchten Rittern nach Poitou geschickt, das er besetzen sollte, um sich dann mit den Streitkräften der Lusignans zu vereinigen. Eleonore wurde rechtzeitig gewarnt und beschloß, mit einem kleinen Gefolge nach Poitiers zu gehen, da sie sich in Fontevrault nicht mehr sicher fühlte. Dort, hinter den dicken Festungsmauern, hatte sie im Laufe ihres langen Lebens ja schon öfter Zuflucht gefunden.

Obwohl Eleonore ihren Entschluß wirklich schnell gefaßt hatte, kam ihr Arthur zuvor. Zusammen mit dem Vizegrafen Hugues de Châtellerault hatte er Tours bereits hinter sich gelassen und Loudun erreicht. Die Königin konnte sich noch in die Burg Mirebeau flüchten. Das Städtchen wird sofort im Sturm genommen, aber der Burgfried hält stand. Dort ist Eleonore nun mit einer Handvoll Leuten eingeschlossen. Sollte sie die Gefangene ihres Enkels werden?

Eleonore zeigt sich auch dieser Situation gewachsen. Sie läßt nicht nur an den Zinnen und Schießscharten alle verfügbaren Bogenschützen postieren, die Wachen an Toren und Brücken verstärken und auf den Türmen Wächter aufstellen; sie versteht es auch, ihre Belagerer durch Unterhandlungen hinzuhalten. Währenddessen schickt sie jedoch in aller Eile einen Boten zu Guillaume des Roches, der sich in Chinon aufhält, und einen zweiten an Johann ohne Land, der zu jener Zeit in Le Mans ist.

Johann kam in Windeseile; der Bote hatte ihn in der Nacht zum 30. Juli erreicht, und in der Morgenfrühe des 1. August war Johann bereits dicht vor Mirebeau. Arthur und seine Leute hatten alle Tore des von ihnen besetzten Städtchens zumauern lassen, damit keiner der Belagerten entkommen sollte. Nur ein Tor ließen sie für ihren eigenen Nachschub offen. Sie hielten das für sehr klug und glaubten, ihrer Beute sicher zu sein. Man erzählt, daß Ritter Geoffroy de Lusignan sich gerade mit einer Schüssel gebratener Tauben zu Tisch gesetzt habe, als ihm gemeldet wurde, daß die Truppen des Königs von England mit wehenden Fahnen herannahten. Geoffroy lachte nur und schwor, er werde sich durch eine solche Lappalie nicht stören lassen und erst seine Mahlzeit beenden. Doch dazu kam er nicht mehr. Er wurde samt Arthur und den etwa tausend Mann, die die Burg belagerten, buchstäblich wie in einer Mausefalle gefangen. Es blieb ihnen nicht einmal die Zeit, sich zu wehren.

Damit war Eleonore gerettet und in Sicherheit. Aber niemand konnte die harte Behandlung vorausahnen, die die vielen Gefangenen anschließend erleiden mußten. Johann hatte bei dieser Gelegenheit zwar bewiesen, daß er, wenn es darauf ankam, wie ein echter Kriegsmann schnell und umsichtig handeln konnte; aber was nun folgte, enthüllt die wahrhaft teuflische Grausamkeit, deren er fähig war. Den unglücklichen gefangenen Rittern blieb keine Demütigung erspart. Johann ließ sie an Karren binden und so auf ihre eigenen Güter bringen, wo sie in den Burgverliesen eingekerkert wurden.

Den jungen Arthur von Bretagne übergab er zunächst Hubert de Bourgh, einem seiner Vertrauten, mit dem Befehl, ihn zu blenden und zu entmannen. Aber Hubert de Bourgh lehnte ein solches Verbrechen ab. Arthur blieb als Gefangener im Festungsturm von Rouen bis zum Gründonnerstag, dem 3. April 1203. An diesem Tag drang Johann, nur von einem einzigen Mann, seinem Vertrauten Guillaume de Briouse begleitet, in den Kerker ein, in dem der Jüngling saß. Er hieß ihn mitkommen, bestieg mit ihm ein Boot, erdrosselte ihn und warf seinen Leichnam in die Seine. Niemand erfuhr etwas von dieser Tragödie. Erst etwa sieben Jahre später berichtete Guillaume de Briouse, der einzige Augenzeuge, der sich inzwischen mit Johann tödlich verfeindet hatte und an den französischen Hof geflüchtet war, von der scheußlichen Freveltat.

Kurze Zeit nach dem Verbrechen war der Klosterbruder Jean de Valérant als Bote bei Eleonore erschienen und hatte ihr ein Schreiben von Johann ohne Land gebracht, das am 16. April 1203 in Falaise datiert war. Er schrieb: »Gottlob stehen die Dinge besser, als dieser Mann Euch sagen kann ...« Eine erschreckende Botschaft, aus der man die ganze Verruchtheit und Gewissenlosigkeit dieses Menschen ersehen kann. Da der Bote von dem Verbrechen nichts wußte und die Königin ihren Sohn nie wieder sah, ist anzunehmen, daß sie starb, ohne zu ahnen, welche Scheußlichkeit sich hinter diesen Worten verbarg.

Eleonore lebte noch ein Jahr, gerade lange genug, um den Zusammenbruch des Königreichs zu erleben. Denn damals ging die Normandie, das erste und schönste Lehen der Könige von England, verloren. Durch seine barbarischen Methoden hatte

Johann inzwischen die meisten seiner Vasallen gegen sich aufgebracht, und Philipp August hatte leichtes Spiel. Guillaume des Roches selbst liefert ihm die Touraine aus, und nach Eleonores Tode wird Amaury de Thouars einen Teil von Poitou für ihn erobern.

Nach einer kurzen Zeit der Aktivität war Johann wieder in die unüberwindliche Apathie verfallen, die bei periodischem Auftreten charakteristisch für Schizophrenie ist. Er ließ es zu, daß die bedeutendsten Städte der Normandie, unter anderen Sées, Conches, Falaise, Domfront, Bayeux, Caen und Avranches, Philipp August in die Hände fielen. Als Rouen, das als letzte Stadt noch Widerstand leistete, ihn um Hilfe bat, weigerte er sich, wie wir gesehen haben, eine Schachpartie zu unterbrechen und die Abgesandten zu empfangen.

Am 6. März 1204 eroberte der König von Frankreich die starke Festung Château-Gaillard, auf die, noch vor wenigen Jahren, König Richard so stolz gewesen war.

Es wurde gesagt, diesen letzten Schock habe Eleonore nicht verwinden können; denn sie starb wenige Wochen später, am 31. März oder 1. April 1204 in Fontevrault. Starb sie wirklich aus Verzweiflung? Dann stünde ihr Tod eigentlich im Mißverhältnis zu ihrem Leben; denn bisher gab es keine noch so schlechte Nachricht, keinen Rückschlag, keinen Kummer, bei dem sie nicht sofort gehandelt hätte, um die Scharte auszuwetzen, die zerrissenen Fäden neu zu knüpfen. Aber jetzt war sie doch wohl zu alt und ihre Gesundheit zu sehr geschwächt, als daß sie noch einmal Widerstand geleistet hätte.

Man geht aber in der Annahme nicht fehl, daß dieses letzte für sie so grausame Ereignis sie nicht überraschte. Es war ja nicht mehr zu vermeiden. Als Richard ohne Erben starb, war das Ende des mächtigen Reiches der Plantagenets besiegelt. Das konnte Eleonore besser voraussehen als jeder andere. Sie wird sich über Johann keine Illusionen gemacht haben, auch wenn sie ihre Pflicht als Königin und Mutter ihm gegenüber erfüllte und ihm alle möglichen Bundesgenossen verschaffte – sogar neue erfand, wie etwa die Bürger der privilegierten Städte. Johann hatte nicht das Zeug zu einem König. In seinen Händen war das Reich dem Untergang geweiht.

Deshalb war die letzte große Tat ihres Alters, jene überraschende und erfolgreiche Reise nach Kastilien, die sie unbedingt selbst machen wollte, ein Unternehmen gewesen, bei dem sie noch einmal ihren überlegenen, durch viele Erfahrungen geschliffenen Verstand hatte beweisen können. Dabei folgte Eleonore vielleicht auch nur ihrem Wunsch nach Frieden zu einer Zeit, wo der Frieden zur Erhaltung des Königreiches unerläßlich war. Immerhin war sie es, die Blanca von Kastilien auf den Thron von Frankreich brachte und gerade diese junge Frau, und keine andere, für den Platz aussuchte, den sie selbst einmal innegehabt hatte.

In früheren Jahren hatte sie wohl einmal die ehrgeizige Hoffnung genährt, daß ihr Sohn Heinrich durch seine Heirat mit der jungen Margarete einst Frankreich regieren werde. Jetzt wurde dieser Zusammenschluß unter dem Druck der Ereignisse zur Wirklichkeit, wenn auch im umgekehrten Sinn: weil es jetzt der zukünftige König von Frankreich war, der eine Prinzessin aus Eleonores Geblüt heiratete.

Eine Zeitlang sieht es dann auch wirklich so aus, als ob der Zusammenschluß unter Frankreichs Führung gelingen sollte. Eines Tages landet nämlich Ludwig VIII., der Gemahl der Königin Blanca, in England. Er wird dabei von den englischen Baronen unterstützt, die die Herrschaft des finsteren Psychopathen Johann ohne Land nicht mehr ertragen können. Erst später wird Blancas Sohn, Ludwig IX. der Heilige, eine gerechte Lösung finden, weil er – was in der Geschichte fast ohne Beispiel ist – sich selbst überwindet. Im Vertrag von 1259 nämlich tritt er, um unter Eleonores Nachkommen »Liebe zu säen«, das Herzogtum Guyenne, mit der Gascogne und anderen ehemals Eleonore gehörenden Provinzen, an den Sohn von Johann, Heinrich III., ab, der dafür endgültig den englischen Ansprüchen auf die Normandie entsagt. Die beiden Herrscher bestätigen bei dieser Gelegenheit ihre gemeinsame Abstammung. So ist die Erinnerung an Eleonore noch bei dieser späten Aussöhnung der beiden Königreiche gegenwärtig.

Mochten auch die Feste Château-Gaillard fallen, die befestigten Städte eine nach der anderen erobert werden, all das war für die Königin in ihrer Einsamkeit von Fontevrault nur die Vorstufe für den letzten Verzicht auf alles Irdische, die unvermeidliche Preisgabe aller weltlichen Güter. Jetzt zählte für sie nur noch die völlige Selbstentäußerung, durch die man sich auf die Begegnung mit dem Höchsten vorbereitet.

Eleonores Abschied vom Diesseits vollzog sich nicht in Verzweiflung, sondern mit der tröstlichen Aussicht, daß ein ganz junges Mädchen, ein Sproß ihres Stammes, eine ähnliche Aufgabe übernehmen wird, wie sie selbst sie hatte, daß dieses junge

Mädchen seine Aufgabe als Frau und Königin vielleicht sogar noch besser erfüllen wird, als sie es konnte.

Der Monat April kam heran. Nach den Unbilden des Winters trieben die Bäume in Fontevrault wieder Knospen. Der sanfte Wind von Anjou brachte in den Garten der Nonnen einen Hauch ewiger Wiederkehr.

Man kann über Eleonores Person und ihre geschichtliche Funktion manches Kritische sagen. Viele haben es auch getan, bezeichneten sie als Buhldirne, als dämonisches Weib, eine von Haß getriebene Megäre. Im Lichte der historischen Unterlagen und Dokumente lassen sich jedoch derartige Urteile nicht aufrechterhalten. Was als geschichtliche Wahrheit bleibt, ist das Bild einer »unvergleichlichen Frau«, wie der Chronist Richard de Devizes sagt, einer Frau, wie sie der unbekannte Bildhauer auf ihrem Grabmal für die Nachwelt dargestellt hat. Dieses Monument findet sich in den Gewölben von Fontevrault, dem Kloster, das sie so geliebt hat. Dort nahm sie schließlich selbst den Schleier, wie es ihre Tochter Johanna und ihre Enkeltochter Alix von Blois, wie es Mathilde und Bertrade und so viele andere Witwen, Jungfrauen, große Damen oder Huren getan hatten, alle von der Ewigen Liebe getrieben, in die jede irdische Liebe einmündet. Der Bildhauer hat Eleonores Bild besser als alle Historiker, Dichter und Schriftsteller erfaßt, die es versuchten. Er hat ihr innerstes Wesen offenbart. Da liegt sie, umhüllt von den Falten ihres Kleides und ihres Mantels. Das Gesicht ist von Schleier und Kinnbinde umrahmt – sie liest in einem Buch. Das ist die hochgebildete Königin, deren geistige Interessen bis zum letzten Lebenstage wach blieben, die bis zum letzten Atemzug Troubadoure und Minnesänger inspirierte. Ihr ist der dichterische Aufschwung zu verdanken, der mit den Romanen ›Tristan und Isolde‹, ›Erec und Enide‹, ›Lanzelot‹, ›Parzival‹ den Höhepunkt des höfischen Liebeskultes brachte.

Diese immer wache, lebendige Frau verlor nie den Mut, auch nicht im Gefängnis oder bei den schlimmsten Trauerbotschaften. Bis zum letzten Augenblick erfüllt sie ihre Aufgabe als Frau, die im Bewahren, Weitergeben und in Selbstaufopferung besteht. Letzten Endes wird dann, was sie nicht hat voraussahnen können, der Inbegriff höfischen Wesens, der Höhepunkt des mittelalterlichen Feudalismus in Ludwig dem Heiligen von Frankreich, einem ihrer Nachkommen, verkörpert werden. – Sie ist die »Grande Dame«, die über sich hinauswächst, die ihre Launen, ihre Oberflächlickeit, ihre egoistische Genußsucht, sogar ihre persönlichen Ambitionen aufgibt, um nur noch für andere dazusein – die sich, wie man damals sagte, »vom Guten zum Besseren« entwickelte.

Sie sieht in dem warmen Ton ihres Grabsteins nicht wie eine Tote aus. Zu ihrer Zeit kannte man ja auch noch nicht jenen groben Realismus, der in der Renaissance aufkam und die Toten gern als Kadaver zeigte. Damals war noch jedes Bildwerk voller Leben. Dieser Zug ihrer Zeit bekommt nun eine besondere Bedeutung; denn hier in Fontevrault erwarb Eleonore, die alle Höhen und Tiefen der irdischen Liebe gekannt hat, endlich die Liebe, die alles verwandelt. Damit gewann ihr Antlitz jenen Ausdruck überirdischer Entrücktheit, den wir auf dem Bildwerk sehen. Sie war es wohl mehr wert als jede andere, daß ihr vergeben wurde, weil sie viel geliebt hatte.

Bibliographische Hinweise

Isaac de Larrey, *L'Héritière de Guyenne, ou Histoire d'Eleonor, Fille de Guillaume, dernier Duc de Guyenne* ... Rotterdam 1692

Comtesse Palamède de Macheco, *Histoire d'Eléonore de Guyenne*. Paris 1822

Louis de Villepreux, *Histoire d'Eléonore de Guyenne*. Paris 1862

E. R. Labande, *Pour une image véridique d'Aliénor d'Aquitaine*. Bulletin de la Société des Antiquaires de l'Ouest 4e série, t.II; 1952, 3e trimestre, pp. 175–234

Amy Kelly, *Eleanor of Aquitaine and the four Kings*. Harvard University Press 1950

H. G. Richardson, *The letter and charters of Eleanor of Aquitaine*. English Historical Review, no. CCXCI, vol. LXXIV, 1959, pp. 193–213

Rita Lejeune, *Rôle littéraire d'Aliénor d'Aquitaine*. Cultura Neolatina, XIV, 1954, pp. 5–57

Reto Bezzola, *Les Origines et la formation de la littérature courtoise en Occident (500–1200)*. Paris 1958–1963.

Chronicles and Memorials of Great Britain and Ireland during the Middle Ages. Rolls Series, London 1858–1899, enthaltend u. a. die Chroniken und Annalen von William of Newburgh, Gervasius von Canterbury, Roger de Hoveden, Richard de Devizes, Raoul of Coggeshall und Robert de Thorigny

England und Frankreich im 12. und 13. Jahrhundert

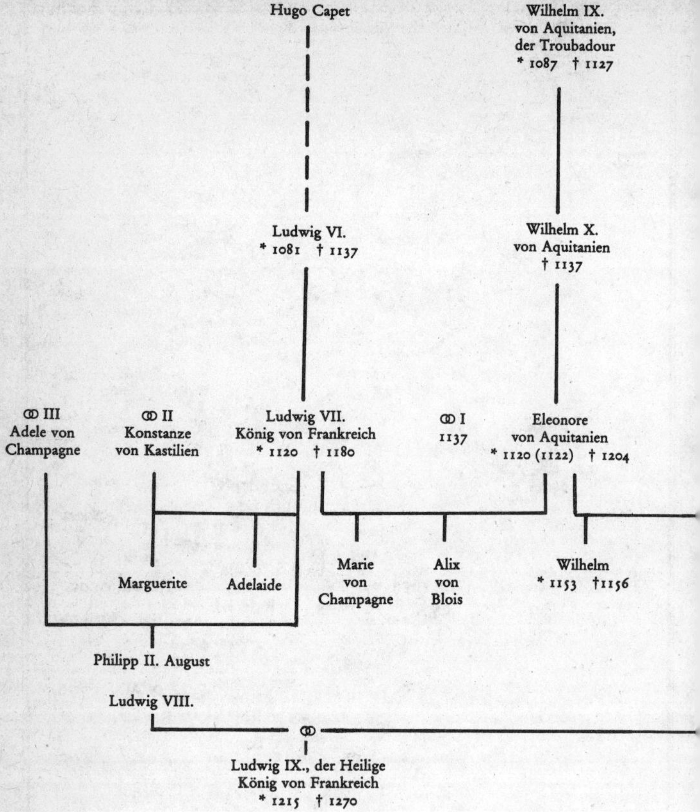
Hugo Capet
Wilhelm IX. von Aquitanien, der Troubadour * 1087 † 1127
Ludwig VI. * 1081 † 1137
Wilhelm X. von Aquitanien † 1137
⚭ III Adele von Champagne
⚭ II Konstanze von Kastilien
Ludwig VII. König von Frankreich * 1120 † 1180
⚭ I 1137
Eleonore von Aquitanien * 1120 (1122) † 1204
Marguerite
Adelaide
Marie von Champagne
Alix von Blois
Wilhelm * 1153 †1156
Philipp II. August
Ludwig VIII.
⚭
Ludwig IX., der Heilige König von Frankreich * 1215 † 1270

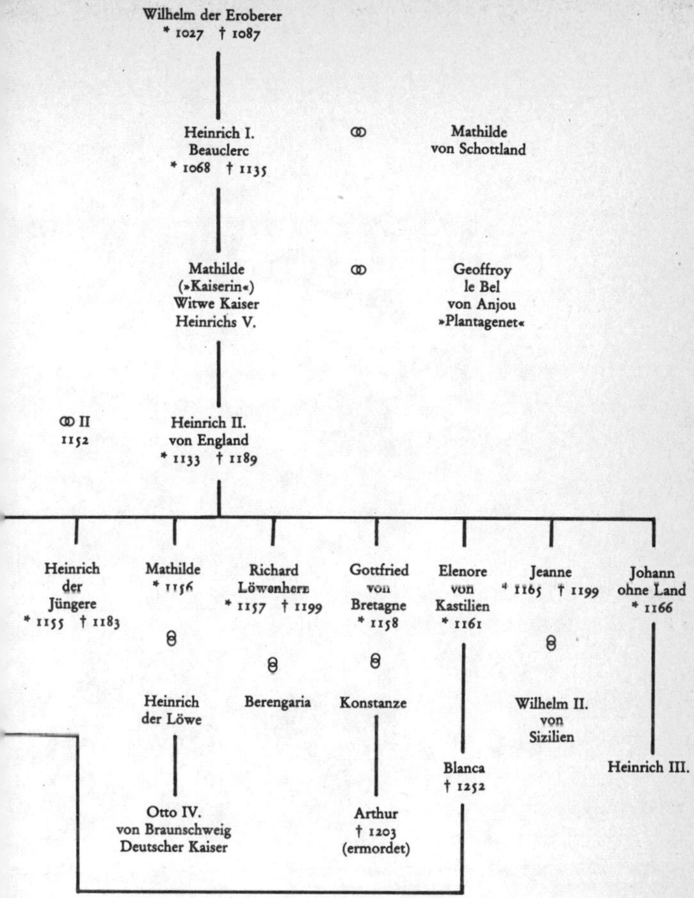
Wilhelm der Eroberer
* 1027 † 1087
Heinrich I.
Beauclerc
* 1068 † 1135
⚭
Mathilde
von Schottland
Mathilde
(»Kaiserin«)
Witwe Kaiser
Heinrichs V.
⚭
Geoffroy
le Bel
von Anjou
»Plantagenet«
⚭ II
1152
Heinrich II.
von England
* 1133 † 1189
Heinrich
der
Jüngere
* 1155 † 1183
Mathilde
* 1156
⚭
Heinrich
der Löwe
Otto IV.
von Braunschweig
Deutscher Kaiser
Richard
Löwenherz
* 1157 † 1199
⚭
Berengaria
Gottfried
von
Bretagne
* 1158
⚭
Konstanze
Arthur
† 1203
(ermordet)
Elenore
von
Kastilien
* 1161
Blanca
† 1252
Jeanne
* 1165 † 1199
⚭
Wilhelm II.
von
Sizilien
Johann
ohne Land
* 1166
Heinrich III.

Europa im Mittelalter

Joachim Bumke:
Höfische Kultur
Literatur und Gesellschaft im hohen Mittelalter
2 Bände
dtv 4442

Ferdinand Gregorovius:
Geschichte der Stadt Rom im Mittelalter
7 Bände, dtv 5960

Kaiser Friedrich II
Sein Leben in zeitgenössischen Berichten
Herausgegeben von Klaus J. Heinisch
dtv 2901

Kaiser und Reich
Klassische Texte zur Verfassungsgeschichte des Heiligen Römischen Reiches deutscher Nation
Herausgegeben von Arno Buschmann
dtv 4384

Franz Irsigler/
Arnold Lassotta:
Bettler und Gaukler, Dirnen und Henker
Außenseiter in einer mittelalterlichen Stadt
Köln 1300-1600
dtv 11061

Reinhard Lebe:
Als Markus nach Venedig kam
Venezianische Geschichte im Zeichen des Markuslöwen
dtv 11060

Régine Pernoud:
Königin der Troubadoure
Eleonore von Aquitanien
dtv 1461

Régine Pernoud:
Christine de Pizan
Das Leben einer außergewöhnlichen Frau und Schrifstellerin im Mittelalter
dtv 11192 (März 1990)

Der Prozeß Jeanne d'Arc
Hrsg. von Ruth Schirmer-Irmhoff
dtv 2909

Philippe Reliquet:
Ritter, Tod und Teufel
Gilles de Rais oder Die Magie des Bösen
dtv 11174

Barbara Tuchmann:
Der ferne Spiegel
Das dramatische 14. Jahrhundert
dtv 10060

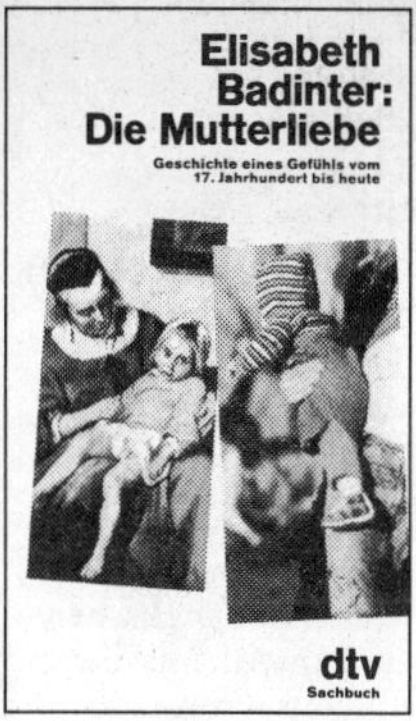

Frauen-sachen

Elisabeth Badinter:
Die Mutterliebe
dtv 10240

Régine Pernoud:
Christine de Pizan
Das Leben einer außergewöhnlichen Frau und Schriftstellerin im Mittelalter
dtv 11192

Esther Vilar:
Der dressierte Mann
Das polygame Geschlecht
Das Ende der Dressur
dtv 10821

Frauen berichten vom Kinderkriegen
Hrsg. von Doris Reim
dtv 10242

Nancy Friday:
Eifersucht
dtv 11020

Roswitha Fröhlich:
Ich und meine Mutter
Mädchen erzählen
dtv 11194

Angelika Grauer/
Peter F. Schlottke:
Muß der Speck weg?
Der Kampf ums Idealgewicht
dtv 10808

Yue Daiyun:
Als hundert Blumen blühen sollten
Die Odyssee einer modernen Chinesin
dtv 11040

Dacre Balsdon:
Die Frau in der römischen Antike
dtv 11042

Hexen und Hexenprozesse in Deutschland
Herausgegeben von Wolfgang Behringer
dtv 2957

Kate Millett:
Sita
Geschichte einer Frauenbeziehung
dtv 11086

Kate Millett:
Im Basement
Meditationen über ein Menschenopfer
dtv 11193

Gisela Brinker-Gabler/
Karola Ludwig/
Angela Wöffen:
Lexikon deutschsprachiger Schriftstellerinnen von 1800 bis 1945
dtv 3282

Dorothee Sölle:
Und ist noch nicht erschienen, was wir sein werden
Stationen einer feministischen Theologie
dtv 10835

Über die Literatur

Gisela Brinker-Gabler/
Karola Ludwig/
Angela Wöffen:
Lexikon deutsch-
sprachiger Schrift-
stellerinnen von
1800 bis 1945 · dtv 3282

Joachim Bumke:
Höfische Kultur
Literatur und
Gesellschaft im
hohen Mittelalter
2 Bände · dtv 4442

K. R. Eisler:
Goethe
Eine psychoanalytische
Studie · dtv 4457

Klaus Engelhardt/
Volker Roloff:
Daten der französischen
Literatur
(Band 1 vergriffen)
Band 2: Von 1800
bis zur Gegenwart
dtv 3193

Fabeln, Parabeln
und Gleichnisse
Beispiele didaktischer
Literatur
Herausgegeben von
Reinhardt Dithmar
dtv 4483

Herbert A. und
Elisabeth Frenzel:
Daten deutscher
Dichtung
2 Bände · dtv 3003/3004

Geschichte der
deutschen Literatur
im Mittelalter
3 Bände in Kassette
dtv 59005

Auch einzeln lieferbar:

Dieter Kartschoke:
Geschichte der
deutschen Literatur
im frühen Mittelalter
dtv 4551

Joachim Bumke:
Geschichte der
deutschen Literatur
im hohen Mittelalter
dtv 4552

Thomas Cramer:
Geschichte der
deutschen Literatur
im späten Mittelalter
dtv 4553

Grundzüge der
Literatur- und Sprach-
wissenschaft
Hrsg. v. H. L. Arnold
und V. Sinemus
Band 1:
Literaturwissenschaft
dtv 4226

Käte Hamburger:
Die Logik der Dichtung
dtv/Klett-Cotta 4458

Hansers
Sozialgeschichte
der deutschen Literatur
Vom 16. Jahrhundert
bis zur Gegenwart
Hrsg. v. R. Grimminger

Deutsche Aufklärung
bis zur Französischen
Revolution (1680-1789)
Hrsg. v. R. Grimminger
2 Bände · dtv 4345

Gert Ueding:
Klassik und Romantik
Deutsche Literatur
im Zeitalter
der Französischen
Revolution 1789-1815
2 Bände · dtv 4346

Literatur in der
Bundesrepublik
Deutschland bis 1967
Hrsg. v. Ludwig Fischer
dtv 4352

Die Literatur der DDR
Herausgegeben von
Hans-J. Schmitt
dtv 4353

Wolfgang Karrer/
Eberhard Kreutzer:
Werke der englischen
und amerikanischen
Literatur von 1890
bis zur Gegenwart
dtv 3290

Volker Klotz:
Das europäische
Kunstmärchen
dtv 4467

Mario Praz:
Liebe, Tod und Teufel
Die schwarze Romantik
dtv 4375

Horst Dieter Schlosser:
dtv-Atlas zur
deutschen Literatur
dtv 3219

Die Textüberlieferung
der antiken Literatur
und der Bibel
Hrsg. v. H. Hunger,
O. Stegmüller,
H. Erbse, M. Imhof,
K. Büchner,
H.-G. Beck,
H. Rüdiger
dtv 4485

Harald Weinrich:
Literatur für Leser
Essays und Aufsätze zur
Literaturwissenschaft
dtv 4451

Wege der Sprachkultur
dtv 4486